희망을
노래하는
마음으로

한승진 지음

박문사

희망을 노래하는 마음으로

초판 인쇄 2016년 12월 14일
초판 발행 2016년 12월 21일

지은이   한승진
발행인   윤석현
발행처   도서출판 박문사
등 록   제2009-11호

주소   서울시 도봉구 우이천로 353 성주빌딩 3F
전화   (02) 992-3253 (대)
전송   (02) 991-1285
전자우편   bakmunsa@daum.net
홈페이지   http://jnc.jncbms.co.kr

책임편집   차수연

ⓒ 한승진, 2016. Printed in KOREA.

ISBN 979-11-87425-20-5 03190   정가 19,000원

희망을 노래하는 마음으로

책을 펼치며

　책을 처음 출판할 때는 뭘 어떻게 해야 하는 지도 잘 모르고 꼭 출판을 해야하나하는 생각도 들다보니 생각보다 책을 내는 데 오랜 시간이 걸렸고, 출판 이후에는 만족스럽지는 않았습니다. 그러니 이제 출판은 더 이상 없을 것으로 여겼습니다. 그런데 처음 출판의 미숙함이 못내 아쉬움으로 남아 그걸 만회하려는 마음에 다시금 출판하다보니 책을 내는 게 특기인 양 지속하다보니 출판한 책들이 많아졌습니다. 제게 누군가 그 많은 책들 중에서 대표작이 무엇인지를 물으면 피터 드러커의 말을 이용해서 할 것입니다. "아직 없습니다. 저는 계속 글을 쓰고 발전해나갈 것이니 대표작이 과거완료가 아니라 현재진행형입니다." 여기저기에서 여러 모로 부족한 제게 글을 청해오고 제 글이 귀한 지면에, 방송에 쓰이니 겸연쩍기도 하고 부족함을 알기에 송구스럽기도 합니다. 더욱이 제가 전업 작가가 아니다보니 학교와 교회 일, 이런 저런 단체 일과 가정 일에 치여 만족스런 글을 쓰지 못하고 설익은 글을 게재하곤 합니다. 이런 아쉬움이 다듬어져 책으로 내는 기회로 이어지곤 합니다.

　저는 그저 어눌한 대로 글을 쓰고 책을 내는 일이 즐겁습니다. 글 한 편이 신문이나 잡지 등에 게재되면 뿌듯합니다. 책을 발간하면 꼭 아이를 출산한 산모의 마음처럼 책을 엮어내는 작업에 지치고 힘에 겨워 '다시는 이 작업을 안 하리라' 다짐하지만 책이 나오고 나면 아쉬움이 남기는 하지만 벅차오르는 뿌듯함에 신이 납니다. 그 맛이 또 글을 쓰고 책으로 엮어내는 고된 작업을 감내하게 합니다. 사실 이런 작업으로 권력에 가까워지거나 부를 누리거나 어떤 유익을 얻는 것은 아닙니다. 오히려 시간과 재정적인 부담이 듭니다. 때로는 무리를 해서 몸살이 나기도 합니다. 그럼에도 이 일을 계속 하는 것은 누가 시켜서가 아니라 제가 좋아서 하는 일이기 때문입니다. 즐기는 사람이 이긴다는 말이 있습니다. 영화 '빌리 엘리어트'에 나오는 대사입니다.

"빌리, 춤출 때 어떤 기분이니? 모르겠어요. 그냥 기분이 좋아요. 춤을 추기 시작하면 모든 것을 잊어버려요. 모든 게 사라져버리는 것 같아요. 내 몸 전체가 변하는 느낌이에요. 마치, 몸에 불이라도 붙은 느낌이에요. 전 그저, 한 마리 나는 새가 되죠."

이런 저런 삶의 과정에서 저만의 취미랄까, 저만의 특기를 찾은 것 같아 즐겁습니다. 제가 글을 쓰고 책을 엮어나가면서 가지는 마음가짐입니다. 저는 알게 모르게 주어진 일과 해야 할 일이 참 많은 사람입니다. 평일엔 기독교학교 목사와 교사입니다만 주일엔 교회 유아유치부 교육목사입니다. 어쭙잖게 시민사회단체의 이사, 실행위원이기도 하고 신문사 논설위원과 객원논설위원과 고정 칼럼집필자로 활동 중입니다. 여기에 집에서는 가장으로서 아직은 어린나이의 4자녀를 양육하면서 돌봄에 충실해야하는 아비입니다. 이런 삶이다보니 꾸준히 글을 쓰고 책을 내는 일이 쉽지 않을 것 같지만 사실 그렇게 어렵지도 않습니다. 그 이유는 제가 이 일을 힘들고 어려운 일로 여기지 않고 하나의 쉼으로 여기고 제 삶의 활력소로 여기기 때문입니다. 그리고 이 일을 통해 성실한 열정을 쏟아내는 역동力動을 얻습니다. 그러니 제게 글쓰기는 즐거움입니다.

제 글은 제 자신의 개인적 체험, 또는 생각과 느낌을 상상력을 통해

하나의 세계를 창조하고 그 안에서 생각해볼 이야기를 제시하고 있습니다. 보기에 따라서는 그저 그런 이야기일 수도 있고, 현실에 얼마든지 있는 일일 수도 있습니다. 그것은 제 이야기가 우리의 이야기도 되기 때문입니다. 제 글이지만 신기하게도 이 글 속에서 자신을 발견하면서 공감하기도 합니다. 제 책을 통해서 표출하지 못했던, 아니 자신 안에 있는 것조차 까마득하게 몰랐던 욕망, 분노, 고뇌, 사랑을 맞닥뜨리실 수 있습니다. 인간이기 때문에 불가피하게 갖는 약점, 페이소스, 슬픔과 좌절을 깨닫고 공감하게 되기 때문입니다. 그러므로 제 글은 함께 공유하는 내적 세계에 눈뜨게 하는 하나의 씨앗이기도 합니다. 이런 생각에 글쓰기가 흥겹습니다.

바쁜 삶에서 짬을 내고 잠을 줄여 글을 쓰고 있습니다. 이럴 때 제가 갖는 마음입니다. 제임스 딘의 말입니다. "영원히 살 것처럼 꿈꾸고 오늘 죽을 것처럼 살아라!" 이 말을 되새기면서 미친 듯이 몰두하고 미치도록 몰입하면서 글을 씁니다. 뉴턴의 말입니다. "끈질긴 집중이야말로 위대한 발견의 기초입니다. 나는 특별한 방법을 갖고 있는 것이 아니라 단지 무엇에 대해 오랫동안 깊이 사고할 뿐입니다."

참으로 신기한 것은 분명 힘들었을 텐데 '힘들어 했던 기억'이 별로 떠오르지 않는다는 것입니다. 몰입의 시간이었기 때문입니다. 열정은 몰입을 낳고, 몰입은 망각을 낳습니다. 저는 이 사실을 경험으로 압니다. 그러기에 나름대로 바쁜 삶 속에서도 글쓰기가 힘에 겨울 때도 있고, 부담스러울 때도 있고, 고통스러울 때도 있지만 그것을 잊고 열정적으로 수행하고 있습니다.

모두에게 인정받기보다는 저 자신에게 인정받는 게 우선입니다. 저 자신이 흡족할 수 있는 그 무엇을 느끼고 표현하는 글쓰기를 위해 여기저기 기웃거리지 않으리라고 마음을 다잡습니다. 다른 사람들은 속일 수 있어도 저 자신을 속일 수는 없기에 늘 자신에게 진실하려 합니다. 그저 조용히 글을 쓰는 일에 매진할 생각입니다. 제가 좋아하는 예화입니다.

어느 부잣집에서 일하는 사람을 구한다는 말에 한 사람이 찾아왔습니다. 부잣집 주인이 그 사람에게 물었습니다.

"자네가 가장 잘하는 일이 무엇인가?"

그러자 그 사람은 자신이 있게 대답했습니다.

"잠자는 걸 가장 잘합니다."

주인은 그의 대답이 영 마음에 들지는 않았지만 마땅한 사람도 없고 해서 사람은 성실해 보이기에 그를 고용했습니다. 그런데 주인이 생각했던 것보다 훨씬 부지런히 일을 잘했습니다. 그러던 어느 날이었습니다. 억수같이 비가 퍼붓고 유달리 천둥과 번개가 심한 밤중이었습니다. 심란해진 주인은 잠자리에서 일어나 집 안 구석구석 비가 새는 데는 없나 하고 여기저기 살펴보았지만, 집안은 깨끗이 정돈되어 있었습니다. 집안을 살피다가 코를 골며 자는 그 사람을 보게 되었습니다. 억수같이 비가 퍼부었지만, 그 사람은 낮 동안 힘을 다해 모든 일을 해놓았기 때문에 손 볼 곳도 없었고, 천둥 번개가 요란했지만 피곤해서 깊이 잠들 수 있었던 것입니다. 그제야 주인은 잠자는 걸 제일 잘한다고 한 말을 이해하게 되었습니다. 글을 쓰는 일에는 틈나는 대로 미리미리 자료를 준비하고 일상에서 떠오르는 깨달음이나 글감을 메모하고 초고를 작성해둡니다. 이런 성실함으로 임하다보니 글쓰기가 가능합니다. 이처럼 글쓰기가 가능해지니 다른 일도 가능할 것으로 여깁니다. 이런 저 자신에 대한 믿음이 제 삶에 힘이 됩니다.

이번에도 책을 내는 작업마다 그랬듯이 감사한 분들의 사랑에 힘입어 책을 내게 되었습니다. 이 사랑에 힘입어 그나마 서술자가 내는 책들이 덜 부끄럽게 되었습니다.

이 지면을 빌어 어려운 교육여건에서도 그 사명을 감당하느라 노고를 아끼지 않으시는 제 삶의 터전이요, 글의 샘터인 황등중학교 김완섭 교장 선생님 이하 교직원들 그리고 같은 재단 성일고등학교 김성중 교장 선생님과 교직원들에게도 감사의 말씀을 전하고, 학교법인 황등기독학원 재단이사회 조춘식 이사장님과 이사님들과 황등교회 정동운 담임목사님과 교인들에게도 감사의 말씀을 전합니다.

책을 낼 수 있도록 노고를 아끼지 않으신 도서출판 박문사 윤석현 대표님을 비롯한 여러분의 노고에 감사드립니다. 이 책을 만드는 과정에서 노고를 감당해 주신 노동의 일꾼들께도 진심으로 감사드립니다.

끝으로 매달 연재 글을 쓰고, 단행본으로 엮어내는 작업을 하는 동안 남편으로, 아빠로서 정성을 다하지 못함을 이해하고 용납해 주는 아내(이희순)와 아이들(사랑, 겨레, 가람, 벼리)에게도 고마운 마음을 담아 사랑을 전합니다. 가족은 제게 늘 큰 힘이 되고 삶의 원천이랍니다.

한가로이 밤하늘의 별을 헤아려보는
한 승 진

차례

2
미디어 식별력과 의식을 키우는 성교육

3
오늘날 우리가 회복해야할 것은 무엇일까요?

4

죽음을 기억하는 삶의 지혜

1

자기결정으로 행복하게
살게 하는 교육

독서를 통한
창의성 교육을 해야 합니다

인간이 인공지능에 비해 탁월한 것은 오감을 통해 방대한 자극을 받아들이고 창의적으로 사고한다는 점입니다. 그리고 이러한 창의력은 후천적으로 얼마든지 기를 수 있습니다. 창의력은 무에서 유를 만들어 내는 것뿐만 아니라 기존에 있는 것을 업그레이드할 수 있는 힘입니다. 그렇기에 독서를 통해 탄탄한 배경지식을 갖추고 있어야 기존의 틀에서 벗어나 자신만의 발상이 가능하고 끊임없이 질문하는 습관을 갖출 수 있도록 지도해야 합니다. 여기에 어릴 때부터 보고 듣고 만져보는 오감을 통한 체험을 지속적으로 할 수 있는 기회를 제공해야 합니다.

베스트셀러 『사피엔스』의 저자 유발 하라리 교수는 "아이들에게는 학교 공부보다 독서가 더 필요하다."고 조언했습니다. 그에 따르면, 인공지능 시대의 도래와 함께 세상이 혁명적으로 바뀔 텐데 현재의 교육 시스템은 그에 대한 대응이 어렵다는 것입니다. 하라리 교수는 "다음 세대에 꼭 가르쳐야 할 것은 통상적인 교과목이 아니라 '감성지능'이다. 인공지능이 아무리 발달해도 인간의 감성은 흉내 낼 수 없으므로 미래에도 확실한 수요가 있다."고 주장합니다. 또한 "감성지능은 단순히 교과서에서 배울 수 있는 게 아니며, 어릴 때부터 다양한 책을 읽고, 경험을 쌓아야만 키울 수 있다."고 말합니다. 이 때문에 하라리 교수는 "아직 다양한 경험을 접하기 어려운 어린이와 청소년들은 책을 많이 읽어 감성지능을 높이고 인간 본성에 대해 탐구해야 한다."고 조언합니다.

EQEmotional Quotient란 머리의 지능지수를 뜻하는 IQIntelligence Quotient에 대비되는 개념인 '마음의 지능지수'를 뜻하는 용어로 미국 예일대학교 심리학과 교수 피터 샐로베이와 뉴햄프셔대학교 심리학과 교수인 존 메이어가 이론화한 개념입니다. 또한 EQ는 자신과 타인의 감정을 이해하고 공감하며 또 통제할 줄 아는 능력을 의미합니다.

아이들의 상상력은 뇌의 가장 앞부분인 전전두엽에서 나옵니다. 책을 읽게 되면 전전두엽을 많이 사용하게 돼 상상력이 길러지게 됩니다. 빅데이터라는 엄청난 정보를 접하는 인공지능보다 인간이 얻는 정보의 양은 미미하겠지만, 반대로 인간은 존재하지 않는 정보를 스스로 상상해 만들어내고 가상해보는 강점이 있습니다. 이러한 강점을 키우는 지름길이 바로 책 읽기입니다. 창의성은 축적된 지식을 새로 연결하고 조합할 때 나타납니다. 이 연결고리가 바로 상상력입니다. 자유로운 상상력은 기존 지식들을 그물 짜듯이 종으로 횡으로 연결합니다.

그러므로 인간은 독서와 같은 학습 과정을 통해 인간 고유의 딥 러닝을 해야 미래에 살아남을 기초 체력을 다질 수 있습니다. 알파고가 인간과의 바둑 대결에서 승리할 수 있었던 것은 방대한 정보를 흡수만 한 게 아니라 스스로 수없이 가상 대국을 펼쳐보는 '셀프 시뮬레이션'을 했기 때문이었습니다. 인간은 인공지능이 가상假像 대국하듯 고전 등 책 읽기를 통해 스스로 질문하고 답하면서 사고를 넓혀가야 합니다. 인간이 인공지능에 비해 탁월한 것은 시각뿐 아니라 오감을 통해 방대한 자극을 받아들이고 창의적으로 사고한다는 것입니다. 이 같은 장점을 살리기 위해선 독서를 통한 뇌 발달이 필수입니다.

인간의 뇌에서 이뤄지는 정보 처리 과정을 모방한 '딥 러닝'은 인공지능이 외부 데이터를 분석해 스스로 의미를 찾는 학습 과정을 말합니다. 예를 들어 개와 고양이를 구분하지 못하는 컴퓨터에 수천만 장의 개와 고양이 사진을 입력합니다. 1단계에서는 사진 밝기만 구별하고 2단계에서 윤곽선을 구별하는 등 수십 단계를 거치면 점점 복잡한 형태를 구분할 수 있게 되고, 나중에 고양이 사진을 보고 이를 자동으로 '고양이'로 분류합니다.

뇌 의학 전문가들은 선진국의 영·유아와 어린이 대상 독서교육의 중요성을 입을 모아 강조합니다. 어린 시절 책 읽어주기와 책 읽기가 인공지능의 '딥 러닝'처럼 인간의 뇌를 자극해 상상력과 창의성이란 '생각의 근력'을 키우는데 크게 도움이 된다는 것입니다. 어린 시절 책 읽기가 중요한 것은 영·유아 때 인간 뇌가 폭발적으로 성장하기 때문입니다. 생체학자 스카몬의 성장곡선에 따르면 갓난아기의 두뇌 중량은 성인의 25% 수준이지만 1세가 되면 50%, 3세 땐 75%, 6세까지 성인 중량의 90%에 도달합니다. 전문가들은 이 시기를 '결정적인 시기'라 부릅니다. 인공지능이 딥 러닝하듯 5~6세까지의 영·유아에게 책을 접하도록 해야 하는 이유가 여기에 있습니다.

부모의 책 읽어주기, 듣는 것만으로도 뇌 부위가 활성화됩니다. 신시내티 어린이병원의 존 휴튼 박사팀은 부모가 3~5세 자녀에게 동화책을 읽어줬을 때 아이들의 청각과 시각 정보 처리를 담당하는 좌뇌 속 일정 부위(두정·측두·후두엽)가 활성화된다는 사실을 발견했습니다. 책을 보지 않고 부모의 책 읽기를 듣는 것만으로도 시각 관련 뇌 부위가 활성화됐다는 것입니다.

미국에서는 심지어 "갓난아기에게도 책을 읽혀야 한다."는 미국 소아

과학회의 주장까지 나오고 있습니다. 책을 많이 읽어줄수록 더 많은 이미지를 상상하게 되고 결국 뇌를 창의적으로 발달시킬 수 있습니다. 영국에선 아기를 출산한 뒤 산모의 가정에 방문하는 간호사를 통해 책을 선물하는 '북스타트Bookstart'운동이 활발히 진행되고 있고, 미국에서도 미국판 북스타트 운동인 'RORReach Out and Read'운동을 펼치고 있습니다. 미국 보스턴 의대 소아과 의사들이 시작한 이 캠페인은 만 6개월부터 5세까지 소아과를 찾은 아이들에게 단계별로 알맞은 책을 골라주고 부모에게 책 읽어주는 법을 설명해준 뒤 책을 나눠주는 활동입니다.

지금까지 인공지능 시대의 도래로 맞이하게 될 변화들과 이를 대비하기 위한 '미래 인재교육'에 대해 살펴보았습니다. 결국 가장 중요한 것은 어떠한 변화에도 흔들림 없는 경쟁력을 갖춘 인재를 키워야 한다는 사실입니다. 그리고 이를 위해 올바른 교육의 방향을 설정해야 함을 반드시 기억해야합니다.

무더위를 이기는 비결,
도서관으로

2016년 여름은 너무도 더워서 견디기 힘들었습니다. 하는 수 없이 집집마다 에어컨을 켜댔습니다. 에어컨은 선풍기보다 전기세부담이 큽니다. 그러니 저와 같은 서민들은 에어컨을 함부로 사용할 수가 없었습니다. 에어컨을 켜자니 전기세가 겁나고 안 켜자니 도저히 못 견디겠으니 난감한 일이었습니다. 그래도 어른은 참을성을 발휘하여 어찌어찌 견디지만 아이들은 막무가내로 에어컨을 켜달라고 성화였습니다. 이를 어찌할까 궁리하다보니 묘안妙案이 떠올랐습니다.

얼마 전, 저희 동네에 시립도서관 분관이 생겼습니다. 개관된 지 얼마 되지 않아 시설도 좋고, 마침 저희 집과 가까워 좋았습니다. 아직 덜 알려져서인지 이용객도 적었습니다. 피서이야기를 하다가 갑자기 도서관이야기인가 싶으실 것입니다. 사실 도서관가기가 바로 피서의 비결입니다. 방학으로 아이들과 함께 도서관에 가면, 시원한 에어컨 바람에 기분도 좋습니다. 쾌적한 환경에서 독서삼매경讀書三昧境;책과 사랑에 빠지다에 빠져들다 보면 더위를 느낄 겨를조차 없습니다. 이것이야말로 일석삼조입니다. 피서도 즐기고 책도 보고 아이들과 오붓한 시간도 즐길 수 있습니다.

오늘은 아내가 출근하고 아이들이 캠프를 떠나기에 그걸 좀 챙겨주고 집안 일을 하다보니 보니 평소보다 늦게야 집을 나설 수 있었습니다. 도서관에 도착해보니 뜻밖에도 자리가 거의 없었습니다. 도서관을 피서지로 여기는 사람들이 저만은 아니었나봅니다. 하나 둘 도서관으로 모여드는 사람들로 인해 여유롭게 자리를 차지하던 호시절은 다 지나갔나봅니다. 스마트폰으로 검색해보니 어느 지역은 무려 39도라고 하니 이건 그야말로 펄펄 끓는 날씨였습니다. 간신히 한 자리를 찾아 앉으니 무더운 날씨에도 창밖으로 보이는 아름드리나무들로 이루어진 작은 숲이 시원함을 더했습니다.

제가 사는 작은 농촌 마을에도 도서관이 생겨, 서민들이 책 속에서 피서할 수 있으니 감사한 일입니다. 제가 사는 지역에서는 책읽기를 중요하게 여깁니다. 때마다 독서 행사가 펼쳐집니다. 수년 전부터 '한 도시, 한 책읽기 운동'을 펼치고 있습니다. 또한 '독서릴레이'와 '독서마라톤'도 하고, '청소년독서캠프'도 합니다. 중학교 선생이다 보니 청소년 독서캠프에 추천되어 이번에 참여해보니 책을 즐기는 청소년들이 의외로 많아서 기분이 좋았습니다.

무더운 날에 도서관은 초만원입니다. 에어컨 때문이라지만 피서를 도서관에서 보낼 수 있는 것이 얼마나 감사한 일인가 싶습니다. 주말이면 가족나들이로 도시락을 싸서 오는 이들도 있습니다. 자녀들은 자연스레 책과 친해지고, 식사 후에는 도서관 근처 작은 숲을 거닐며 대화를 나눌 수 있으니 가정의 화목은 벌써 가족 안에 있습니다.

빌 게이츠는 자신을 만든 건 대학이 아니라 마을 도서관이었다고 말했습니다. 그는 하버드대학교의 강의에 지루함을 느껴 중퇴하고는 매일 도서관에서 책에 빠져 살았습니다. 거기서 마음껏 원하는 책을 읽었습니다. 발명왕 에디슨도 지역도서관에서 닥치는 대로 책을 읽었습니다. 그는 도서관을 통째로 먹어치웠다고 말했습니다. 조선시대 세종대왕은 집현전 학자들의 지적 향상을 위해 "사가독서제賜暇讀書制"를 실시했습니다. 이는 한 달이든 두 달이든 필요한 만큼의 휴가를 주되, 다른 아무것도 하지 말고 오직 책을 읽으며 쉬라고 한 것입니다. 쉬는 동안에도 녹봉이 나와 가정에 배달됐고 학자는 오직 그 좋은 책만을 읽으며 아무런 염려 없이 마음껏 휴식하는 것이었습니다. 요즘같이 무더운 여름이라면 이 얼마나 기가 막힌 피서였을까 싶습니다. 세종대왕의 혜안에 감탄이 절로 나옵니다. 이런 세종대왕이었기에 훈민정음 창제가 가능했을 것입니다.

오늘날 텔레비전과 컴퓨터, 스마트폰의 영향으로 책을 잊어버리고 잃어버린 청소년들은 하나 둘 바보가 되어가고 있습니다. 생각하기보다는 재빨리 정보를 클릭해 찾아내는 사람이 지식인이 되고, 상상의 나래를 펴는 일은 옛날이야기가 되었습니다. 그럴 시간이 없습니다. 정보의 세계에서 낙오자가 될까 두려워하며 매스미디어의 노예처럼 긴장된 삶을 살아가고 있습니다.

구름이 어떻게 피어오르는지, 열매가 어떻게 익어 가는지, 초록색이 언제 갈색으로 변하는지, 노을이 언제 붉어지는지… 궁금하지도 감격하지도 않습니다. 그저 클릭을 하면 다 알게 된다고 믿습니다. 그러나 그런 이들이 믿는 그것은 컴퓨터 언어로 만들어진 지식일뿐입니다. 초조와 불안이 그들의 그림자입니다. 그들에게 여유란 더 좋은 사양의 제품을

---

* 세종은 1426년 12월 젊은 문신들에게 휴가를 주어 독서에 전념할 수 있도록 하는 사가독서제를 실시하였습니다. 사가독서제란 인재를 양성하기 위하여 젊은 문신들에게 휴가를 주어 학문에 전념하게 한 제도입니다. 이리하여 젊은 문신 성삼문과 신숙주 등과 같은 인재들이 사가독서로 휴가를 받게 되어 책을 마음껏 읽을 수 있게 되었는데 보통 1~3개월 정도 휴가를 주어 책을 읽 쉬게 했는데 녹봉(월급)은 그대로 나왔습니다. 또 조용히 방해받지 말라고 절이나 세종이 지은 독서당에서 책을 읽게 하였습니다.

사서 빠르게 찾을 수 있게 되었다는 잠시의 기쁨일 뿐입니다. 곧 다시 허덕이며 더 정신없이 매여야 함을 망각한 채 말입니다.

도서관은 모든 게 여유롭습니다. 갑자기 시간이 느리게 가는 아날로 그 공간과도 같습니다. 언제든지 자신을 돌아볼 수가 있습니다. 책을 읽다 창밖 구름을 좇아 지난날을 회상해보는 것도 참 좋습니다. 쇼팽의 녹턴이나, 베토벤의 월광이나, 안드레아 보첼리의 노래를 조용히 이어폰으로 들으며 명상에 잠겨도 교통사고의 위험이 없습니다. 읽다가 쓰기도 하며, 삶을 돌아보면서 서툴게나마 손편지를 쓸 수 있는 곳이 바로 도서관입니다.

해마다 점점 더 더워져 걱정 많은 이 나라에 가장 좋고 효과만점인 피서지, 가장 안심하고 갈 수 있는 피서지가 바로 도서관입니다. 도서관에 가면 책들이 제발 나를 읽어달라고 손짓하며 반깁니다. 어느새 도서관 사서와는 정다운 인사를 나누는 사이가 되었고, 도서관동호인들과는 다정한 인사를 나누는 사이가 되었습니다.

청춘이여,
책을 펼쳐들라!

1994년 이래 최악의 찜통더위가 물러가고, 가을을 만끽하는 기쁨에 절로 흥이 나곤 합니다. 이토록 가을이 반가웠나 싶을 정도입니다. 지난여름이 너무도 더웠기에 이번 가을이 유난히도 반갑고 정답습니다. 그러나 가을은 언제나 그랬듯이 짧습니다. 왜 좋은 것은 길지 못한 건가 아쉽기만 합니다. 이 가을을 흥미, 재미, 의미 있게 보내고 싶습니다. 가을하면 흔히들 떠올리는 단어가 있습니다. 언제부터인가 가을은 곧 독서로 인식되고 있습니다. 이 좋은 계절에 차분히 앉아서 독서삼매경에 빠져보라는 것은 그만큼 가을이 독서하기에 좋은 계절이라는 뜻일 것입니다.

"나는 삶을 변화시키는 아이디어를 항상 책에서 얻었습니다." 미국의 대표적인 페미니스트 '벨 훅스'가 한 말입니다. 그녀는 가난하고 어려운 환경 속에서 자랐습니다. 그러나 이를 극복하고 작가, 사회운동가 등으로 이름을 떨쳤습니다. 그녀는 책을 매우 중요시했습니다. 반면 디지털 기기가 날로 진화하는 사회에서 책은 외면 받고 있습니다. 바쁜 현대인에게 책 읽기는 일종의 사치처럼 느껴지기도 합니다.

서울에서 지하철을 타보면 너무나도 익숙한 풍경이 펼쳐집니다. 몇몇 사람을 제외하고, 거의 대부분의 사람들이 스마트폰을 사용하고 있습니다. 게임을 하는 사람, 음악을 듣는 사람, 드라마를 보는 사람들이 눈에 들어옵니다. 독서하는 사람을 찾아보기 힘듭니다. 차라리 스마트폰을 조작하고 있지 않은 사람을 찾는 게 쉬울 정도입니다. 지하철에서 책 읽는 사람을 찾기 힘들어진 것처럼 우리나라 사람들의 독서량은 줄고 있습니다. 독서량이 줄고 있다는 것은 많은 사람들이 책과 멀어지고 있다는 것을 말합니다.

독서의 중요성은 초·중·고·대학을 막론하고 강조되어 왔습니다. 그만큼 책을 많이 읽는 것은 중요합니다. 독서의 중요성은 귀에 따가울 정도로 들은 소리이지만, 아이러니하게도 우리나라에서는 초등학교 저학년 어린이들이 책을 가장 많이 읽고 학년이 높아질수록 참고서, 수험서 등을 제외한 독서를 거의 하지 않는다는 통계치가 발표되곤 합니다. 청소년들은 이른바 입시에 짓눌려 독서를 하지 않습니다. 그러면 입시를 통과해서 대학에 가면 마음껏 독서에 빠져들까요? 그렇지 않습니다. 대학생이 되면 될수록 학업 및 취업 준비 및 스마트폰 등의 매체 환경의 영향으로 인해 독서에 투자하던 시간과 노력이 감소하고 있는 것이 그 원인입니다. 이처럼 지금 우리나라에서는 책읽기를 통해 생각의 힘을 키우고 현실을 사색하고 미래를 기획하는 활동이 점차 사라지고 있습니다.

대학생들은 생존의 노예가 되어 스펙 쌓기에 몰두하고, 교수들은 성과주체가 되어 프로젝트 논문에 치여서 정작 독서를 하지 않습니다. 현재 대학생들은 '헬조선'이라 불리는 현실에 주눅이 들어 토익점수, 학점, 자격증 따기 등 스펙 쌓기에 몰두하면서 자신의 화려한 청춘의 삶을 그 스펙이란 틀 속에 손쉽게 끼워 맞추어 버립니다. 무슨 일이 있어도 살아남아야 되는 생존의 공포주의가 지배하는 현실만을 보고, 그 현실에 맞는 최적화된 활동만을 수행하는 것이 대학생의 자랑스러운 역할이라 생각하는 것만 같습니다. 연대와 공감, 나눔과 배려라는 인간의 기본 가치를 땅바닥에 내동댕이치고, 대신 남을 이겨야 자신이 생존할 수 있다는 무한한 경쟁만이 절대가치라 여기는 것 같습니다.

학문의 전당이라고, 진리의 상아탑이라고 자부하는 대학이 비인간화된 지금 여기익 현실을 초래한 근본 원인에 대해서는 짐짓 모른 처 눈을 감아버립니다. 그건 현실 속에서 생존해야 한다는 절대명령에 의한 것이기에, 대학생들의 탓만이 아니라 사회구조의 잘못이라 더욱 안타깝습니다. 그러나 현재의 현실에 최적화된 행동만 하고 헬조선을 초래한 현실에 대한 깊은 사색과 고민이 없는 사람은 미래사회의 거울이자 시대정신의 표상으로서 참된 대학생이라 할 수 없습니다.

독서가 사라지고 있는 대학에서, 현실만을 고민 없이 좇는 사람은 미래의 꿈과 희망마저도 신기루처럼 사라지게 되고 맙니다. 우리는 현실을 진지하게 성찰하고 미래를 꿈꾸어야 합니다. 만약 현실에 대한 진지한 고민, 사색과 성찰이 없다면 생존이라는 공포가 인간을 집어삼키게 되는 참혹한 결과가 벌어질 것입니다. 이런 현실에 청춘들이여 마냥 침묵할 수는 없습니다.

그 음습한 침묵을 깨는 조그마한 실천의 출발점이 독서입니다. 독서를 통해 우리는 고민하고 사색하고 공감해야합니다. 독서를 한다는 것은 주어진 현실에 자신을 끼워 맞춰 산다는 것이 아니라, 내가 주체적으로 생각하고 고민해서 살아보겠다는 뜻입니다. 고민과 사색은 세상의 어떤 사람도 가르쳐 주지 않습니다. 중국의 청나라 말기의 문인 손소선은 『망산려일기』에서 "새로운 눈과 시각으로 옛날 책을 보면, 옛날 책은 모두 새로운 책이 되지만, 옛날 눈으로 새로운 책을 보면 새 책 또한 옛날 책이 되어 버리고 만다."고 하였습니다. 구태의연한 자세가 아닌, 주체적인 청춘의 눈으로 독서에 임해보시기 바랍니다.

　이 땅의 청춘들이여, 지금 당장 스마트폰을 잠시 접고 10분만이라도 책읽기를 강행하면서 조금씩 생각의 폭을 넓혀 가보는 독서 연습을 해보시기 바랍니다. 각자 독서를 통해 인생의 참된 의미를 성찰하고, 사회의 올바른 모습을 상상적으로 디자인해보고, 세계의 바람직한 방향을 모색해보시기 바랍니다. 이런 작은 노력이 합쳐질 때, 생존의 공포주의에서 신음하는 비정상적인 현실을 극복하는 방법을 배울 것입니다. 더 나아가 인간의 참된 가치를 생각할 줄 아는 사회, 반성과 성찰을 하는 사회, 느낄 줄 아는 공감과 연대의 사회, 성숙하고 정의로운 민주사회로 가는 초석 하나를 놓을 것입니다. 바로 지금 여기에서 책을 펼쳐보시기 바랍니다.

목표가 확실해지면
집중도 잘한답니다

학교 성적이 떨어져도 애가 타는 사람은 부모뿐이고 아이는 아무렇지도 않습니다. 부모가 아무리 화를 내고 야단을 치면서 발을 동동 굴러도 아이는 공부 욕심이 없습니다. 심하게 몰아치기라도 하면 아이는 "공부가 뭐가 그렇게 중요하냐?"며 오히려 큰 소리로 대꾸합니다. 감정기복感情起伏이 큰 사춘기 아이를 마구 다그치지도 못하고 부모의 마음은 무겁기만 합니다.

이런 경우, 그냥 공부만 강조하는 것은 도움이 되지 않습니다. 아이에게 공부하는 이유를 일깨워 줘야합니다. 미래의 구체적인 삶으로 직업과 연결시켜서 이해하도록 도와줘야 합니다. '성공하기 위해' '돈 많이 벌어서 편하게 살기 위해' '남들에게 무시당하지 않기 위해' 등의 설명은 아이들에게 너무나 막연하게 느껴질 뿐입니다. 그래서 지금 당장의 즐거움을 찾습니다. 공부에 집중하기 보다는 TV나 게임, 친구 같은 유혹에 빠져듭니다.

학습 집중력을 높이려면 아이와 함께 아이의 적성, 흥미, 가치에 맞는 직업들을 생각해 보고 그 직업을 선택했을 때 어떤 삶을 살게 될 지를 꿈꾸게 하는 것이 좋습니다. 성격이나 진로 관련 검사를 받고, 직업과 관련된 정보를 찾아보면서 공부를 통해 얻을 수 있는 구체적인 미래를 아이가 그리도록 하는 것이 좋습니다. 원하는 직업을 갖게 되고 그 속에서 행복감과 성취감을 느끼는 모습을 꿈꾸게 합니다. 물론 희망하는 직업은 앞으로 바뀔 수 있지만 적어도 공부를 해야 하는 이유가 '엄마나 선생님께 혼나지 않기 위해서'가 아니라 '내가 꿈꾸는 미래를 위해'가 되도록 해야 합니다.

그냥 '시간은 중요한 것이니까 아껴 써야한다'고 잔소리 할 게 아닙니다. 20년, 10년, 5년, 3년, 1년, 6개월, 1개월 같은 비교적 큰 인생 목표를 달성하기 위해 현재 주어진 하루와 일주일을 어떻게 쓰는 것이 좋은 지 생각해서 계획을 세우도록 합니다. '목표가 없어도 일단 열심히 하면 나중에 무언가를 이루게 될 거야' 보다는 '오늘 너는 이만큼 목표와 가까워졌어.'라고 말하는 것이 학습 집중력을 높이는데 도움이 됩니다.

아이의 하루를 15분 단위로 분석해서 하는 일 없이 허비하는 시간을 줄이도록 권면합니다. 그래야만 공부 이외에도 즐겁고 재미있는 활동을 할 수 있는 시간을 만들어 낼 수가 있습니다. 그리고 매일 목표한 공부 분량이나 해야 할 일을 다 끝낸 후에는 아이가 원하는 활동을 마음껏 하도록 해서 '할 때는 하고 놀 때는 노는' 습관을 길러줘야 합니다. 공부하면서는 놀 생각하고, 놀면서는 공부 걱정하게 해서는 안 됩니다.

미래에 대한 구체적인 목표를 세우고 시간 관리법을 가르쳐야합니다. 그리고 보다 구체적으로 공부 계획을 세우고 실천하도록 도와야 합니다. 공부 방법은 공부 잘하는 다른 아이들의 일반적인 방법만을 고집할 게 아니라 아이의 기질이나 성격에 따라 아이에게 더 적합한 방법을 선택할 수 있도록 해야 합니다.

예를 들어 외향적인 아이는 혼자 공부할 때보다는 수준이 비슷한 3~4명의 아이들이 토론식으로 공부할 때 더 집중을 잘합니다. 전략과목과 취약과목을 파악해서 과목별로 어떤 방법으로 공부해서 얼마나 성적을 올릴 지를 계획 세우는 것이 '평균 5점 높이기' 같은 애매한 목표 세우기보다 낫습니다.

이처럼 아이가 공부를 잘하기를 바란다면 부모도 뭘 좀 알아야합니다. 교사가 되기 위해서나 목사가 되기 위해서는 일정한 자격요건을 갖추기 위한 공부를 해서 자격증을 취득했지만 그 무엇보다 중요하고 그 무엇과도 바꿀 수 없는 부모 역할에 대한 자격증을 취득한 것도 아니고 준비교육도 받지 못했습니다. 어찌 보면, 이건 참 무책임한 일입니다.

부모가 된다는 건 그만한 준비가 필요하고 열정과 성실과 지혜가 필요합니다. 다행히 요즘 부모교육에 대한 강좌나 전문도서들이 많이 나와 있습니다. 물론 아이들마다 독립주체로서 저마다의 개성이 있으니 아동심리나 아동교육이 만고불변의 지침이 있을 수 없습니다. 아이에 따라 아이의 상황에 따라 다 다릅니다. 그러나 아이의 발달 단계에 따른 일반적인 특성을 이해하면 조금이라도 지혜롭게 아이를 대할 수 있을 것입니다. 아이에게 공부하라고, 집중하라고 말하기 이전에 부모가 공부하는 모습을 보여주고 함께 공부하면 어떨까 싶습니다. 백 마디 말보다 한 번의 보여줌이 더 효과적이고 확실합니다. 평생학습시대를 맞아 부모로서 배움의 열정을 쏟는 모습도 어떨까 싶습니다.

자기결정으로 행복하게
살게 하는 교육

"30개월 유아가 한글을 깨우칩니다."
"초등학교에 입학할 때에 두 자릿수 덧셈을 풀 수 있습니다."
"중학생이 토플 만점을 받습니다."

이것은 특별한 영재들의 이야기가 아닙니다. 조기교육과 선행학습이 휩쓸고 있는 우리의 교육현장에서 더 이상 화젯거리도 되지 않는 보통 아이들의 이야기입니다. 우리나라의 열성적인 부모들은 억지로 아이가 공부하도록 밀어붙이면서 '아이가 지금 당장 행복하지는 않아도 성적만 올라가면 훗날 저절로 행복해질 것'이라고 굳게 믿습니다. '행복은 성적 순'이라는 확신은 종교적인 신앙에 가깝습니다. 그러나 최근의 과학적 연구 결과는 이 같은 상식을 뒤집습니다. 성공하면 행복해지는 것이 아니라, 행복한 사람이 성공한다는 것입니다.

행복한 아이가 성공하는 데는 몇 가지 이유가 있습니다. 우선 행복한 아이들의 뇌가 균형 있게 발달합니다. 우리의 머리에는 생각과 감정을 각각 다루는 뇌가 있는데 이 두 부분이 서로 영향을 주고받으면서 발달합니다. 감정의 뇌가 행복감을 자주 느끼면 생각의 뇌가 더욱 활성화되고 잘 발달합니다.

아이들에게 학습을 강요하여 생기는 폐해는 한 두 가지가 아닙니다. 우선 아이는 배우는 즐거움을 잃게 됩니다. 일단 아이가 학습에 흥미를 잃으면 이후에는 흥미를 회복하기 어렵습니다. 공부에 재미를 붙이지 못하면 기계적인 암기는 해내지만 창의력이나 응용력을 제대로 발휘하지 못합니다.

긍정적인 정서를 충분히 경험하는 사람들이 사고 작용과 창의성이 활발합니다. 어린 시절 느낀 긍정적 정서는 훗날 지적 · 사회적 · 신체적 자산이 됩니다. 반면 부정적 정서를 경험한 사람은 스스로 요새를 만들고 자신의 능력을 키울 기회를 차단합니다.

최근의 뇌 연구들도 과도한 조기교육의 폐해를 일깨워주고 있습니다. 아이들 뇌의 회로는 엉성하고 가늡니다. 그래서 어려운 내용을 입력하면 과부하가 일어나서 과잉학습장애증후군과 같은 스트레스 증세가 나타납니다. 이는 마치 가느다란 전선에 과도한 전류를 흘려보내면 과부하 때문에 불이 일어나는 것과 비슷한 원리입니다. 강제 학습은 아이들에게 스트레스, 분노와 같은 부정적 감정을 유발하여 감정의 뇌를 위축시킵니다. 위축된 감정의 뇌는 다시 생각의 뇌를 억제함으로써 소수의 세포들만이 기억과정에 관여해 공부 효율이 낮아집니다.

사람은 본래 남으로부터 강요된 일을 좋아하지 않는 심리를 갖고 태어납니다. 로체스터 대학의 에드워드 디치와 리처드 라이언이 제시한 '자기결정성 이론self-determination theory'에 따르면 사람은 가장 기본적인 심리 욕구인 자율성을 충족시켜야 진정한 행복을 느낄 수 있습니다. 자율성은 아이 스스로가 과제를 선택할 수 있게 하는 것으로 아이들이 원하는 것을 무엇이나 해주는 게 아닙니다. 흔히 부모들은 아이들에게 자율성을 부여하면 공부를 덜하게 되고, 성취도도 낮아질 가능성이 있다고 보고 걱정합니다. 이는 아이들이 원하는 것을 무엇이나 해주는 것이 자율성이라고 생각하기에 그렇습니다. 자율성을 제대로 이해하지 못한 것입니다. 자율성을 부여하자는 게 교사나 부모의 역할을 무시하자는 것은 결코 아닙니다. 자율성은 아이들이 스스로 선택할 수 있도록 자유를 주는 것이지만, 아이가 무엇이건 선택하는 대로 방임하자는 것은 아닙니다.

자율성은 일정한 구조를 갖습니다. 아이들이 자신에 대해서 명확한 기대를 갖게 하고, 적절한 도전의식을 지니게 하며, 자신이 어디까지 향상되고 있는지를 점검 받을 수 있도록 해야 자율성이 유지됩니다.

이러한 틀 속에서 아이가 스스로 흥미를 느끼거나 개인적으로 의미가 있다고 생각하는 과제를 선택할 수 있도록 자유를 줘야 합니다. 자율성은 아이 스스로가 자신에게 중요하면서도 가치가 있는 과제가 무엇인지 선택할 수 있게 하는 것입니다. 특히 아이들이 선택한 과제를 더욱 잘 학습할 수 있도록 부모가 적절히 지원해준다면 아이들은 훨씬 더 깊게 공부하게 되고 심리적으로도 잘 적응하게 될 것입니다. 억지로 공부시키면 아이는 '배우는 즐거움love of learning'과 심리적 행복을 잃게 될 것입니다.

우리 아이들은 자신의 과제를 선택할 기회를 거의 갖지 못하고 있습니다. 따라서 행복감이 낮아지고, 성취도 저조합니다. 우리나라에서 중학교에 진학하는 학생들의 자율성은 초등학생 때보다 퇴보하는 학교 교육의 문제점이 지적되고 있습니다.

자율성이 확보되지 않으면 사람은 행복하지 못합니다. 실제로 부모들이 자녀들의 문제를 상담하는 내용 중, 심각한 사례로 꼽는 것은 평소 모범적이었던 아이가 어느 날 갑자기 이제부터 아무 것도 안 하겠다고 선언하는 경우입니다.

"너무나 공부 잘하고 착한 아이였는데……. 갑자기 아무 것도 하지 않겠다고 합니다. 특히 부모하고는 아무 얘기도 하지 않겠다면서 버팁니다. 학원은 물론이고 학교도 안 갑니다. 말이라도 시켜보려고 하면 노려보면서 대답도 안 합니다."

이와 같이 안타까운 상황은 지속적으로 강요된 교육이 빚어낸 결과입니다. 자율성이 계속 충족되지 않으니까 참고 또 참던 아이가 어느 순간 튕겨나가게 된 것입니다. 그러면 우리 아이들을 행복하고, 일도 잘해내는 사람으로 키울 수 있는 방법은 무엇일까요? 많은 부모들은 아이를 행복하게 키우는 것을 장애물 없이 안락하게 키우는 것으로 잘못 생각합니다.

그러나 진정한 행복은 어려움을 견디어내며 도전적 과제들을 해결해가는 과정에서 찾을 수 있습니다. 어려움을 겪으면서도 과제를 해결하는 즐거움을 맛본 아이들의 행복감은 더욱 커집니다. 행복감이 커지면 아이들은 더 어려운 과제에 도전하는 순환의 과정을 거칩니다.

"저는 스케이팅을 사랑하지만, 연습할 때는 힘들고 눈물 나는 시간이 더 많아요. 하지만 연습 중에 가장 아름다운 자세가 나왔다고 스스로 믿는 순간에는 발끝에서부터 쾌감이 와요. 연기가 끝나고 '그래 잘했어'라는 생각이 들 때는 정말 날아갈 것 같지요." 연습벌레로 불리는 김연아 선수의 이야기도 같은 맥락입니다.

우리가 아이들을 위해 할 일은 그들의 발달 수준에 적합한 과제를 '선택'할 수 있게 도와주는 것입니다. 초등학생에게 인수분해를 해보라고 강요하는 것은 바람직하지 않습니다. 더 이상 우리의 아이들을 과도한 선행학습의 피해자로 만들어서는 안 됩니다.

제대로 된 심화학습이 아닌 지금의 선행학습은 소모적인 경쟁에 지나지 않습니다. 이제는 지혜를 모아서 우리의 아이들을 '행복해서 자신의 일을 잘할 수밖에 없는 아이'로 키울 때입니다. 우리는 할 수 있습니다.

우리 아이들을 행복하게 키우기 위해서는 자유방임이어서는 안 됩니다. 그렇다고 억지로 공부하도록 강요해서 될 일도 아닙니다. 행복한 아이 만들기는 현명한 전략과 꾸준한 노력이 필요합니다. 여기에 전략 지침 5가지가 있습니다.

첫째, 먼저 부모부터 행복해야합니다. 행복은 전염성이 매우 강합니다. 부모가 불만에 가득 차 있고 부정적 정서를 갖고 있다면, 아이는 행복해질 수가 없습니다. 부모가 웃는 모습을 자주 보이면 효과만점입니다. 아이와의 의사소통은 매우 중요합니다. 아이 앞에서 부정적 인 단어, 경멸하거나 억압하는 말투를 쓰는 것은 금물입니다. 예를 들어 "네가 하는 일이 그렇지 뭐." "시험 못 보기만 해봐." 하는 식의 표현을 써서는 안 됩니다.

둘째, 아이의 자율성을 높여주어야 합니다. 자기결정성 이론에 따르면, 아이의 자율성이 높아지면 행복감도 높아집니다. 많은 연구들이 이를 입증하고 있습니다. 자율성을 높이기 위해서는 아이의 이야기를 잘 들어주되, 섣불리 정답을 줘서는 안 됩니다. 아이가 스스로 문제를 해결할 수 있도록 기다려줘야 합니다. 아이를 강압적으로 통제하기 보다는 선택과 융통성을 주는 게 바람직합니다.

셋째, 아이가 잘하는 것을 찾아야합니다. 아이가 진정으로 좋아하면서 잘하는 것을 찾기 위하여 부모는 아이를 통찰력 있게 관찰하고 참을성 있게 기다려야 합니다. 많은 교사들은 아이들이 흥미를 갖는 게 무엇인지 안다고 생각합니다. 하지만 실제로 실험을 해보면 교사들이 흥미롭다고 하는 것과 아이들이 흥미롭다고 하는 것은 50% 정도 밖에 겹치지 않습니다. 그만큼 아이들의 마음을 알아채기는 어려운 일입니다. 아이들은 스스로 관심을 갖는 분야에서는 질문도 많이 하고, 손놀림이 매우 빨라지는 등의 특성을 나타냅니다.

넷째, 칭찬을 효과적으로 해야 합니다. 칭찬의 중요성은 누구나 잘 압니다. 그러나 칭찬도 효과적으로 해야 합니다. 아이에게 섣불리 "1등을 하면 자전거 사줄 게." 하는 식의 물질적 보상을 약속하는 것은 금물입니다. 아이는 나름대로 학습에 흥미를 갖고 공부하다가도, 솔깃한 물질적 보상이 나타나면 그때부터는 상 때문에 공부하게 됩니다. "네가 열심히 공부하는 것을 보니 아빠는 흐뭇하다."하는 식으로 아이의 노력에 대해서 언급하는 칭찬이 바람직합니다.

다섯째, 어려운 과정은 함께 공감해주어야 합니다. 아이가 흥미를 갖고 시작한 일도 시간이 흐를수록 어려운 과정에 도달합니다. 이럴 때 아이의 관점에서 문제를 들여다보면서 아이의 어려움을 인정하고 수용하는 것이 바람직합니다. 아이를 격려한다고 "이거 별로 어려운 것 아니야. 쉬운 거야 열심히 해봐." 하는 식으로 말하면 오히려 역효과를 냅니다. 오히려 아이가 '쉬운 문제라는데 나에게는 왜 이렇게 어렵지.'라고 생각하면서 지레 포기할 수 있습니다. "그래, 어렵겠구나. 이건 매우 어려운 문제지만 그동안 배운 걸 열심히 잘 들여다보면 해결할 수 있는 문제야. 열심히 해보자." 라고 말해주는 것이 보다 효과적입니다.

저는 집에서나 학교에서 아이들에게 무엇을 가르쳐주고 싶다는 생각보다는 변화와 성장을 위해 힌트를 주고 조언해주는 역할에 충실하려고 하는 편입니다. 아이들이 부모나 교사가 지시하는 대로 유도하는 대로 움직이기보다는 그 스스로 성장하는 것이 중요하다고 봅니다. 스스로 결정할 수 있는 힘을 길러주는 교육이야말로 오늘 우리의 교육에 꼭 필요한 일이라고 봅니다. 마중물은 펌프를 시동할 때 미리 펌프 동체에 외부로부터 채우는 물입니다. 마중물에서 '마중'은 '오는 사람을 나가서 맞이함'이라는 뜻이 있습니다. 그래서 마중물은 '맞이하는 물'이라는 뜻도 되는 듯합니다. 마중하는 한 바가지 물은 보잘 것 없는 적은 물이지만 깊은 샘물을 퍼 올려서 세상과 소통을 하게 하는 것입니다. 부모나 교사는 그저 성장하는 삶을 이끄는 마중물이 되면 그것으로 충분할 것입니다.

칭찬에도
지혜가 필요합니다

미국 코넬대 심리학과 앨리스 아이슨 교수의 연구에 의하면, 칭찬을 받은 사람은 일을 훨씬 빠르고 효율적으로 처리할 수 있게 된다고 합니다. 신경전달 물질인 '도파민'이라는 호르몬이 활발하게 생성되기 때문입니다. "칭찬은 고래도 춤추게 한다"는 말은 우리가 잘 아는 유명한 말입니다. 이 말을 떠올리면서 부모와 교사와 기관장들과 상급자들이 너도 나도 의식적으로 칭찬을 하려고 애를 쓰는데 어찌된 일인지 생각처럼 효과가 잘 드러나지 않는 경우가 많습니다. 실제로 어느 회사 부장의 이야기입니다. 그는 어느 강연에서 칭찬의 중요성과 효과를 접하고는 굳게 결심하였습니다. '이제부터 칭찬을 아끼지 말아야겠다.' 그는 실제로 칭찬을 아낌없이 했습니다. 그것도 진심으로 말입니다. 직원들에게 "보고서가 정말 훌륭하네." "자네는 재능이 참 뛰어나군."이라며 수시로 칭찬했습니다. 그런데 아무리 칭찬해도 직원들은 더 열심히 일하기는커녕 감사할 줄도 몰랐습니다. 그제서야 그는 무조건 칭찬을 많이 하면 좋은 게 아니라 지혜롭게 뭘 좀 알고서 제대로 해야 하는 것임을 깨달았습니다. 칭찬에도 요령이 있습니다. 직원을 바꾸는 칭찬의 세 가지 법칙입니다.

먼저 근거를 들어 구체화해서 칭찬해야 합니다. 직원에게 내가 왜 칭찬을 듣고 있는지를 명확하게 알려 주어야합니다. 예를 들어 중요한 계약이 걸린 프레젠테이션에서 발표를 잘해 냈습니다. 대부분의 사람은 "오늘 프레젠테이션 아주 훌륭했어."라고 말할 것입니다. 이 말을 이렇게 바꿔 보면 어떨까요? "오늘 프레젠테이션 좋았어. 특히 다른 회사와 비교한 사례가 눈길을 끌더라고. 설명도 쉽고 속도감이 있어서 이해가 잘됐어. 파워포인트도 깔끔했고."라고요.

이렇게 근거를 들어 칭찬하면 직원은 자신이 잘한 점을 확실하게 알게 됩니다. 이 때문에 다음에도 칭찬을 받기 위해 그 부분에 더욱 신경을 쓰게 됩니다. 칭찬이 구체화될수록 상사가 자신에게 세심한 관심으로 진심어린 칭찬을 해 주었다는 생각에 감동을 받게 됩니다.

두 번째는 재능보다 노력을 칭찬하는 것입니다. 자신이 원래 잘나서가 아니라 노력했기 때문에 그런 결과가 나왔다는 생각을 심어 주라는 말입니다. 재능만을 강조해서 칭찬하다 보면 직원은 그 기대에 부응해야 한다는 심리 부담을 느껴서 항상 좋은 결과를 보여 줘야 한다는 압박을 느끼게 됩니다. 그래서 종종 성과를 부풀리거나 목표치를 낮춰서 계획을 잡기도 합니다.

실제로 스탠퍼드 캐롤 드웩 교수가 시험을 통해 입증했습니다. 그는 시험에 참가하는 학생을 두 그룹으로 나눠 한 그룹에는 타고난 머리가 좋다며 지능을 칭찬해 주었습니다. 그리고 또 다른 그룹에는 노력에 대해 칭찬했습니다. 며칠 후 간단한 시험을 치르게 하고 자신의 시험성적을 직접 작성하게 했습니다. 두 집단 간에는 어떤 차이가 있었을까요? 지능이 뛰어나다고 칭찬받은 학생 40%는 결과를 부풀려 말했습니다. 자신의 지능이 낮다는 오해를 받게 될까 봐 두려워했기 때문입니다. 반면에 노력을 칭찬받은 학생은 거짓말을 거의 하지 않았습니다.

이처럼 노력을 칭찬하면 직원은 자신의 노력을 인정받았다는 점에 큰 감동을 받게 됩니다. 결과보다는 노력을 중요하게 생각하기 때문에 실패를 두려워하지 않고 도전할 용기가 생깁니다. 만약 지난 분기에 부하 직원이 목표 매출을 120% 달성했다고 가정해봅니다. 그에게 "목표 매출을 120%나 달성하다니 당신은 역시 타고난 세일즈맨이야."라고 칭찬한다면 이것은 재능을 부각시킨 것입니다. 하지만 "이번 분기에 매번 세 번 이상 고객을 만났다며. 기존의 고객 관리를 열심히 하더니 매출이 20%나 올랐구먼. 참 대단한데."라고 하면 칭찬 효과가 훨씬 커집니다.

마지막으로 직원 행동이 조직에 미치는 영향을 인정하고 칭찬해 줘야 합니다. 내가 조직에 도움이 되는 사람이라는 것을 깨닫게 해 주라는 것입니다. 사람은 자신이 타인에게 어떤 존재인지, 얼마만큼 영향을 미치는 사람인지를 인정받고 싶어합니다. 자신이 조직에 뭔가 기여했다는 생각이 들면 더 큰 만족과 기쁨을 느낄 수 있습니다. 단순한 칭찬보다는 "항상 싱글벙글 잘 웃는 자네가 있어서 팀 전체 분위기가 밝아지는 것 같아."와 같이 조직에 대한 영향력을 말해 주는 것입니다. 그럼 직원은 자신이 주변에 긍정 효과를 준다는 사실에 더 큰 보람을 느끼게 될 것입니다. 자신의 행동이 조직 전체에 미칠 영향 등과 같은 거시 안목까지 생기게 됩니다.

이런 지혜로운 칭찬의 3원칙은 직장만이 아니라 가정과 학교 등 모든 것에서도 적용 가능한 이야기입니다. 혹시 영혼 없는 칭찬만 던지고 있지는 않은지요? 이젠 칭찬을 할 때 근거를 구체화하고, 재능보다 노력을 강조하며, 직원이 한 일이 조직에 어떤 영향을 미쳤는지 함께 말해 보자는 식으로 해보시기 바랍니다. 그러면 뜨거운 칭찬에 직원의 눈빛과 행동이 확실히 달라지는 것을 느끼실 수 있을 것입니다.

일등이 되려면
허무맹랑한 꿈을

모바일 웹과 애플리케이션앱 개발 전문회사 A. 이제 설립 5년차로, 업계에서도 제법 이름을 날리며 매출도 안정세입니다. 하지만 정작 이 회사의 창업자인 사장은 고민이 많습니다. 조직이 안정될수록 벤처 정신을 점점 잃어 간다고 느끼고 있습니다. 예전에는 직원들이 혁신 기술을 연구하고 밤을 새워 가며 문제에 도전해 해결하려고 했다면 지금은 기존에 해 온 방식의 프로젝트에만 관심을 두는 것 같습니다. 어떻게 해야 직원들에게 다시금 도전과 혁신 마인드를 지닐 수 있게 할 수 있을까요?

미국 경제전문지 〈포천〉이 선정한 2013 최고의 기업가 일론 머스크. 그는 미국 민간 우주산업체 '스페이스X', 전기자동차 제조업체 '테슬라', 태양광 패널업체 '솔라시티' 창립자로서 지금까지 세 기업 모두를 성공리에 이끌고 있습니다. 그런데 2012년 11월 그는 영국왕립항공학회에서 기상천외한 계획을 발표했습니다. "15~20년 안에 인류가 거주할 수 있는 '화성 식민지'를 만들겠습니다." 머스크는 대체 왜 이런 불가능에 도전하려고 하는 걸까요?

사실 과거에도 이같이 허무맹랑해 보이는 도전이 있었습니다. 1962년

존 F 케네디 미국 대통령은 라이스대학교 강연에서 "10년 안에 사람이 달에 가게 될 것입니다."라고 말했습니다. 사람들은 이 말에 반신반의半信半疑했습니다. 당시 기술로는 상상할 수도 없는 일이었습니다. 하지만 케네디는 '달에 간다Moon shot'는 목표를 세우고 도전했고, 결국 1969년 미국은 달에 발자국을 남겼습니다. 바로 여기서 유래된 말이 있습니다. 불가능해 보일 정도로 높은 꿈 같은 목표를 잡고 여기에 도전하는 것을 '문샷 싱킹Moon Shot Thinking'이라고 합니다.

왜 이들은 말도 안 되게 높은 목표를 세우고 도전하는 걸까요? 우리가 지금보다 10% 더 나은 제품을 개발하려 한다고 생각해 봅니다. 이런 경우 대다수는 우선 지금 팔고 있는 제품을 앞에 두고서 이전의 문제들을 해결해 온 방식으로 생각을 시작할 것입니다. 그리고 더 많은 노력과 돈을 들여서 조금 더 나은 버전을 만들어 내는 점진 혁신을 이루려고 할 것입니다. 하지만 10배 혁신을 목표로 하면 상황은 달라집니다. 일단 이 목표를 들으면 지금까지 해 온 대로 해서는 목표 달성이 절대 불가능하겠다는 생각이 들게 됩니다. 그리고 자연히 이 불가능을 뛰어넘기 위해 지금까지는 없는 창의지성을 활용하는 방법으로 독창적인 결과물을 내놓는 급진적인 혁신방안을 이루고자 노력하게 됩니다.

기업을 성공리에 이끌기 위해서는 점진 혁신뿐만 아니라 문샷에 도전하는 급진 혁신을 놓쳐서는 안 됩니다. 그래야 기존 사업을 탄탄히 이끌어 가면서도 새로운 비즈니스 기회를 만들 수 있기 때문입니다. 실제로 세계적 기업은 이 문샷 싱킹을 게을리 하지 않고 있습니다.

이런 대표적인 기업이 바로 구글입니다. 구글은 세상을 급진 형태로 좋게 만들 문샷 기술 발명을 위해 이를 담당하는 비밀연구소 '구글X'까지 아예 따로 만들어 놓고 있습니다. 이 연구소 직원은 문샷 싱킹을 할 때, 세 가지를 꼭 챙긴다고 합니다. 먼저 수많은 사람의 삶을 개선할 수 있을 만한 거대한 문제big problem를 찾습니다. 그리고 이 문제의 급진 해결책 radical solution과 이를 구현해 낼 확고한 방법concrete evidence, 즉 혁신 기술 을 찾습니다.

예를 들어 구글X에서는 매년 100만 명이 넘는 사람들이 교통사고로 사망big problem한다는 사실에 집중했습니다. 그들은 이 문제가 결국 사람 이 운전을 하기 때문에 일어나는 일이라고 판단했습니다. 그래서 무인주 행 자동차radical solution를 만들어 이 문제를 해결하기로 했습니다. 사람 들은 이게 가능하겠느냐고 반응했습니다. 하지만 구글 직원은 문샷으로 삼고 도전했습니다. 인공지능concrete evidence 등 각 분야의 전문가를 회 사 내외부에서 모집, 프로젝트에 들어갔습니다. 그리고 2010년, 결국 무 인자동차 실험에 성공했습니다. 2012년에는 미국 네바다주 교통부로부 터 면허를 취득했습니다. 지난 2016년 4월에는 미국 내 무인 자율주행차 상용화를 위한 업종 간 협의체가 결성되기도 했습니다. 여기에는 구글과 미국 차량 공유서비스 업체 우버와 리프트, 자동차회사 포드와 볼보 등 이 참여했습니다.

이뿐만이 아닙니다. 이들은 세계 3분의 2의 인구가 아직도 인터넷을 사용하지 못하고 있다는 문제를 해결하기 위해 하늘에 띄운 풍선으로 통신망을 형성해 주는 프로젝트를 진행했습니다. 2013년에는 입는 컴 퓨터 시대를 연, 구글 글라스를 개발했습니다. 물론 지금 당장은 이것 들이 큰 수익으로 연결되고 있진 않지만 언젠가는 이 분야에서 구글이 선두 기업으로서 모두가 놀랄 만한 위대한 결과를 낼 것이라고 믿고 있습니다.

이런 문샷 싱킹을 소홀히 하면 어떻게 될까요? 한때 세계 최고의 전자 제품 제조업체이던 소니에서 그 답을 찾을 수 있습니다. 1980~1990년대 소니는 세상에 없는 제품을 만들어 내는 문샷에 과감히 도전했습니다.

35대표 제품이 바로 걸어 다니면서 음악을 들을 수 있게 해 준 '워크맨'과 손 안의 비디오카메라 '캠코더'입니다. '야외에서 걸으면서도 음악을 들을 수 없을까' '가족의 소중한 순간을 손쉽게 촬영해 간직할 수는 없을까'라는 불가능한 도전에서 출발해 전에 없는 혁신 제품을 만들어 냈습니다. 이들 제품은 세상을 뒤흔들었고, 소니는 세계 최고 기업으로 거듭났습니다. 하지만 2000년대 초반부터 소니는 기술 혁신보다 사업 확장과 원가 절감 등을 통한 경영 효율화에 집중하기 시작했습니다. 그러면서 이들은 불가능과 새로운 것에 도전하는 문샷 싱킹을 멈췄습니다. 결과는 어땠을까요? 사람이 꿈꾸는 것을 멈추면 더 큰 발전을 이룰 수 없듯 기업도 마찬가지입니다. 결국 이들은 삼성과 애플 등 후발 기업에 자리를 내줬고, 하염없이 몰락의 길을 걸어가고 있습니다.

조직의 기관장은 구성원들에게 혁신 마인드와 도전정신을 심어 주고, 이를 성과로 연결하고 싶어 합니다. 그렇다면 문샷 싱킹을 하게 해야 합니다. 세상을 놀라게 하고 시대를 바꿀 위대한 결과가 눈앞에 펼쳐질 것입니다.

가족이
중요한 시대랍니다

가족Family이라는 낱말이 Father And Mother I Love You의 앞 글자를 따온 데서 유래한다는 설이 있지만 영어의 대부분이 라틴어를 어원으로 한다는 것을 생각한다면 이것은 그저 아름다운 말장난일 확률이 높습니다. 가족의 어원은 Familia라는 라틴어에서 유래되었다는 것이 정설定說입니다. Familia는 원래 집에서 부리는 노예나 하인을 뜻하던 말이었으나 나중에 가족을 의미하는 말로 바뀌었다고 합니다. 가족 구성원을 노동력의 원천으로 생각했던 시절이 있었음을 감안한다면 이 어원을 이해할 수 있을 법도 합니다.

한편, 한자어로 가족家族은 집 가家 겨레 족族으로 표기하는데, 한 지붕 밑에 돼지와 같은 가축을 키우며 모여 사는 비슷한 무리族를 뜻하는 것이므로 그래도 영어의 어원에 비하면 다소나마 인간적인 측면이 엿보입니다.

마가렛 미드는 『미개가족』(1931)에서 가족론을 전개함에 있어서 생물학적 가족과 사회학적 가족으로 구별하였습니다. 생물학적 가족이란 혈연관계에 근거한 모든 가족관계이며, 사회학적 가족이란 이해를 같이하는 집단의 구성원으로서의 가족형태입니다. 즉, 가족이라는 의미는 좁게는 같은 유전자를 갖는 사람들의 집단이며, 넓게는 생각이나 이해관계를 같이하는 사람들의 집단이라는 의미로 해석될 수 있습니다.

　가족이라는 개념을 울타리라는 단어만큼 그 특성을 잘 나타낼 수 있는 말도 없을 것 같습니다. 이 울타리는 외적의 침입과 위험으로부터 나, 또는 나와 동질성을 지닌 집단을 지켜 주는 훌륭한 방패막이 될 수 있으며 이 안에서 정신적, 육체적 안정감을 도모할 수 있을 것이므로 구성원 간에 상당한 유대감을 형성할 수 있습니다. 그러나 이 울타리는 경우에 따라 전혀 다른 역할을 할 수도 있는데, 울타리 안의 구성원이 울타리로 인해 자유롭지 못하다고 생각하거나, 구성원 간에 이해가 엇갈리게 될 때 더 이상 가족은 남으로부터 나를 지켜주는 방어막이 아니라 나를 구속하는 장벽으로 느껴질 것입니다.

　명절은 의도하지 않더라도 가족이라는 것이 나에게 어떤 의미인가를 직접, 또는 간접적으로 생각할 계기가 되곤 합니다. 오랜만에 만날 가족들을 생각하며 설레는 마음으로 천릿길을 달려가기도 하지만 때론 불현듯 가족에 대한 회의懷疑가 들면서 무언가 내려놓기 어려운 무거운 짐을 지고 있는 느낌이 들기도 합니다.

　가족이 갖는 의미는 이렇게 모순적인 형태로 일상에 나타나지만 분명한 것은 그 의미는 대부분의 경우 각자의 선택에 따라 달라진다는 것이며, 가족을 평생 나를 지켜주는 울타리이자 안식처로 삼기 위해서는 나 스스로는 물론이고 가족 구성원 간에 끊임없는 희생과 배려가 필요하다는 점은 반드시 마음에 새겨야할 일입니다.

　최근 우리 사회의 가정 붕괴현상과 사회적 병리 현상은 심각한 수준에 도달하고 있습니다. 자살률이 늘고 있는가 하면, 이혼율이 급증하고 있습니다. 또한 버려지는 아이들, 가정 폭력, 청소년 가출도 늘고 있습니다. 이 아이들은 다시 건강하지 못한 삶의 길에 들어서고 있습니다. 더욱 우려되는 것은 요즈음 아이들의 폭력성과 이기심이, 그리고 신경증이,

너무 일반적으로 만연되어 있어 걱정스러운 수준에 이르고 있다는 사실입니다.

이러한 병리적 현실을 우리는 어떻게 치료해나갈 수 있을까요? 학교 교육에서는 학생들 각자 각자가 자신이 특별한 존재라고 느끼고 자긍심을 지닐 수 있도록 가능한 한 학생들 모두에게 세심한 배려를 해야 합니다. 교과목 성적이 우수한 학생에만 관심을 쏟으면서도 학교 교과를 통해 인성 교육을 하는 지금의 현실이 이러한 문제 해결에 얼마나 무력한 것인지 우리는 잘 알고 있습니다. 범죄나 자살, 가정폭력이나 이혼도, 대개는 자신에 대한 자긍심을 갖지 못하게 하는 절망감과 그래서 밖으로 향하는 분노에서 발생합니다. 자신의 불행에 대한 책임을 자신에게만 묻기에는 너무나 억울해서 그 누구에겐가 호소하고 싶습니다. 그러나 억울함을 호소할 데가 없고, 자기 자신에 대한 자책감과 절망감을 해소하기 위해 그 누군가에게 위로받고 싶으나 위로받을 수가 없습니다. 그들은 세상이 원망스럽고 그 누구에겐가 화가 나는 것입니다. 이러한 문제를 해결하려면 누군가가 이들의 호소를 듣고 그들이 자긍심을 되찾을 수 있도록 도울 수 있는 여유와 사랑이 있어야 합니다. 그렇게 하기 위해서는 사회가 공간을 제공해야 합니다.

그러나 사회구성원들을 무한 경쟁으로 내몰고 있는 오늘의 신자유주의적 사회체계에는 그러한 공간도 없고, 개인에게 그렇게 남에게 관심을 가질 수 있는 여유를 그다지 허용하지 않습니다. 그러니 가정은 우리 사회를 건강하게 가꾸어 갈 수 있는 제1의 초석일 수밖에 없습니다. 왜냐하면 오늘날 우리가 폐부 깊숙이 사랑을 배울 수 있는 곳은 가정뿐이기 때문입니다.

그런데 오늘날 우리는 가족의 위기에 직면한 시대를 살고 있습니다. 오늘날 우리의 현실은, '남편 구타에 참다못해 흉기로 남편을 살해', '매

맞는 남편 늘어, 하소연도 힘들어', '어머니가 딸 폭행 사주' 등의 신문기사를 접하는 것은 그리 어려운 일이 아닙니다. 또한 항간에 떠도는 우스갯소리 가운데 아내와 남편이 서로를 조롱하는 말들이 한둘이 아닙니다. 우리 시대 가정의 자화상을 적나라하게 보여주는 것이어서 씁쓸합니다.

요즘 우리는 가정 해체로 인한 가족의 방황을 자주 목격할 수 있습니다. 이미 이혼과 독신이 허물이 아닌 사회가 되었으며, 심지어 동성연애와 계약결혼이라는 말이 공공연하게 거론되고 있습니다. 이와 함께 고령화와 함께 저출산이 심각한 국가적 문제로 대두되고 있습니다. 정부나 지자체에서 출산을 장려하는 다양한 프로그램을 개발하고 있지만 그것만으로 문제가 쉽게 해결될 것 같지는 않습니다.

우리나라 부모들의 자식사랑은 유별납니다. 많은 부모들이 젊은 시절 품었던 인생계획을 포기하고 사랑하는 자녀를 위해 헌신합니다. 어린 자식을 외국에서 공부시킨다고 부부가 생이별하는 '기러기 가족'이 있고, 가족 전부가 이민移民을 가기도 합니다. 자녀가 성인이 된 다음에도 부모가 혼수비용을 떠안는 것은 기본이고, 살 집까지 마련해주거나 맞벌이할 경우 손자녀들까지 돌봐주기도 합니다. 이런 유별난 자식사랑에도 유감스럽게도 우리나라의 가족은 부모 자식 사이, 부부 사이, 형제자매 사이의 대화가 단절되어 있습니다. 청소년들은 자신의 고민과 어려움을 토로할 수 있는 상대로 가족보다는 친구를 찾습니다. 이러한 우리의 가족관계의 이중성은 엄청난 긴장을 유발하고 있습니다.

우리나라 가족은 가정 폭력과 아동 학대, 가정해체 등 어두운 측면을 안고 있기도 합니다. 잘 알려진 사실과 같이 아동학대 신고건수가 급증하고 있는데 학대자가 부모인 경우가 대부분입니다. 교육당국이 실시하는 학생들의 정서행동검사결과에서 우리나라 초 · 중 · 고등학생들중 정신장애를 겪고 있는 학생들이 늘고 있습니다. 그 주요원인은 부모의 불화나 가정폭력 등 가정문제에 있습니다.

우리의 부모들은 자식의 미래를 위해 많은 희생을 치르면서도 정작 아이들과 많은 시간을 보내지 못하고 있습니다. 많은 부모들이 삶의 가치를 자식교육과 경제적 성공에 두다 보니 대화 부재, 무관심, 가정 내 갈등으로 가족 간의 애정이 식고 있습니다. 그 과정에서 청소년 비행 및 그릇된 성문화, 가정내 폭력, 남녀차별, 노인문제 등 수많은 가정문제가 생겨나고 있습니다.

오늘날의 가정 해체를 우려하며 그 대안으로 전통적 가정 윤리만을 강조할 수도 없는 노릇입니다. 그러나 옛 사람들이 가정을 지키기 위하여 얼마나 고심하였던가 하는 것은 한 번쯤 생각해 볼 필요가 있습니다. 자녀에게 종속되어 있는 부모가 아니라 자애慈愛와 효도孝道가 살아 있는 가정, 조롱嘲弄의 대상이 되는 부부가 아니라 손님처럼 서로 공경하는 여빈상경如賓相敬의 가정이 우리 시대에 절실하기 때문입니다.

전통 가정에서는 제가齊家라는 이름으로 삼강오륜三綱五倫을 강조했습니다. 삼강이 아버지와 아들, 남편과 아내 사이의 종적縱的 질서를 강조하여 요즘 시대에 문제가 되는 면이 있지만, 삼강보다 먼저 성립된 오륜은 그렇지 않습니다. 아버지와 아들 사이에는 친밀親을, 남편과 아내 사이에는 분별別을 설정하여 가정을 지키는 최소한의 윤리로 삼고 있기 때문입니다. '친'과 '별'을 각각 상하와 좌우관계에서 형성되어야 할 주요 덕목으로 본 것입니다.

가정은 나를 자기 자신 못지않게 사랑하는 다른 사람이 있다는 것을, 그리고 나 자신을 사랑하는 법을 배우는 공간입니다. 가정에서 충분한 사랑을 받고 자라난 자녀는 자신에게 닥쳐오는 다양한 형태의 시련을 누구보다 잘 극복하기 마련입니다. 이는 가족들과 나눈 견고한 사랑 덕분입니다. 그야말로 가정은 우리에게 힘을 공급하는 마르지 않는 샘과 같은 것입니다. 안락과 휴식, 존경과 믿음, 인내와 대화는 가정을 지키는 위대한 요소들입니다. 오늘날 우리는 이를 깊이 인식하면서 이 시대에 편만遍滿해 있는 가정의 위기를 극복하기 위해 노력해야겠습니다. 아무리 바빠도 건강을 챙기고, 안전을 점검하는 일은 미룰 수 없는 우선순위입니다. 가정이 건강하게 유지될 수 있도록 각박한 세상사를 잊고 가족끼리 둘러앉아 얼굴 맞대고 대화를 나누는 노력이야말로 아무리 강조해도 지나치지 않을 것입니다.

가정은 가장 중요한 인성교육장이랍니다

아이의 인격 형성에 가장 큰 영향을 미치는 곳은 가정입니다. 그 이유는 아이와 가장 많은 시간을 함께 보내고 대화를 나누는 존재가 가족이기 때문입니다. 특히 부모의 경우 유년시절 아이의 성격과 자아형성에 막대한 영향을 미칩니다. 아이는 가족이라는 울타리 안에서 자아를 형성하고 인격을 수행하게 됩니다. 부모, 형제와의 관계 속에서 아이는 부딪치고 싸우며 자신만의 인격을 하나씩 만들어가게 됩니다. 가족 간의 상호작용은 아이 자신의 소속감과 함께 가족과의 유대관계, 소통의 문제까지 생각해 볼 수 있는 기회를 제공합니다. 아이는 가족이라고 하는 구성원 안에서 자신의 위치와 자아를 형성하고 부모와의 소통을 통해 자존감을 형성합니다. 형제와의 관계 속에서 질서를 배우고, 배려하는 방법을 익히게 됩니다. 그러니 가정에서 가족의 소중함을 일깨워 형제와의 우애, 어른을 공경하는 자세 등을 가르쳐야합니다.

아이는 부모의 행동을 따라하고 배웁니다. 올바른 아이의 인성교육을 위해서는 부모의 올바른 언행과 태도가 앞서야 하는 이유가 이 때문입니다. 옳은 일을 했을 때 그것이 다시 나에게 긍정적인 영향을 미칠 수 있다는 깨달음을 주기 위해서는 부모가 먼저 솔선수범하여 이웃을 돕고 배려할 줄 아는 사람이 되어야 합니다.

타협을 위해 원칙을 저버리는 행동은 개인의 가치관과 신념의 정립을 어렵게 만듭니다. 이는 성인이 되어서도 마찬가지입니다. 아이의 올바른 인성교육을 위해 가장 중요한 것은 진실한 마음가짐을 갖게 만들어주는 것입니다. 만약 아이가 사소한 실수로 인해 거짓말을 하게 됐다고 가정해보겠습니다. 아이의 거짓말은 한 번으로 끝나지 않고, 그것을 모면하기 위해 다른 거짓말을 만들게 됩니다. 아이는 부모에게 혼나지 않기 위해서 이 같은 거짓말을 했을지 모릅니다. 하지만 거짓말로 인해 위기를 모면하게 되면 다시 거짓말을 반복할 확률이 높아집니다. 거짓말만큼 잘못된 것이 없다는 부분을 어려서부터 가르쳐 아이가 진실한 자세로, 자신의 실수에 대해 인정하고 받아들일 줄 아는 사람이 되도록 가르쳐야합니다. 또한 타인의 인정을 받기 위해서 타협하기보다 원칙을 지키기 위해 노력할 때 결국 그 원칙을 지켜 신뢰감을 얻을 수 있는 사람이 될 수 있다는 사실을 일깨워줘야 합니다.

아이에게 인내심과 도전 정신을 가르치기 위해서는 평소 작은 일에도 쉽게 포기하지 않고, 지치지 않을 수 있도록 부모가 옆에서 조언하고 격려해줘야 합니다. 사소한 것도 계획을 만들어 실천할 줄 아는 습관을 가르쳐줘야합니다. 아이는 자신이 세운 목표치에 도달했을 때 성취감을 깨닫고 다음 목표를 위한 원동력을 얻게 됩니다. 또 부모는 아이가 처음 세운 계획에서 원했던 만큼 성과가 나오지 않았을 때 다음 대안이 있다는 가능성을 열어 포기하지 않고 다시 도전할 수 있도록 기회를 만들어줘야 합니다. 이는 아이의 끈기와 인내심 형성에 도움이 됩니다.

이런 점에서 오늘 우리의 가정이 바로설 수 있도록 지원하는 방안들이 있었으면 합니다. 현대사회는 자격증 시대입니다. 어떤 중요한 일을 맡으려면 소정의 교육을 받아야하고 시험이나 실력을 입증하는 절차를 거쳐서 자격증을 발급받습니다. 제가 교사로, 목사가 되기 위해 거친 과정도 그러했습니다. 비교적 엄격한 교육을 받고 자격요건을 갖춰 선발되어 취득한 자격입니다. 그리고 직무를 수행함에 수시로 재교육을 받고 사명감을 재점검하는 교육이 있습니다. 그러나 정작 가장 중요한 교육을 담당할 부모로서는 준비교육도, 자격과정도, 재교육도 없습니다. 그나마 다행인 것은 몇몇 종교와 시민사회단체에서 결혼예비학교나 초보부모교육, 부부이해교육, 아버지학교, 초보엄마학교 같은 것들이 열립니다. 그러나 제가 사는 이곳 농촌지역에는 이런 교육이 미치지 못합니다. 더욱이 결혼이주여성들은 이런 교육을 잘 알지도 못합니다. 가정이 잘돼야 학교도, 사회도 잘 됩니다. 가정은 사회화의 기초과정이요, 사회를 이루는 모판입니다. 이 가정이 건강하게 준비되고, 형성되고, 유지될 수 있도록 더 많은 관심이 절실할 때입니다. 좀 더 다양하고 체계적이고 효과적인 가정지원교육시스템이 구축되고 활성화되기를 기대해봅니다.

스마트폰보다
책을 더

세계의 주요 국가들과 비교하면 우리나라는 책을 거의 읽지 않는 나라에 속합니다. OECD에 가입한 주요 국가의 연평균 독서율은 76.5%입니다. 그러나 우리나라는 74.4%에 불과합니다. 스웨덴 85.7%(1위), 에스토니아 84.9%(2위), 덴마크 84.8%(3위) 순입니다. 2015년 우리나라 가구당 책을 사는 데 쓴 돈은 1만 6천원 꼴로 5년 연속 최저치를 기록했습니다. 그나마 참고서나 학습교재를 사는데 쓴 비용이 60% 이상이어서 우리나라 사람들이 책을 구매하는 데 얼마나 인색한지 알 수 있습니다. 미국 주간지 〈뉴요커〉에 1인당 책 읽는 시간이 가장 짧은 나라가 우리나라라고 소개될 정도입니다. 책을 읽는 모습은 도서관이 아니면 거의 찾아볼 수 없습니다. 심지어 지하철이나 버스 안에서 신문조차 읽는 사람을 보기 어렵습니다.

이 지적은 지금 우리 학생들에게도 쉽게 찾아볼 수 있습니다. 예전의 모습과는 많이 달라지고 있습니다. 책보다는 스마트폰을 가까이 하는 학생들이 그만큼 많아졌습니다. 교실은 물론 매점과 급식소에서 스마트폰을 만지작거리는 학생들을 쉽게 찾아볼 수 있습니다. 책가방에 교과서가 아닌 교양서적을 넣고 다니는 학생들을 찾아보기가 어려울 정도입니다. 쉬는 시간이나 점심시간에 학교 벤치에 앉아 책을 읽는 낭만적인 학생의 모습은 이젠 구경조차 하기 어려운 지경에 이르렀습니다. 삼삼오오 모여서 떠들거나 스마트폰에 의탁해서 시간을 축내고 있는 광경뿐입니다. 수불석권手不釋卷*이 아니라 수불석기手不釋機**가 되어버렸습니다. 이런 풍토는 중고교는 물론 대학도 마찬가지입니다. 이런 모습으로는 우리의 미래를 희망으로 예측하기 어렵습니다. 아니 국가의 앞날이 암담합니다. 책을 가까이 하지 않는 학생, 책 읽는 젊은이가 적은 국가는 희망이 없습니다. 이런 나라는 마치 돛대 없이 항해하려는 배와 같이 무모합니다. 국가의 장래는 물론, 참된 가치를 찾기에 갈급한 학교의 정체성 실현도 기대할 수 없습니다.

* 수불석권은 "손에서 책을 놓지 않다. 항상 손에 책을 들고 부지런히 공부하는 것"을 이르는 말입니다. 『강표전江表傳』에 다음과 같은 이야기가 있습니다. 어느 날 손권孫權이 여몽呂蒙과 장흠蔣欽에게 말했습니다. "경들은 이제 권한을 가지고 국가 대사를 맡게 되었으니 공부를 해서 지식을 함양해 두는 것이 어떻겠소?' 여몽이 대답했습니다. '군 안에 항상 일이 많아 책을 읽을 겨를이 없습니다." "내가 경에게 경학을 공부하여 박사博士라도 되라고 하는 줄 아는 모양이구려. 다만 선인들이 남긴 기록을 통해 지난 일들을 섭렵하라는 것이오. 경이 할 일이 많다고는 하지만 나보다 많기야 하겠소? 나는 어릴 적에 『시경』, 『서경』, 『예기』, 『좌전左傳』, 『국어國語』를 읽었고 『주역』만을 읽지 못했다오. 업무를 통솔한 이래 삼사三史와 모든 병서를 살펴보았는데 스스로 생각해도 큰 이익이 되는 것 같소. 두 분 경들은 성정이 총명하고 이해력이 있어 공부하면 반드시 얻게 될 것인데 어찌 하려고 하지 않는 거요? 당장 『손자孫子』, 『육도六韜』, 『좌전』, 『국어』와 삼사를 읽어야 할 것이오. 일찍이 공자孔子께서도 '하루 종일 먹지도 않고 자지도 않고 생각만 했는데 얻은 것이 없었다. 차라리 책을 읽는 편이 낫다.'고 말씀하셨소. 그리고 후한後漢의 광무제光武帝는 군무에 바쁜 중에도 손에서 책을 놓지 않았다고 하고, 맹덕孟德 조조曹操 역시 늙어서까지도 배우기를 좋아했다고 스스로 말했소. 경들은 어찌하여 스스로 노력하지 않는단 말이오." 여몽은 공부를 하기 시작하여 뜻을 돈독히 하고 게으르지 않아 두루 본 책이 옛 유학자들보다도 많았습니다. 이 이야기는 『삼국지三國志』 「오서吳書」 '여몽전呂蒙傳'의 '강표전' 을 인용한 배송지裴松之의 주注에 나옵니다. 광무제가 군무에 바쁜 중에도 손에서 책을 놓지 않았다는 말에서 '수불석권'이 유래했습니다. '강표전'은 현재 전해지지 않는데, 『삼국지』의 '배송지 주'에 많이 인용되어 있습니다. 삼사三史는 『사기史記』, 『한서漢書』, 『후한서後漢書』를 말합니다. 원래는 『사기』, 『한서』, 『동관한기東觀漢記』였으나 『후한서』가 나온 후에 바뀌었습니다. 여기에 『삼국지』를 더해 '전 사사前四史'라고 합니다.

** 손에서 책을 놓지 않음이 아니라 손에서 기계를 놓지 않음을 말합니다.

알려진 바와 같이 나폴레옹은 독서열이 대단했던 사람입니다. 전쟁터에 나가 말 위에서도 촌음을 아껴 책을 읽었다고 합니다. 중국 진秦나라 소진蘇秦과 위魏나라 장의張儀는 귀곡자鬼谷子***를 가르치면서 졸음이 몰려오면 송곳으로 허벅지를 찔러 가면서 독서에 매진했다고 합니다. 우리나라 독립운동가 안중근은 절체절명의 상황에서도 손에서 책을 놓지 않았습니다. 그가 한 유명한 말입니다. "하루라도 책을 읽지 않으면 입 안에 가시가 돋습니다."

독서의 가치와 중요성은 아무리 강조해도 지나치지 않습니다. 책은 마음의 양식입니다. 또한 책은 인생의 나침반입니다. 젊은 시절 읽은 책은 일생의 자산資産이 됩니다. 사람이 책을 만들지만 책이 결국 사람을 완성합니다. 좋은 책을 많이 읽은 사람은 평생 사용할 수 있는 보물을 가슴에 간직한 셈입니다.

*** 귀곡자鬼谷子는 기원전 4세기에 전국시대를 살았던 정치가로 제자백가 중 종횡가縱橫家의 사상가입니다. 그는 역시 종횡가에 속한 소진과 장의의 스승으로, 귀곡에서 은거했기 때문에 귀곡자 또는 귀속선생鬼谷先生이라 불렸습니다. 그의 이름과 성씨 및 향리까지 모두 알 수 없지만, 전설에 따르면 성姓은 왕王씨고 이름은 후詡로, 제齊나라(일설에는 초나라) 사람이라 전해집니다. 귀곡자의 사상을 담은 책 또한 《귀곡자》라고 불립니다. 이 책의 지은이에 대해서는 의견이 분분합니다. 귀곡자라는 설, 귀곡자의 제자인 소진蘇秦이라는 설, 그리고 육조시대의 일을 꾸미기 좋아하는 아무개라는 설 등이 있습니다. 다만 현존하는 형태의 책은 육조시대 사람이 귀곡자의 이름을 가탁해 엮은 것입니다. 그러나 이 책 가운데는 선진시대先秦時代 종횡가들의 이론이 드러나 있어, 주요 사상과 내용은 귀곡자의 기록과 언급이 틀림없이 포함되어 있다고 볼 수 있습니다. 《귀곡자》에는 상대의 심리에 맞춰 그의 신임을 얻고 친밀한 관계를 유지해야 한다는 내용도 있고, 기회를 틈타 상대의 약점을 장악해서 그가 빠져나가지 못하도록 붙잡아 둬야 한다는 내용도 있으며, 상대를 잘 위무해 그의 진심을 끌어내 확인함으로써 상황을 추측하고 파악해서 책략을 세워야 한다는 내용도 있습니다. 요컨대 《귀곡자》는 유세할 때 유의해야 할 사항들을 종합적이고 체계적으로 이론화한 중국 최초의 심리학 전문 서적이라 말할 수 있습니다. 《귀곡자》는 학자들의 관점에 따라 비판을 당하기도 했습니다. 일부 법술은 어리석은 군주에게만 운용될 뿐 명군明君과 치세治世를 만나서는 쓸데가 없고 바른 사람을 만나서는 통용될 수 없다는 것입니다. 그러나 전국시대 이래로 천하의 법도가 사라지고 어지러운 상황에서 살아남기 위한 방편으로 계모를 쓸 수밖에 없는 현실을 고려한다면 달리 평가할 수도 있습니다.

책을 읽고 사색을 하면서 우리가 얻게 되는 이익은 헤아릴 수 없을 정도로 많습니다. 하지만 현실은 긍정적이지 않습니다. 왜 책을 읽어야 할까요? 중요한 사실 한 가지는 우리가 제대로 생각을 하려면 책을 읽어야 한다는 것입니다. '남아수독오거서男兒須讀五車書****'라는 말이 있습니다. 남자는 모름지기 수레 5대 분량의 책을 읽어야 한다는 것입니다. 책을 읽는 시기가 젊은 시기로 한정될 수 없지만 그래도 젊은 시절이 책읽기에 딱 좋은 시절인 것만은 분명합니다.

책은 생각할 '재료'를 제공합니다. 생각할 '재료'가 없다면 무엇을 생각할 수 있을까요? 생각할 '재료'가 없다면 무엇을 말하고 어떻게 행동할 수 있을까요? 우리는 살아가면서 항상 어떤 목표를 정한 후, 자신의 말과 행동을 선택합니다. 목표를 정하고 선택하려면 어떤 준거가 있어야 할 것인데 준거의 자료가 없다면 단세포적인 행위를 할 수밖에 없습니다. 인간답게 살기 위해서, 제대로 살기 위해서, 의미를 찾고 만들기 위해서 책을 읽어야 합니다.

그렇다면 어떻게 읽어야할까요? 책을 제대로 읽으려면 읽는 도중이거나 읽고 나서 '왜?'라는 질문을 해야 합니다. 세상의 소소한 일들은 우연

**** 남아수독오거서男兒須讀五車書의 유래由來입니다. 원래元來/原來는 무위자연無爲自然과 인위人爲의 배격排擊 등을 주창한 노장사상老莊思想의 대가大家인 장자莊子의 '혜시다방기서오거惠施多方基書五車'에서 유래한 말입니다. 장자가 자신의 친구親舊인 '혜시惠施의 장서藏書'를 두고 한 말이라고 전傳해 옵니다. "혜시의 학설은 여러 방면에 걸쳐 있고, 그 책은 다섯 수레에 달한다." 두보杜甫의 시詩 〈題柏學士募屋제백학사모옥〉에도 이 구절이 나옵니다. 碧山學士焚銀魚벽산학사분은어/벽산의 학사가 은어모양의 학사증서를 불태우고, 白馬却走身巖居백마각주신암거/백마로 달려 몸을 바위 속에 숨겼도다., 古人已用三冬足고인이용삼동족/옛 사람은 겨울동안 독서에 몰두했거늘, 年少今開萬券餘년소금개만권여/그대 젊은 나이에 이제 만여 권을 읽었도다. 晴雲滿戶團傾蓋청운만호단경개/채색 구름이 집에 가득 차서 둥글게 덮개를 엎어 놓은 듯, 秋水浮階溜決渠추수부계유결거/가을 물이 섬돌에 넘쳐서 도랑으로 떨어지네., 富貴必從勤苦得부귀필종근고득/부귀는 반드시 근면과 고생에서 얻어야 하느니, 男兒須讀五車書남아수독오거서/남아로서 모름지기 다섯 수레의 책을 읽을 지니라 이 구절에 연관되는 공자의 이야기도 유명합니다. 공자는 읽던 책의 끈이 세 번이나 끊어졌을 정도로 독서를 즐겼다고 합니다.

히 그렇게 이루어진 것처럼 보입니다만 꼼꼼히 따져보면 모든 사건들은 '필연적'인 인과관계와 이유가 있습니다. 필연성을 파악할 좋은 방법은 '왜?'라는 질문을 하는 것입니다. 질문을 하다보면 하나의 사건이 다른 사건에 끼친 영향, 사건들의 인과관계를 알아내는 안목이 생깁니다. 통찰력이 생깁니다. 이런 통찰력이 있어야 자신의 언행을 통제할 수 있고, 최신의 신택을 힐 수 있게 됩니다. 숨어있는 의미를 발견할 수 있고, 감춰진 아름다움을 찾아내는 안목이 생깁니다. 철학을 하는 태도가 몸에 뱁니다. 인생을 살아가는 기쁨을 맛볼 수 있습니다. 책을 가까이 하고 항상 '왜?'라는 질문을 해봅시다. 책을 읽는 모습은 언제나 아름답습니다. 질문하는 행위는 진지한 삶의 시작입니다.

스마트폰보다 책을 더 가까이 해야 합니다. 지금부터라도 손에서 책을 놓지 않는 수불석권手不釋卷의 습관을 길러가야 합니다. 이제 스마트폰을 꺼두고 책을 펼쳐봅시다. 언제 어디서건 책을 펼치고 읽어 봅시다. 시집도 좋고, 수필집도 좋습니다. 재미있는 소설책은 독서의 즐거움을 듬뿍 안겨줄 것입니다.

대학의
존재이유

대학은 지금 구조조정 시대입니다. 왜 대학이 존재해야 할까요? 지금의 대학은 과연 필요할까요? 라는 끊임없는 질문에 스스로 존재 이유를 증명해내고 있습니다. 우리시대의 가장 시급한 당면 과제인 출산율 저하로 인해 대학들은 2020년 이전 신입생 가뭄을 겪을 전망입니다. 우리나라 전국 대학의 총 입학정원수에 비해 대학에 진학하는 학생 수가 그 정점을 넘어서 급격히 줄어들고 있다는 통계수치들이 그렇게 예견하고 있습니다.

피터 드러커Peter Ferdinand Drucker의 주장대로 2020년에는 과연 대학 캠퍼스가 사라질 것인지, 아니면 인간의 한판 묘수妙手로 인해 또 다른 돌파구가 우리를 기다리고 있을지는 아무도 모릅니다. 그렇다고 체념하고 방관만 할 수는 없습니다. 생존의 의미가 부여된 일이기에 반드시 살아남아야 하는 당위성으로 대학의 정책을 강구해야 합니다. 대학의 존재를 위한 새로운 교육 패러다임을 찾아나가야 합니다.

대학은 지금 교육 서비스를 하고 있습니다. 대학교육은 어떻게 해야 할까요? 2015년부터 서울대를 비롯한 10개 대학에서 27개 강좌를 개설하여 한국형 온라인 공개강좌K-MOOC, Korea Massive Open Online Course* 서비스를 제공하고 있습니다. K-MOOC는 배경지식이 다른 학습자 간 지식 공유를 통해 대학의 울타리를 넘어 새로운 학습경험을 무료로 할 수 있는 교육정책으로서, 2016년 3월까지 기록된 수강 신청자 수는 약 7만 2000명에 이릅니다, 가장 인기 있는 서울대의 경제학 들어가기는 8천93명이 수강신청을 했습니다. 이것은 대학에 가는 것이 최선인가에 대한 질문에 대학교육이 스스로 변화하지 않는다면 앞으로 그 존립여부가 심각해진다는 것을 반증하고 있습니다. 서로 마주하고 교감을 나누는 교육이 아닌 인공지능과 담론하는 시대에 우리는 '왜, 무엇을, 어떻게 해야 하는가?'를 진지하게 고민하게 됩니다.

지금 대학은 정체성의 몸살을 앓고 있습니다. 교수는 가르치는 자로에서 벗어나 학생들이 스스로 생각하고 문제를 해결할 수 있도록 도와주고 이끌어 주는 역할을 보다 강조하고 있습니다. 지식의 시대가 아닌, 학생 스스로 생각하는 힘을 길러주고 변화를 찾아낼 수 있도록 해주어야 합니다. 모든 문제에 대해 비판적이고 창의적 사고력을 키우는 곳, 자유로운 소통, 새로운 지식의 통섭, 교과목을 넘나들며 생각의 힘을 키워주는 교육, 정답을 찾는 과정, 그것이 대학 교육 서비스의 본질에 충실해질 수 있습니다. 이것이 지금 대학에서 해야 할 일입니다. 이제 우리는 대학교육의 존재 이유를 찾는 패러다임의 변화뿐만 아니라 MOOC와 같은 또

---

* 한국형 무크K-MOOC; Massive Open Online Course란 온라인을 통해서 누구나, 어디서나, 원하는 강의를 무료로 들을 수 있는 온라인 공개강좌 서비스를 말합니다. 무크MOOC는 학습자가 수동적으로 듣기만 하던 기존의 온라인 학습동영상과 달리 교수자와 학습자, 학습자와 학습자간 질의응답, 토론, 퀴즈, 과제 제출 등 양방향 학습이 가능한 새로운 교육 환경을 제공합니다. 아울러, 수강인원의 제한없이 누구나 수강이 가능해서, 학습자는 배경지식이 다른 학습자간 지식 공유를 통해 대학의 울타리를 넘어 새로운 학습경험을 하게 될 것입니다. 2015년 한국형 무크K-MOOC는 서울대, KAIST 등 10개 국내 유수대학의 총 27개 강좌를 시작으로 2018년까지 총 500개 이상의 강좌 운영을 목표로 매년 강좌 수를 확대해 나갈 계획입니다. 앞선 ICT 인프라 환경과 e-Learning 기술력을 바탕으로 우리나라의 고등교육 정보화 수준은 이미 세계 일류 수준을 보유하고 있습니다.

다른 방법, 즉 우리만의 교육정책 프레임을 논리적이고 철학적으로 증명할 수 있는 마스터 플랜종합계획을 세워야 합니다. 지금 그것이 대학에 진정 필요합니다.

대학생다움이란
무엇일까요

'대학생다움'에 대해 이야기하려니 제일 먼저 떠오르는 것이 '지성의 상아탑'이나 '캠퍼스 낭만'이 아니라 '취준생'의 모습인 것은 참 씁쓸하지 않을 수 없습니다. 대학생이 되니 '취업'이 꿈이 되어 발목을 잡는 것이 현실입니다.

청소년들이 대학생이 되고 싶어하는 이유는 수없이 도전하고 수없이 실패해도 괜찮은 신분이라고 생각하기 때문입니다. 그런데 대학생은, 교복을 입은 그때보다도 훨씬 더 수동적으로 당장 코앞에 닥친 취업준비를 위한 스펙 쌓기에 바쁜 삶을 살고 있습니다.

'대학생'이라는 타이틀은 생각보다 큰 자유와 무거운 짐을 동시에 선물합니다. '성인'으로서 누릴 수 있는 것들을 당당하게 누리는 동시에 약간의 실수는 '학생'이라는 명분으로 용서됩니다만, 사회에 진출하기 전 필요한 조건들을 갖춰야 할 의무가 주어지고 책임져야 할 것들이 늘어나기도 합니다.

대학생이 되면, 하고 싶은 것들이 굉장히 많고 할 기회가 많습니다. 고등학생의 신분으로는 할 수 없는 것들입니다. 그러나 그 혜택을 잊은 채 안달 난 삶을 살아야하는 현실입니다. 조금이라도 실패하면 뒤처질

새라, 남들이 하는 것을 따라 하기에 급급합니다. '대학생'이라서 괜찮은, 수많은 것들을 포기하면서까지 얻어야 하는 것은 과연 무엇일까요?

지금도 수많은 고등학생, 재수생들이 '대학생'이 되기 위해, 간절한 마음으로 책상 앞에 앉아 스스로를 채찍질하고 있습니다. 그런데 오늘 우리의 대학생들은 대학 생활을 묻는 연락이 오면, 꿈과 희망을 심어줄만한 조언을 해줄 수 있을까 싶습니다.

그래도 대학생은 꿈의 사람입니다. 분명 현실은 어렵고 힘들지만 꿈을 꿀 수 있고 넘치는 열정이 있습니다. 막연한 그림을 가지고 대학에 입학하고 힘겹게 대학생활을 하지만 도전하고 꿈을 찾는 일을 더 이상 미루지 마십시오. 지금부터라도 '대학생이라서 할 수 있는 것'을 찾아서 도전해보시기 바랍니다. 나중에 누군가 '대학생'에 대해 물어올 때, "꼭 대학생이 되라"고 말해줄 수 있을 만큼 말입니다.

롤모델은
있어야하는 걸까요

저는 오늘 이 시대를 살아가는 사람들이 조금은 당연하게 받아들이는 것에 반기를 들려합니다. 지금 같은 무한 경쟁시대에서 우리는 자신의 가치를 높이고 스펙을 쌓으려 분투합니다. 이력서를 채울 대외활동들을 찾아 나서고 창의력의 상징으로 여겨지는 스티브 잡스나 빌 게이츠에 열광합니다. 언젠가 제가 재직하는 학교 학생이 제게 롤모델이 누구냐고 물어왔습니다. 갑작스런 질문에 곰곰이 생각해 보니 특별히 롤모델로 삼는 사람이 없었습니다. 사실은 롤모델이라는 말도 낯설었습니다. 그래서 제가 즐겨 찾는 인터넷 검색창에 롤모델을 검색해봤습니다. '롤모델' 연관검색어는 롤모델 추천이라는 말도 있었습니다. 도대체 추천까지 받아가며 롤모델을 만들어야 하는 건가 싶었습니다.

롤모델이야말로 세상을 더욱 치열하고 빈틈없게 살아가도록 부추기는 무한경쟁시대의 기재입니다. 제가 접한 사람들입니다. "세계는 넓고 할 일은 많다"던 김우중 대우그룹 창업주, 가난한 월급쟁이의 우상 이명박, 세계를 품은 정치인 반기문 등 수많은 이들은 어린 시절 읽는 위인전기처럼 성공신화가 가슴을 뜨겁게 하였습니다. 우리는 이름만 바꿔달고 나오는 수많은 자기계발서들을 품에 끼고 인생의 우선순위를 세우곤 합니다.

"공부가 가장 쉽다"고 말하는 장승수가 한참 트렌드일 때가 있었습니다. 그는 이십대 청년들에게 영웅이었고, 꿈이었습니다. 저도 그가 지은 책을 감명 깊게 읽었습니다. 막노동꾼 출신으로 서울대에 수석으로 합격하여 화제를 모은 책이었습니다. 동생의 학비와 생활비를 위해 막노동을 했던 시절의 이야기와 그만의 학습법을 소개한 책이었습니다(장승수, 『공부가 가장 쉬웠어요』, 김영사, 2004.)

그를 보며 많은 사람들이 '나는 노력을 덜 했을 뿐'이라고, '내가 정말 죽을 만큼 노력하면 안 되는 건 없다.'며 스스로를 채찍질했습니다. "무조건 노력만 하면 누구든지 해낼 수 있습니다." 얼마나 멋진 말인가요?

그러나 정말 그의 말이 맞을까요? 우리 사회는 더 이상 개인의 노력만으로는 사회계급적 한계를 뛰어 넘을 수 없게 된 지 오래입니다. 꿈을 이룰 수 없는 경쟁의 메커니즘이 견고해진지 오래인 사회입니다. 사회계층이 전근대봉건시대의 신분처럼 대물림되는 현실입니다. 실제로 우리나라의 이른바 명문대라고 하는 곳들에 진학한 학생들의 사례입니다. 부모들의 직업은 전문직 종사자들이 많습니다. 이들은 부모가 졸업한 학교에 진학해서 동문이 되었습니다. 이들은 자연스럽게 끼리끼리 어울리면 결혼해서 상류층 가정을 이룰 것입니다. 이들의 거주 지역이 대부분이 서울 강남이니 더 말할 필요 없을 것입니다.

젊은이들의 우상이었던 장승수가 변호사가 되었습니다. 그의 말에 귀기울여 보았습니다. "밥벌이 내팽개치고 무료 변론하는 변호사는 아니고요, 어려운 분들에게 20%정도 수임료를 적게 받습니다." 그의 모습은 낯설기만 합니다. 세계라도 정복할 듯 열정을 쏟아 부어 이룬 그의 젊은 날치고는 좀 실망스러웠습니다.

오늘날은 롤모델이라는 말보다는 멘토라는 말을 많이 씁니다. 사실 이는 말만 바뀐 것이지 새로운 유형의 롤모델에 불과합니다. 그런데 오늘날 학교는 메시아를 섬기듯 멘토에 열광합니다. 우리 시대의 대표적인 멘토중, 한 사람이 안철수입니다. 그는 끊임없는 도전과 열정으로 새로운 선택으로 많은 이들에게 감명을 주었습니다. 하지만 그는 의사 집안의 영재 이들로 서울대 의대를 졸업한 사람입니다. 만일 그가 꿈꾸고 도전하는 일에서 실패한다고 해도 그의 아버지와 그의 아내가 의사인 이상 그는 궁핍한 경제적인 아픔에 직면하지는 않습니다. 그리고 그는 부모나 가족을 먹여 살려야만 하는 가난한 가장의 고통도 아닙니다. 돌아갈 곳이 있고 단단하게 지지해주는 부모와 아내가 있는 그에게 새로운 꿈과 도전은 어느 정도 여유에서 비롯된 것입니다. 그가 아무리 아니라고 해도 부정할 수 없는 것은 우리 사회의 상위층인 직업군과 최고 학벌의 사람이라는 사실입니다.

하지만 대부분의 사람들은 그렇지 않습니다. 기본적인 사회안전망이 갖춰지지 않은 이 나라에서 한번 실패하면 끊임없는 추락입니다. 그러니 이제 성공신화를 자랑하는 이들의 이야기에서 예전처럼 열정적인 희망과 의지를 가질 수 없습니다. 과연 청년에게 왜 열정을 가지지 않느냐고, 왜 현실에 안주하려 하느냐고 야단하며 돌을 던질 수 있을까요? 그것도 기성세대가 살아온 일제강점기, 6.25전쟁, 60~70년대의 보릿고개를 이야기하면서요. 더욱이 성공신화를 자랑하는 이들을 예로 들면서요. 잘 살펴보면 이런 이야기는 엄밀히 말해서 오늘날의 경제구조와는 비교하기 어려운 특별한 상황입니다. 그래도 그 때는 오늘날처럼 '개천에서 용나는 것'을 그 기초부터 차단하지는 않았습니다. 그래도 노력하면 죽기 살기로 덤벼들면 꿈을 이룰 수 있었습니다. 그래도 함께해주는 어른들의 성원과 사랑이 있었던 정다운 시대였습니다.

오늘날 청년들은 점점 자기 내면과의 친분을 통한 내면과의 소통보다는 사회와의 소통에서 승자가 되려고 몸부림 치고 있습니다. 인생의 계획표를 짜고, 자신을 대변하는 롤모델을 내세우고, 자신이 하고 싶은 활동보다 사회나 조직이 요구하는 활동에 자신을 짜 맞추는 것에 길들여지게 하는 인턴 활동, 해외봉사활동으로 인생이력서를 채워서 자신을 자본사회에서 잘 팔리는 물건으로 상품가치를 승격시키려고 애를 씁니다. 한마디로 말해서 유용한 소모품이 되려고 몸부림치는 모습들인 것 같아 안쓰럽습니다.

　　작은 농촌에서 작은 중학교에서 세상을 헐렁하게 사는 제가 좋아하는 이야기가 있습니다. 항구에서 배를 정박하고 여유롭게 시간을 즐기고 있던 어부에게 어느 실업가가 던진 질문입니다.

　　"왜 더 출항을 많이 해서 돈을 많이 벌지 않습니까? 그러면 당신은 배를 두 척이나 거느릴 거요. 선단船團을 거느릴 수도 있겠지. 그러면 당신은 나처럼 부자가 되는 거요."

　　어부가 되묻습니다.

　　"그 다음엔 뭘 할 거요?"

　　"그런 다음엔 느긋하게 인생을 즐기는 거지요."

　　"당신은 지금 내가 뭘 하고 있다고 생각하시오?"

　　"……"

　　열정과 노력을 미학으로 삼는 이 사회에서는 안 될 말이지만 좀 여유를 갖고 자기가 할 수 있는 정도만 꿈꾸면서 살면 안 될까요? 좀 명문대를 안 나왔다고 해도, 좀 초라한 직업이라고 해도 좀 가난해서 생활에 불편이 있다고 해도 어찌 보면 그것이 못나서 게을러서가 아닌 사회구조적인 한계이기도 하니 지나치게 자기비하하거나 울분으로 자포자기하지 맙시다. 그래도 주어진 삶에서 최선을 다함이 가능한 자신의 빛깔과 향기에 맞는 일을 찾아본다면 거기서 길이 열릴 지도 모릅니다. 꼭 능력 밖의 것을 쟁취하는 삶만이 아름다운 것은 아닙니다. 높아져야, 많이 가져야 행복한 것은 아닙니다. 마음의 여유와 너그러움으로 오늘을 즐겁게, 오늘을 행복하게 만들어갑시다. 결국 우리의 인생은 우리의 것이니까요.

오늘 문득 차가 없다보니 황톳길 논길을 거닐다 보니 다리는 아프고 먼지를 먹기도 하지만 그래도 느끼는 낭만이 흥겨워 저도 모르게 콧노래를 불러보기도 합니다.

행복은 성적순이 된
우리 사회에서 교육은

얼마 전 보도를 보니 예상은 했지만 행복이 성적순이라는 결과를 도출한 연구논문이 나와 착잡한 마음이었습니다. 상명대 금융경제학과 김영철 교수가 지난 2월 15일 "행복은 성적순이 아니잖아요?ㅡ'학력_{학벌}'의 비경제적 효과 추정"이라는 논문에서 이 같은 연구 결과를 내놨습니다. 이 논문은 2월 17일 서울대에서 열린 경제학 공동학술대회에서 발표되었고, 《경제학연구》(3월호)에 게재되었습니다.

이 논문에서는 이른바 우리 사회를 지배하는 상위권대 졸업자 54%가 생활에 만족하는 데 반해 중졸·고졸 이하는 20%대에 그쳤습니다. 그러니 학력과 출신 대학의 사회적 지위가 높을수록 삶의 만족도가 높다는 연구의 결과입니다. 한마디로 말해서 학벌이 좋으면 자존감이 높고, 가정생활 등도 좋아 '행복도 성적순'이라는 것입니다.

김 교수는 9천997명을 상대로 '전반적인 삶에 대한 만족도' 등을 설문한 결과를 활용해 출신 대학 수준과 학력에 따라 생활 만족도가 달라지는지 분석했습니다. 학력 수준은 대학별 입학생 평균 대입성적을 추정해 상위권대(10개), 중상위권대(30개), 중위권대(40개), 기타 4년제 대학, 전문대, 고졸, 중졸 이하로 나눴습니다. 분석 결과 학력 수준이 높을수록 생활 전반의 만족도도 높아지는 것으로 나타났습니다.

유효 응답자 9천948명 중 자신의 생활을 만족한다고 응답한 비율은 30.2%3천95명였으나 상위권대 출신 중에서 만족한다고 답한 비율은 54.0%로 나타났습니다. 이후 학력 수준이 낮을수록 삶을 만족한다는 응답자 비율도 줄었습니다. 중상위권대는 46.4%, 중위권대는 42.4%, 기타 4년제 대학은 46.2%를 기록해 상위권대 이외 대졸자들은 대체로 비슷했으나 전문대졸, 고졸, 중졸 이하는 각각 35.1%, 28.8%, 23.1%로 떨어졌습니다.

월평균 소득과 종사하는 직업의 지위가 같다고 가정하고 분석했을 때도 마찬가지였습니다. 전문대졸의 만족도를 기준으로 했을 때 중졸 이하와 고졸은 만족도가 각 11.9%p와 6.2%p 낮았고, 중상위권대와 상위권대 출신은 각 10.6%p, 15.5%p 높았습니다. 학벌 차가 소득 차로 이어져 삶의 만족도에 영향을 주는 효과를 배제해 보면 소득 외에 일자리의 질적 수준이나 결혼 및 가정생활, 자존감이나 차별의식 등 다양한 요소들이 학벌 효과에 포함된다는 것을 알 수 있다고 김 교수는 분석했습니다. 하나의 예로 학력수준이 높을수록 차별받는 경험도 줄어드는 것으로 나타났습니다. 유효응답자 7천400명 중 '취업 시 차별 처우를 경험했다'고 답한 비율을 보면 중졸 이하는 23.0%, 고졸은 18.7%, 전문대졸은 19.1%였습니다. 반면 중상위권대, 상위권대 출신은 각 8.3%, 7.3%에 그쳤습니다.

일반적인 사회생활에서 차별대우를 받았다는 인식 역시 학력 수준별 차이가 났습니다. 9천315명의 유효응답자 중 726명(7.8%)이 사회생활에서 차별받은 적이 있다고 답했는데, 중졸 이하와 고졸 출신은 각각 11.0%와 7.1%에 달했습니다. 반면 중상위권과 상위권 대학 출신은 각각 4.4%와 1.8%만이 차별받은 적 있다고 답했습니다.

2016학년도 서울대 입시에서 특수목적고, 자율형사립고자사고, 강남 3구 일반고가 합격자를 독식하는 쏠림현상이 심화한 것으로 나타났습니다. 2013학년도 서울대 합격생의 42.0%를 차지했던 이런 학교들 출신 학생 비율은 2016학년도 입시에서 49.1%로 늘어 절반에 달했습니다. 특히 박근혜 정부가 "학생들의 꿈과 끼를 키우고 학교 교육을 정상화하겠다"며 도입한 학생부 종합전형이 이런 독식현상을 제어하지 못하고 오히려 특정 학교들에 유리하게 작동하고 있다는 지적이 나오고 있습니다. 교과 성적, 비교과활동, 자기소개서, 면접, 수능성적 등 각 요소에서 모두 우수한 성적을 요구하는 현재의 입시제도가 부모 · 출신학교 · 사교육 등의 지원 없이 학생 개인의 노력으로 대비하기 힘든 구조이기 때문인 것으로 분석됩니다.

　지난 2016년 3월 16일 국회 교육문화체육관광위원회 소속 김태년 더불어민주당 의원이 김동춘 전 진학지도교사협의회 공동대표에게 의뢰해 분석한 '2013~2016학년도 서울대 합격자 현황(최종 등록자 기준)' 자료를 보면, 특목고(과학고 · 영재학교 · 외국어고 · 국제고)와 자사고(전국단위 · 광역단위 포함) 비중이 2013학년도 32.9%에서 2016학년도 40.9%로 늘었습니다. 일반고(자율형공립고 포함) 비중은 같은 기간 60.3%에서 51.9%로 줄었습니다. 예술체육고 · 특성화고 등 기타 고교가 7.2%였습니다. '사교육 특구'로 불리며 특목고 · 자사고 못지않은 입시 실적을 내온 강남 3구 일반고의 비중은 같은 기간 9.1%에서 8.1%로, 다른 일반고에 견줘 소폭 하락하는 데 그쳤습니다. 수시모집에서 강남 3구 일반고가 차지하는 비중은 6.5%에서 6.7%로 소폭 늘었습니다. 일반적으로 특목고, 자사고, 강남 3구 일반고는 입학 자체에 부모의 사회경제적인 뒷받침이 큰 영향을 미치는 학교로 평가됩니다.

　서울 지역만 놓고 보면 특목고(32.3%)와 자사고(22.2%), 강남 3구 일반고(21.0%) 출신 학생이 차지하는 비중은 75.5%에 달했습니다. 이렇게 특정 학교들의 합격자 독식이 심해지면서 서울대 합격자를 1명이라도 배출한 고교는 2016학년도 824곳에 그쳤습니다. 전국의 고등학교는 2015년 기준 1799개(직업교육을 하는 특성화고·마이스터고 제외)에 이릅니다.

앞서 행복이 획력 순서임을 밝힌 김영철 교수가 한국개발연구원KDI 재직 당시 서울 지역 특목고·강남3구 쏠림 현상을 연구한 "2012년 '대학 진학 격차의 확대와 기회형평성 제고방안' 보고서"에서는 "서울대 진학에서 출신 학교에 따른 격차가 이 정도 벌어졌다면 우려할 만한 수준"이라며 "상위권 대학을 모두 합치면 격차는 더 벌어질 가능성이 크다"고 말했습니다. 김 교수는 "결국 이런 학교 격차 탓에 고등학교 입시를 위한 사교육 경쟁이 초등학교까지 내려가고 있다"며 "입시정책이 사회적 이동성 확대와 교육의 기회 형평성 제고라는 측면에서 뒷걸음질을 치고 있는 것으로 보인다"고 지적했습니다.

얼마 전 계층에 따른 사교육비 지출의 격차가 8.6배까지 벌어졌다는 연구 결과를 본 적도 있습니다. 대부분의 학생들은 중·고등학교 혹은 그 이전부터 사교육에 익숙해져 있습니다. 흔히 말하는 '일류 대학'에 진학해 '상류'계층으로 진입하기 위해서입니다. 매체에서 끊임없이 보도되는 고액 과외와 수강료가 턱없이 비싼 학원은 수험생들에게 결코 '남'의 문제가 아닙니다. 부담스러운 교육비용에도 학생들이 사교육을 찾는 이유는 무엇일까요? 예외도 있지만 대개 사교육을 받는 학생들의 성적이 좋은 편입니다. 그러다보니 여건만 주어진다면 고액 과외를 받아 보고 싶다는 학생들이 많습니다.

단순한 사교육비의 차이뿐만 아니라 부모의 교육에 대한 관심, 가정환경 또한 학생들의 성적과 대학 진학에 영향을 줍니다. 자녀 교육에 열성인 부모들은 수험과 관련한 정보 수집부터가 다릅니다. 성적이 조금만 떨어져도 예민하게 반응하며 과외를 붙여줍니다. 자녀의 뒷바라지를 하는 데 하루를 쏟는 부모도 있습니다. 같은 점수대의 학생이라도 가정 형편에 따라 좋은 학교로의 진학 여부가 나뉩니다. 이러한 격차는 학생만이 느끼고 있는 것이 아닙니다. 교사들은 진학 상담시 어려운 형편 때문에 좌절하는 학생들의 모습을 종종 봅니다. 분명한 사실은 대학을 결정하는 데 적성보다는 경제력을 먼저 고려해야 합니다. 사교육의 격차가 학교 성적은 물론 대학 진학의 차이까지 만들어 내는 오늘날의 현실입니다. 좁혀지지 않는 차이 속에서 입시를 준비해야 하는 수험생들의 어깨는 오늘도 무겁기만 합니다.

최근 청년들이 말하는 '헬조선', '수저계급론'은 우리 사회를 들여다보는 거울입니다. 우리 사회의 소득불균형 현상이 아시아 1위인 상황입니다. 최근 나라 경제가 어려워지다 보니 복지정책은 뒷걸음을 치고 있고, 구조조정의 칼날은 노동자들을 불안에 떨게 하고 있습니다. 이런 현실에서 과연 우리 교육은 무엇을, 어떻게 가르쳐야하는 걸까요? 최근 우리 사회 여기저기에서 사회 범죄가 증가하고 폭력과 우울이 만연하고 있습니다. 이에 따라 교육에서 인성을 강조해야한다는 목소리가 높아지더니 최근 인성교육진흥법이 세계 최초로 만들어졌습니다. 인성교육을 잘하면 우리 사회의 문제와 갈등 그리고 사람들의 우울이 해소될까요?

저와 같은 농촌 중학교 선생은 그저 주어진 교육지표와 정책과 지시에 순응하면서 시키는 대로만 교육하면 되는 것일까요? 그럴 수 없습니다. 잘못된 사회구조 속에서 교육은 건강할 수 없고, 건전할 수 없습니다. 그저 체제 순응적인 인간상을 만들어내는 게 교육은 아닙니다. 교육은 미래를 기대하면서 바른 인성을 바탕으로 하는 인간상을 구현하도록 가르치는 것이라고 생각합니다. 그러려면 분명히 우리 사회가 바뀌어야

합니다. 저는 요즘 스승의 날 노래에 나오는 가사인 "참되거라", "바르거라"하고 가르치는 것이 맞는 것인가 하는 발칙한 생각을 해보곤 합니다.

김영철 교수는 그의 논문에서 과도한 고학력·학벌 추구 성향은 마냥 '허세'로만 치부할 수 없다면서 과열 입시경쟁을 해소하려면 사회구조적으로 경직된 대학 간 서열 문화를 완화해야한다고 주장하였습니다. 그의 말대로 불의한 현실을 외면한 채, 그저 "노력하면 성공할 수 있다"고 주입하는 교육은 가능하지 않습니다. 교육을 얘기할 때 입시 제도나 정책은 교육의 일부여야 하는데 우리 사회에서는 입시 자체가 교육의 전부인 것처럼 움직이는 현실입니다. 입시는 대학 교육을 받을 수 있는 자격을 갖췄는지에만 초점을 맞춰야 합니다. 유럽, 일본 등처럼 교과안에 학생의 다양한 특기나 능력이 담기는 식으로 바꾸는 방법도 생각해 볼 일입니다.

전문가들은 학생부 종합전형이 입시의 중심으로 자리 잡으면서 이런 흐름이 더 가속화되고 있다고 보고 있습니다. 교내대회, 독서, 동아리 등 비교과 활동을 비중 있게 평가하면 부모의 사회경제적 지위에 따른 문화자본의 차이가 반영돼 계층적인 쏠림을 강화할 수 있다는 것입니다. 학계와 시민단체들은 입시의 평가방식이라도 스펙경쟁을 최소화하는 방식으로 바꿔야 한다고 제안하기도 합니다. 학생의 내신으로 비교과활동 요소로 학생을 선발하는 나라는 미국과 우리나라뿐입니다.

최근 저는 경쟁으로 치닫는 교육, 이른바 명문대학에 진학하는 것이 곧 성공이라고 가르치고 믿는 대학입시종교에서 벗어나는 길을 고민하고 있습니다. 우리 사회가 모든 사람을 대학으로 몰아넣고, 대학을 나와야 좋은 사람이라고 강요하는 정신을 과감히 벗어던지는 생각의 전환을 모색해봅니다. 물론 계란으로 바위치기일 수는 있습니다. 그러나 그 계란이 헛되지 않음은 바위에 흔적을 남기고, 그것을 보는 계란들에게 같이

해보자고 제안하는 신호로 남을 것이라 확신합니다. 혼자라도 바른 길이라면 걷는 것이 아름답다고 생각합니다. 적어도 제 아이들에게는 제가 사랑하는 제자들에게는 그 길을 함께 고민하면서 함께 걸어가렵니다.

"모든 인간은 행복을 추구한다." 티베트 불교의 달라이라마가 그의 '행복론'에서 한 말입니다. 그리고 우리는 늘 행복과 불행의 어느 지점에 서 있습니다. 아무도 이 세상에서 완전한 행복이나 불행에는 이를 수는 없습니다. 이제부터라도, 삶의 목표를 다시 조정해서 자신이 가진 것을 소외되고 어려운 이웃과 함께 나누는 삶을 시작해 보면 어떨까요? 그렇게 되면 새로운 것을 깨달을 수 있습니다. 무엇이 바른 삶으로 바르게 살아가는 길인지를 찾고, 그것을 말이 아니라 행동으로 보여주는 것이 바른 삶의 지름길이 되리라 확신합니다. 먼저 지금까지 나 혼자만을 위해서 살아온 삶에서 벗어나 주변의 이웃들과 함께 나누면서 살아가는데서 오는 행복과 기쁨을 자신이 먼저 체험해보면 어떨까요? 주어진 여건에서 작은 나눔을 실천하는 부모들이 있습니다. 이런 분위기에서 자라난 아이들이 어떻게 자신의 안위만을 위해 남을 짓밟고 경쟁 위주의 삶, 물질에 모든 것을 거는 삶을 살 수 있을까요? 이제라도 늦지 않았습니다. 후회와 자책에서 벗어나서, 아이들에게 말로 가르치려 하지 말고 이웃과 나누는 삶을 행동으로 직접 보여주십시오. 그것이 우리 아이들을 위한 최선의 교육이 되리라 믿습니다.

교육시설은
'제3의 교사'입니다

교육에서 물리적인 환경은 '제3의 교사'라 할 정도로 매우 중요합니다. 하지만 우리 주변을 둘러보면 제가 학교를 다니던 시절의 학교시설과 최근 지어진 학교시설이 외형만 조금 바뀌었을 뿐, 실질적으로 교수-학습 활동에 영향을 주는 내부 공간구성에는 별반 차이가 없습니다. 심지어 초등학교, 중학교, 고등학교 할 것 없이 모든 학교에 있어서 규모의 차이만 있을 뿐, 필요한 공간의 종류는 거의 동일하다고 해도 지나친 말이 아닐 정도입니다. 이는 전국 어느 곳에 가도 그렇습니다.

이처럼 세월이 흘러 흘러 교육환경이 많이 변했음에도 학교공간이 변하지 않는 이유는 무엇일까요? 그건 아마도 국가수준의 학교시설 가이드라인이 없기 때문일 것입니다. 흔히 말하는 것처럼 교육이 국가의 백년지대계라면, 최소한 교육을 담는 학교시설 가이드라인은 국가가 관리하고 미래 교육환경 변화에 적극 대응할 수 있도록 정기적으로 업그레이드해나가야 할 것입니다.

하지만 우리의 현실은 그렇지 못합니다. 우리나라는 OECD 회원국 중 국제학업성취도평가PISA에서 꾸준히 최상위권의 성적을 보임에도, 다른 나라에는 있는 번듯한 학교시설 가이드라인이 없습니다. 뿐만 아닙니다. 학교시설 사업을 추진하는 방식도 중앙 정부와 관주도의 일방적인 업무 프로세스에 의해 매우 경직되어 있습니다. 대개 관 주도의 학교설립계획에 의거해 개교시점을 정하고, 개교일을 기준으로 역산해 필요한 절차만 거칩니다. 물론 이 과정에서 학교의 주사용자인 교사, 학생, 학부모, 지역주민 등의 참여는 거의 없습니다.

반면 우리나라와 학교교육 체제가 매우 유사한 일본은 전혀 다릅니다. 학교시설 사업은 마을 가꾸기의 일환으로 건축가, 교사, 관련전문가, 지역주민, 공무원 등 다양한 이해관계자가 건축계획 및 설계단계에서부터 직접 참여해 수많은 논의와 합의과정을 거쳐 추진됩니다. 이러한 프로세스를 두고 그들은 교육개혁이자 사회개혁이라고 자평합니다.

　물론 우리나라도 중앙 정부나 시도교육청에서 교육환경개선사업 중장기 투자계획, ICT를 활용한 학교시설 에너지 통합 유지관리 등 다양한 학교시설 사업을 추진하고자 노력하고 있습니다만 그 노력에 제동을 거는 또 하나의 큰 걸림돌이 빠듯한 예산입니다. 과거에 비해 학교건축공사비가 나아지긴 했지만, 아직도 턱없이 부족한 것이 현실입니다. 그럼에도 우리는 지금의 학교시설에서 2015개정 교육과정에서 강조하고 있는 인문학적 상상력과 과학기술적 창조력을 갖춘 융합형 인재육성을 기대합니다. 또한 최근 학교시설은 기후변화에 대응할 수 있도록 녹색건축물로서 인증을 받아야 하고, 에너지 절약과 장애우를 위한 배리어 프리barrier free설계, 범죄로부터 안전한 범죄예방환경설계CPTED 등 다각적인 성능 업그레이드를 요구받고 있습니다. 현실적으로 현재의 예산 규모나 구조로 이런 요구조건을 다 담아내는 학교환경은 불가능에 가깝습니다.

　이제는 우리의 교육이 국제적 위상에 어울리도록 국가수준의 학교시설 가이드라인을 하루빨리 개발 · 보급하고 가이드라인에 걸맞은 예산을 편성 · 지원하는데 적극적인 노력을 기울여야 할 때입니다. 물론 이런 노력이 지나치게 학교환경을 규격화하고 경직화해서는 안 됩니다. 우리 학생들이 공장에서 찍어내는 제품이 아니듯이, 우리 학생들의 교육을 담보하는 학교 환경이 구태의연한 밋밋한 직선형 건물구조로 몰개성, 몰창의성의 상징어어서는 안 됩니다. 이런 환경에서는 새로운 시대를 이끌어갈 창의적인 인재양성은 불가능합니다. 대부분의 학교는 지역의 이름을 따서 이름 짓습니다. 오늘날의 학교 환경은 운동장이나 강당과 도서관 등이 학교만의 점유물로 여겨지지 않습니다. 지역민과 함께 사용하는 사회적 공공재로 인식됩니다. 그러므로 지역적 특성에 맞게, 지역민과 호흡하면서 공유하는 터전으로, 학교의 교육지표와 학교급별 특성을 고려해서 학교를 건축하고 리모델링하면 좋겠습니다. 그렇게 된다면 학교는 지역의 명소로서, 지역의 자랑으로서 지역에 깊이 뿌리내릴 것입니다. 학생과 학부모는 학생의 재학시절만이 아니라 졸업 후에도 학교에 오고 싶어 할 것입니다. 가고 싶고, 머물고 싶고, 추억이 가득한 학교가 되도록 하는 교육에는 분명 학교의 물리적인 환경이 중요합니다.

효를 되새기며
교육하기

제 나름대로 효의 가치를 되새기고, 알리고, 실천하는 교육적 방안과 방법을 해보고 있습니다. 그러면서 효의 생활화를 생각해보면서 하나하나 작은 것부터 할 수 있는 방안을 모색해 보는 중입니다. 요즘 아이들은 책읽기는 즐겨하지 않습니다. 그러니 긴 글을 인내하며 읽으려하지 않습니다. 그런 점에서 짧은 글이지만 주제를 담아 낸 시는 아이들을 교육하는 데 유용한 교육재료입니다. 시는 고운 빛깔과 향기가 가득합니다. 요즘 수업 시간에는 효의 가치와 의미를 가르치고 있습니다. 유대인의 격언格言 중에 이런 말이 있습니다. "하나님은 세상 모든 곳에 계실 수 없어서 이 땅에 어머니를 보내셨습니다." 즉 어머니가 계시는 곳에 하나님이 계시고, 어머니가 일하는 곳에 하나님이 일하시고, 어머니의 사랑 안에 하나님의 사랑이 들어 있다는 의미입니다. 우리의 어머니는 자식들을 위해 무조건적인 사랑으로 헌신하십니다. 어머니의 사랑을 가슴 깊게 되새기는 의미로 아이들에게 제시한 시들입니다. 이 시들로 수업 시간을 펼쳐 갔습니다.

엄마는 그래도 되는 줄 알았습니다.

심순덕

하루 종일 밭에서
죽어라 힘들게 일해도
어머니는 그래도 되는 줄 알았습니다.

찬밥 한 덩이로
대충 부뚜막에 앉아 점심을 때워도
어머니는 그래도 되는 줄 알았습니다.

한겨울 냇물에서 맨손으로
빨래를 방망이질해도
어머니는 그래도 되는 줄 알았습니다.

배부르다, 생각 없다
식구들 다 먹이고 굶어도
어머니는 그래도 되는 줄 알았습니다.

발뒤꿈치 다 헤져
이불이 소리를 내도
어머니는 그래도 되는 줄 알았습니다.

손톱이 깎을 수조차 없이
닳고 문드러져도
어머니는 그래도 되는 줄 알았습니다.

아버지가 화내고 자식들이 속 썩여도
끄떡없는 어머니의 모습

외할머니가 보고 싶다

외할머니가 보고 싶다.

그것이 그냥 넋두리인줄만 알았던 나

한밤중 자다 깨어 방구석에서 한없이 소리 죽여 울던

어머니를 본 후론

아!

어머니는 그러면 안 되는 것이었습니다.

엄마가 휴가를 나온다면

정채봉

하늘나라에 계시는 엄마가

하루 휴가를 얻어서 오신다면

아니

아니

아니

아니

반나절 반시간도 안 된다면

단 5분

그래, 5분만 온대도

나는 원이 없겠다

얼른 엄마품속으로 들어가

엄마와 눈 맞춤을 하고

젖가슴을 만지고

그리고 한번만이라도

엄마!

하고 소리 내어 불러보고

숨겨놓은 세상사 중

딱 한 가지 억울했던 그 일을 일러바치고

엉엉 울겠다.

가족을 위해 생명을 걸고 살아오신 어머니의 사랑으로 인해 우리의 가정이 이만큼 세워졌습니다. 어머니의 또 다른 이름은 용서입니다. 어머니는 자식이 못된 짓을 하면 꾸짖다가도 가까이 다가서면서 용서하시는 분이십니다. 가슴으로 안고, 다독이며 눈물을 흘리시는 분이십니다.

어머니의 눈물

박목월

회초리를 들긴 하셨지만

차마 종아리를 때리시진 못하고

내려 보시는 당신 눈에

글썽거리는 눈물

와락 울며 어머니께 용서를 빌면

꼭 껴안으시던

가슴이 으스러지도록

너무나 힘찬 당신의 포옹

바른 길 곧게 걸어가리라

울며 뉘우치며 다짐했지만

또다시 당신을 울리게 하는
어머니 눈에 채찍보다 두려운 눈물

두 줄기 볼에 아롱지는
흔들리는 불빛

　우리는 그저께도 어제도 오늘도 반복해서 잘못을 저지르고, 그래서
때로는 못난 놈이라고 스스로 탄식해도, 어머니는 "내 아들, 내 딸아,
내가 너를 사랑한다."라고 말씀하시며 껴안아 주십니다. 어머니에게는 자
식인 우리가 알지 못하는 인생의 그늘과 상처도 있었습니다. 그래서 어머
니들은 홀로 눈물을 흘리셨고, 그런 눈물이 우리의 가슴을 적셨습니다.

내가 사랑하는 사람

정호승

나는 그늘이 없는 사람을 사랑하지 않는다.
나는 그늘을 사랑하지 않는 사람을 사랑하지 않는다.
나는 한 그루 나무의 그늘이 된 사람을 사랑한다.
햇빛도 그늘이 있어야 맑고 눈이 부시다
나무 그늘에 앉아
나뭇잎 사이로 반짝이는 햇살을 바라보면
세상은 그 얼마나 아름다운가.

나는 눈물이 없는 사람을 사랑하지 않는다.
나는 눈물을 사랑하지 않는 사람을 사랑하지 않는다.
나는 한 방울 눈물이 된 사람을 사랑한다.
기쁨도 눈물이 없으면 기쁨이 아니다

사랑도 눈물 없는 사랑이 어디 있는가.

나무 그늘에 앉아

다른 사람의 눈물을 닦아주는 사람의 모습은

그 얼마나 고요한 아름다움인가

우리의 그늘과 상처를 어머니가 껴안으시고, 사신의 그늘과 눈물로 만드셨기에 우리는 어머니라는 말에 위로와 힘을 얻습니다. 저는 어머니를 떠올리면 "감사"라는 말과 동시에 "죄송"이라는 말이 떠오릅니다. "감사합니다."라고 말씀드리기엔 죄송하고, 그렇다고 "죄송합니다."라고 말씀드리기엔 감사한 분이 바로 우리의 어머니이십니다. 그럼에도 우리는 너무나 쉽게 불효를 저지르고 있습니다. 그리고 이 불효는 이제 어머니, 아버지가 이제는 영향력이 없으시다고, 나이 드셨다고, 거동이 불편하시다고, 자녀인 내가 더 힘이 세졌다고 큰소리치는 지경에 이르기도 하였습니다. 참으로 슬픈 현실입니다.

못된 불효

유 순

나도 같이 가자.

－노인네는 집에서 애들이나 보세요.

나도 용돈 좀 다우.

－노인네가 어디 쓸데가 있어요.

나도 이런 옷 입고 싶다.

－노인네가 아무거나 입으세요.

힘들어 못 가겠으니 오너라.
- 노인네가 택시 타고 오세요.

그렇게 하면 안 된다.
- 노인네가 가만히 방에나 들어가 계세요.

시를 한 편 한 편 낭송해주고 그 느낌을 아이들 스스로 말해보게 하였습니다. 아이들은 그동안 막연하게 생각해온 부모님의 사랑과 자신의 불효에 대해 이야기하면서 숙연해졌습니다. 시를 통한 효를 공부하고 나서 이를 적용해보는 과제를 제시하면서 다음 시간에 배울 내용이 '부모님의 장점 찾기와 칭찬해드리기'임을 알려주었습니다.

"칭찬은 고래도 춤추게 합니다." 이 말은 잘 알려진 말로 지난 2002년 우리나라에 번역되어 출간된 책의 제목을 떠올리게 합니다. 이 책은 세계적인 경영 컨설턴트인 켄 블랜차드가 긍정적 관계의 중요성을 깨우쳐주고 칭찬의 진정한 의미와 칭찬하는 법을 소개한 것입니다. 이 책의 저자는 칭찬으로 긍정적 인간관계를 만드는 '고래 반응'을 배울 것을 제안합니다. 몸무게 3톤이 넘는 범고래가 관중들 앞에서 멋진 쇼를 펼쳐보일 수 있는 것은 고래에 대한 조련사의 긍정적 태도와 칭찬이 있었기 때문입니다. 이 책을 통해 우리는 칭찬이 얼마나 좋은 것인지 다시금 깨달았습니다.

그런데 사실 이 책이 선풍적인 인기를 끈 이유는 우리가 칭찬하기를 잘 알고, 즐겨 하다 보니 그런 것이 아닙니다. 반대로 칭찬에 인색하다보니 이 책을 통해 칭찬을 하고 싶어서, 칭찬하는 방법을 배우고 싶어서였는지도 모릅니다. 사실 우리는 '칭찬'이 좋은 것인지는 알지만 정작 이를 일상생활에서 실천하지는 않는 모습이기도 합니다. 이는 우리 가정에서도 그렇습니다.

얼마 전 제가 가르치는 아이들에게 효를 실천하는 내용의 과제를 냈습니다. 부모님을 칭찬해드리고 그 내용을 간략한 일기 형식으로 작성해서 제출하라는 것이었습니다. 그런데 이 과제를 제대로 해온 학생이 많지 않았습니다. 칭찬이 좋은 것이고, 하면 할수록 좋은 것인지를 잘 알지만 부모님을 칭찬하는 것이 어색한 아이들의 모습이 오늘 우리의 현실입니다. 아이들이 부모님께 칭찬을 제대로 하지 못한 이유는 무엇이었을까요? 그것은 평소 부모님의 사랑, 부모님의 장점을 눈여겨보지 않았기 때문이었고, 대화부족에 따른 어색함이었습니다. 그러니 아이들은 갑자기 주어진 부모님 칭찬하기 과제를 제대로 수행하지 못한 것이었습니다.

그러면 이 과제는 실패한 것일까요? 아닙니다. 사실 저는 이 과제를 아이들이 제대로 해낼 수 있을 지 자신하지 못했습니다. 그럼에도 이 과제를 낸 이유는 과제를 수행한 성과를 목적으로 한 것이 아니라 이 과제를 수행하는 과정을 자기 스스로 보게 하려는 것이었습니다. 과제 종료이후 아이들과 이 과제에 대한 생각과 느낌과 의견을 나누는 시간을 가졌습니다. 아이들은 억지로 어색하고, 어눌하고, 엉성하게 과제를 수행하느라 애를 먹었다고 하였습니다.

모처럼 용기내서 일찍 퇴근하셔서 다가갔습니다. 아들은 큰 맘 먹고 이렇게 이야기하였습니다. "아버지가 계시는 것만으로도 자랑스럽습니다." 이 말에 아버지는 어떻게 반응하셨을까요? "너 학교에서 사고 쳤냐?" 이 아이는 과제에 이렇게 썼습니다. "젠장, 오늘 괜히 칭찬하고 욕만 먹었다." 또 다른 아이의 이야기입니다. 학원을 가는 자신을 배웅해 준 어머니에게 이렇게 말씀드렸습니다. "엄마, 학원에 보내줘서 공부를 잘하게 됐어. 성실하게 학원에 데려다주는 엄마가 고맙고, 자랑스러워." 그러자 어머니가 말씀하셨습니다. "야, 네가 공부를 뭘 잘해? 반에서 반도 안 되는 주제에. 그게 잘하는 거야? 너 그래서 어떻게 하려고 그래, 어~."

유치함, 어색함, 부끄러움을 무릅쓰고 용기를 냈는데, 돌아온 말은 "얘가 왜 이래", "너 뭐 잘못 먹었냐?", "너, 무슨 사고 쳤냐?", "너나 잘해" 등의 무안하고 서운한 말들이었습니다. 아이들은 부모님으로부터 쓸데 없는 말을 한다고, 갑자기 무슨 얼토당토않은 말을 하느냐고 야단맞기도 하였습니다. 결국 부모님 칭찬하기가 과제라서 그랬다고 말씀드리는 데 그 순간 아이들은 온 몸이 오글거리고 쪽 팔려 죽을 지경이었다고 하였 습니다.

어려운 과제를 내준 것에 대해 미안한 마음과 그래도 열심히 해보려 고 한 아이들을 칭찬해주었습니다. 그래도 이번 과제를 통해 부모님께 집중해보고, 관심 갖고, 칭찬해보게 된 것이 중요하다고 격려해주었습니 다. 이번 과제를 통해 아이들은 늘 바라보고 살지만 정작 주의 깊게 부모 님을 바라본 적이 없었다는 사실을 깨달았습니다. 어느 아이는 자신의 부모님의 장점을 찾아서 그것을 칭찬해드리는 말을 하려니 무척이나 어 려웠다고 하였습니다. 아무리 찾으려 해도 부모님의 장점이 떠오르지 않았다고 고백하기도 하였습니다. 부모님께 관심 갖고 집중해서 바라보 는 시선 하나에서부터 효는 시작됩니다. 아이들은 부모님의 장점을 칭찬 해드리니 "기분이 참 좋았습니다." "특별한 말이 아닌데도 부모님이 많 이 좋아하셨습니다."는 말을 하였습니다. "부모님 장점을 거창하게 찾으 려니 도저히 못 찾겠기에 그냥 밥하고 빨래하고 설거지하시는 것을 칭찬 해드렸는데 환하게 웃으시면서 소녀처럼 좋아하셨다고 하였습니다.

부모님을 칭찬해드리기 위해서는 관심을 가져야 합니다. 마음만으로 그치지 말고, 자신의 입으로 직접 해봐야 합니다. 그렇게 한번, 두 번 입을 열고 표현하다보면, 사랑 깊은 표현도 많아지게 됩니다. 제가 이 과제를 미리 부모님께 말씀드리지 않았기에 갑작스런 자식의 칭찬에 핀잔을 주시기도 하였지만, 자식의 칭찬에 기분나빠하실 부모는 없습니다. 서툴지만 자식의 칭찬에 감격해하신 경우들도 있었습니다. 철부지로만 알았던 중학생 아들의 칭찬에 뿌듯함으로, 감격으로 흐뭇해하면서 자식의 장점을 칭찬해주셨습니다.

이번에 시도해본 '부모님의 장점을 찾아 칭찬해드리기'는 실제적인 효 실천교육이라고 생각합니다. 해마다 5월이면 '어버이의 날'이 있어 이를 알리고 이해시키는 교육을 해보았지만 이렇다 할 교육적 성과를 얻었다고 생각되지 않았습니다. 제 나름대로 효실천교육을 고민해보다가 어떨까 하는 주저함도 있었지만 조심스럽게 시도해본 '부모님의 장점 칭찬하기'는 나름대로 의미 있는 성과를 거뒀다고 생각합니다. 아이들은 잘 하지 못했다고 "죄송합니다."를 연발했지만 그렇지 않았습니다. 과제 후에 여러 부모님들이 제게 연락을 주셨습니다. 부모님들은 하나같이 "감사합니다."를 연발하셨습니다. 남자 중학생들로 부모님께 말도 잘 안하고 괜한 일에도 짜증 부리던 아이들이 어눌하게나마 부모님을 칭찬해드림이 큰 감동이셨다고들 하셨습니다.

이처럼 부모님들이 흡족해하시고 감동해하신 것은 부모님들은 내심 자식의 칭찬을 간절히 바라셨기 때문일 것입니다. 부모님들이 칭찬에 많이 갈등을 느끼실만합니다. 요즘 경제도 어렵고, 사회생활하기도 녹록치 않다보니 사회생활에서 칭찬받기가 쉽지 않습니다. 2010년 가을 독일에서 출판되어 열광적인 반응을 불러일으킨 재독철학자 한병철이 쓴 『피로사회』는 "시대마다 그 시대에 고유한 주요 질병이 있다."라는 인상적인 문장으로 시작됩니다. 한병철에 따르면, 우리 시대는 '성과'라는 질병을 앓고 있는 '성과사회'입니다. 성과사회는 '할 수 있다'는 긍정성이 지배하는 사회입니다. '~해서는 안 된다.'와 같은 부정성이 지배했던 규

율사회를 지나 도달한 사회입니다. 성과사회에서 개인을 지배하는 자는 타인이 아니라 자기 자신이라고 합니다. '무한 긍정에 사로잡힌 나'입니다. 긍정성의 과잉에서 완전히 망가질 때까지 자기 자신을 채찍질하면서 착취합니다. 이런 삶이다보니 늘 쫓기듯 살게 되고 분주하고 불안하다보니 삶의 여유가 없습니다. 사회 전반에 걸쳐 실적이나 성과를 중시하는 경쟁사회다보니 그에 따른 부담감과 불안감도 큽니다. 그러니 개인이나 사회가 모두 피로에 지쳐 있습니다. 이렇게 힘겹게 살아가는 부모님에게 눈에 넣어도 아프지 않은 자식으로부터 전해진 칭찬의 말은 이루 말할 수 없는 감동이었습니다.

제가 만나는 아이들이 남자 중학교 아이들이다 보니 다정다감多情多感함도 적고, 감정기복感情起伏도 심하지만 가만히 들여다보면 속 깊은 구석들이 있습니다. 이번 시를 통한 효의 의미 찾기와 부모님의 장점 찾아 칭찬하기 과제는 앞으로도 계속해서 펼쳐 나갈 생각입니다. 제 나름의 시행착오를 정리해서 동료교사들과도 공유해서 '효 실천 교육'을 확산시켜 나갈 생각입니다.

효는 지식을 넘어 실천입니다. 효는 이해를 넘어 표현입니다. '효도'라고 하면 거창한 것 같고, 어려운 것 같으나 생각처럼 어렵지 않습니다. 일상생활에서 특별한 준비나 비용 없이, 쉽게 적용이 가능한 방법들이 있습니다. 효 실천 수업은 해도 되고 안 해도 되는 것이 아니라 사람으로서 당연히 갖춰야할 인격수양을 위한 교육으로 필수입니다. 효실천 교육을 통해 아이들에게 우리 일생 최고의 선물은 어머니와 아버지가 계신다는 사실임을 일깨워주었습니다.

'나'라는 존재가 이 땅에 태어나게 하셨고, '나'라는 인물로 여기까지 인도하셨기 때문입니다. 그러나 아이들은 부모님께 감사한 마음으로 효도하지 못합니다. 오히려 당신이 왜 내 부모가 되었느냐고 불평하고 원망하기도 합니다. 부모님의 따뜻한 권면을 잔소리로 여기며 지겨워합니다. 부모님의 눈에 맺힌 눈물방울을 보면서도, 부모님의 헌신과 희생을 경험하면서도, 부모라면 당연히 그래야 하는 것으로 생각합니다. 아버지는 새벽부터 일어나 출근하시고, 어머니는 밥을 하십니다. 저녁 늦게까지 쉬지 않고 일하시는 아버지, 어머니는 허리도 다리도 아프지 않으실 것으로 착각합니다.

부모님이 대접을 받아야할 분이 아니라 가족을 위해 모든 것을 내놓고 섬겨야 할 존재라고, 어려서부터 머리에 새겨 넣었습니다. 부모님은 결코 외로운 적이 없는 강인한 사람이라고 생각했습니다. 그래서 부모님을 배려하기보다는 부모님에게 늘 무엇인가를 달라고 만했습니다. 그런데 그런 것이 아닙니다. 부모님에게도 사랑이 필요했고, 따뜻한 위로의 말 한마디가 필요합니다. 우리가 잊지 말아야할 것이 있습니다. 부모님이 안 계셨다면 지금의 나 자신이 이 세상에 없습니다. 열심히 공부해서 훌륭한 사람이 되기 이전에, 크게 영향력을 행사하는 중요한 사람이 되기 이전에, 사회에 공헌하는 지도자가 되기 이전에 자신의 뿌리인 부모님을 사랑하는 마음부터 갖게 하는 교육을 펼쳐야합니다. 효 실천 교육은 인성교육의 시작일 것입니다.

휴식시간에
배우는 것이 많습니다

"학교에서 가르치는 내용의 80~90퍼센트는 학생들이 40대가 되었을 때, 전혀 쓸모없을 확률이 큽니다. 어쩌면 수업시간이 아니라 휴식시간에 배우는 것들이 더 쓸모 있을 것입니다."

이 말은 세계적 베스트셀러인 『사피엔스』의 저자 유발 하라리가 얼마 전에 우리나라에 와서 한 기자간담회에서 언급한 발언의 일부입니다. 세계적인 바둑천재 이세돌이 알파고에 패할 것이라고 그 누구도 예상하지 못한 것처럼, 세상은 우리가 예측하지 못할 정도로 하루가 다르게 급변하고 있습니다. 이런 현실에서 오늘날 우리 학생들이 학교에서 그들이 미래에 생존할 수 있는 유용한 지식과 창조적인 발상을 습득하고 있을까요? 답은 부정적입니다.

우리 학생들은 다들 공장에서 대량으로 찍어낸 상품이 되어 버린 것처럼, 대학입시라는 하나의 목표를 향해 모두가 전력질주全力疾走하는 모습입니다. 그 목표를 이루기 위해, 치열한 경쟁을 마다하지 않습니다. 내 곁에서 함께하는 친구가 경쟁자입니다. 내신등급을 잘 받아서 이른바 명문대학에 진학하려면 친구를 딛고 나가야합니다. 과연 이런 우리의 학교교육이 옳은 것인지 진지하게 반성해볼 때입니다.

오늘날의 대학은 이른바 진리의 상아탑에서 마음껏 사색을 즐기고, 낭만을 만끽하는 모습을 찾아보기 어렵습니다. 학생들은 학점 따기, 토익점수 올리기, 자격증 개수 늘리기, 봉사점수 확보, 인턴경력 쌓기, 수상경력에 목을 매는 스펙의 노예가 되고 맙니다. 이렇듯 순수절정 청춘시절을 유보하고 취업을 위한 스펙을 끝없이 쌓는다고 해서, 세상의 주인으로 우뚝 솟을 수 있을까요?

만약 하라리의 말처럼 급변하는 미래사회에서 지금과는 전혀 다른 지식과 기능과 삶의 방식이 요구된다면 어떻게 될까요? 한 눈 팔지 않고 열심히 달려온 그 길이 무용지물無用之物이 된다면 얼마나 허망할까요? 그럴 줄 알았다면 차라리 열심히 하지나 말 것을 하면서 후회하게 된다면 어떨까요? 생각 만해도 끔찍합니다.

하라리의 말처럼 휴식시간에 배우는 것들이 미래의 삶을 좌우하게 될 유용한 양식이 될지 모릅니다. 그렇다면 휴식시간에 배운다는 것은 무엇일까요? 이 시간에 무엇을, 누가, 어떻게, 가르치고 배우는 것일까요? 학교에서는 수업이후 10분의 휴식시간이 주어집니다. 이 10분 은 배운 지식을 정리해보고, 친구와 함께 배운 지식을 공유해보고, 다음에 배울 지식을 예측해보게 하는 매우 소중하고 중요한 시간입니다. 이것은 누가 해주는 것이 아니고, 정해진 매뉴얼대로 해야 하는 것도 아닙니다. 자기 스스로 사색하고, 느끼고, 의견을 표출해보는 것입니다. 그러기엔 10분 은 너무도 짧습니다. 배운 것에 비해서 휴식 시간이 짧다보니 제대로 되새김질하는 시간적 여유가 없습니다. 또한 너무나 많은 지식이 순식간에 쏟아져 나오니 이를 수용하느라 지쳐서 그나마 주어진 휴식 시간을 '쪽잠'으로 허비하기도 합니다.

수업시간 못지않게 휴식시간도 중요합니다. 휴식을 즐길 줄 아는 삶의 여유에서 삶의 지혜를 기대할 수 있습니다. 휴식시간은 자신과의 만남, 동료와의 만남, 공동체와 만남, 오늘을 통한 과거와 미래와의 만남을 가능하게 합니다.

우리는 학교에서 더 많은 수업 시간을 확보하고, 더 많은 강좌를 개설하려고 힘쓰는 노력에, 휴식시간을 염두에 두었으면 좋겠습니다. 휴식시간은 요리에서 맛을 더해주고, 결정짓는 조미료와 같습니다. 그러니 좋은 수업과 교육은 휴식 시간으로 마무리되고, 다시금 시작됩니다. 열심히 공부하는 것만큼, 열심히 휴식을 즐길 줄 아는 것도 중요합니다. 우리 학생들이 대학입시니 스펙 쌓기에 찌들어 쉴 줄도 모르는 슬픈 인생을 살지 않도록 우리 학생들에게 휴식을 선사해주면 좋겠습니다. 공부시간을 늘리기보다 휴식시간을 늘려주었으면 좋겠습니다. 이것은 별다른 교육정책이나 시설투자나 환경개선이나 재정이 필요 없는 일입니다. 조금만 마음의 여유를 갖고 우리 학생들을 사랑하면 얼마든지 해줄 수 있는 일일 것입니다.

오늘날
우리에게 요구되는
문화교양은 무엇인가

오늘 우리가 사는 이 시대는 우리의 선조들이 살아왔던 세상과는 분명히 다릅니다. 1873년 쥘 베른이 소설 『80일간의 세계일주』를 발표할 때만 해도 세계를 일주하는 데는 80일이라는 시간이 필요했지만 현재는 지구 반대편까지 가는 데, 하루 반이면 충분합니다. 교통, 통신의 발달은 세계를 '지구촌'이라는 마을 단위로 만들어 놓았고 최근 IT 기술의 발달로 촉진된 SNSSocial Network Service 기반 환경은 전통적인 시간과 공간 개념조차 바꿔놓고 있습니다.

이러한 환경에서 고유성을 유지해왔던 세계 각국의 문화는 빠른 속도로 교류하고 혼합되며 변화하고 있습니다. 앞으로 교통과 통신기술이 더욱 발전할 것으로 기대되는 만큼 문화교류 및 변화의 속도는 지금보다 훨씬 빨라질 것입니다. 어떤 이는 이런 시대에 문화를 이해하는 것이 왜 중요하냐고 반문할 수 있습니다. 어차피 세계의 문화는 빠른 속도로 하나의 공통적인 문화로 수렴하고 있는 것처럼 보이기 때문입니다. 그러나 우리가 살고 있는 이 시대는 그 어느 때보다 문화의 중요성이 강조되고 있습니다. 우리가 문화를 보다 잘 이해한다면 급격히 변화하는 환경에 보다 효과적으로 적응하고 삶을 보다 능동적으로 영위해 나갈 수 있습니다.

우리가 살아가는 이 시대를 지칭하는 용어로 '세계화 시대'라는 말이 있습니다. 우리가 원하든 원치 않든 간에 세계인들과 함께 살아가야 하고 그럴 수밖에 없습니다. 세계화 시대는 세계인들이 아름답게 공존해가는 낭만적인 시대가 될 수도 있지만, 자국의 이익을 위해서라면 어제의 동지도 오늘의 적으로 돌려야 하는 치열한 경쟁의 시대이기도 합니다. 세계가 하루가 다르게 가까워지고 있고 국경과 국적의 의미가 퇴색해 가는 것처럼 보여도 그 이면裏面에는 자원과 시장을 사이에 둔 치열한 투쟁이 벌어지고 있습니다.

이러한 상황에서 세계인들과의 경쟁에서 도태되지 않고 나아가 평화롭게 공존하길 바란다면 우리가 함께 경쟁하고 공존해야 할 대상들을 이해하는 것이 최우선이어야 합니다. 예를 들어, 천문학적 액수가 걸린 무역협상의 현장에서 한쪽은 상대의 숨은 의도와 협상의 어법을 잘 이해하고 있지만 다른 한쪽은 그렇지 못하다면 그 협상의 실익實益을 어느 쪽이 취할 것인지는 쉽게 알 수 있는 일입니다. 따라서 우리가 문화를 이해해야 하는 이유는 세계화라는 이름의 무한경쟁 앞에서 우리 자신의 실익을 지키기 위해서입니다.

우리가 사는 이 시대는 '문화의 시대'이기도 합니다. 문화의 시대에 문화란 곧 자원을 의미한다. 문화상품, 예를 들어 〈해리포터〉나 〈반지의 제왕〉시리즈 같은 영화의 이익은 자동차 수백만 대를 판매하는 것 이상의 경제효과를 낳습니다. 더구나 영화나 드라마, 음악 등의 문화상품에는 그 이면에 그러한 콘텐츠가 제작된 나라의 가치관과 정서, 사고방식, 즉 문화가 담겨 있습니다. 따라서 어떤 나라가 다른 나라의 문화콘텐츠를 소비한다는 말은 곧 그 나라의 문화를 소비한다는 뜻이 됩니다. 이러한 방식으로 문화는 자원이 되며 문화산업을 위해서라도 문화를 이해하는 것은 중요합니다.

그러나 문화의 교류를 우려하는 목소리도 큽니다. 특히 자본과 채널을 독점한 소수 나라의 문화가 여과없이 다른 나라로 전파될 경우, 그 문화를 받아들이는 나라에서는 가치관 혼란 등의 문화적 갈등이 발생할 소지가 있으며 나아가 문화의 다양성이 사라지고 주류 문화로 획일화 또는 종속화 될 가능성이 있습니다. 이에 따라 중국과 같은 나라에서는 연간 수입되는 우리나라 드라마의 편수를 제한하고 있으며, 이슬람 문화권에서는 여성의 사회참여를 제한하는 등 문화의 교류가 늘어감에 따라 오히려 사회가 보수화되는 경향이 나타나기도 합니다.

우리나라는 대내적으로 빠른 속도로 다문화시대에 접어들고 있습니다. 불과 20년 전만 해도 단일민족을 강조하던 우리나라는 2016년 현재 국내 거주 외국인의 수가 200만 명을 헤아릴 정도로 급격히 다문화 사회로 변모하고 있습니다. 외국에서 이주해온 다문화인들이 다양한 목적과 이유로 우리와 더불어 살아가고 있습니다. 그 중 절반을 차지하는 외국인들이 중국에서 온 동포들(조선족)과 러시아 연방에서 돌아온 동포들(고려인)입니다. 또한 50여만 명의 외국인 근로자들, 9만여 명의 유학생들과 4만 명의 베트남 며느리들도 우리와 더불어 살아가고 있습니다. 만약, 우리가 이주민들을 내보낸다면, 그들 중 절반은 일제 강점기에 나라를 잃고 만주와 중앙아시아로 끌려갔던 우리 민족의 후예인 조선족과 고려인 동포들일 것입니다. 우리가 아시아의 국가들과 공생관계로 함께 살아가고 있는 현실을 외면하고 국수주의적인 태도로 이 땅에 온 외국인들을 내보낸다면, 아시아 각국에서 일하고 있는 한국인들도 더 이상 그 나라들에서 일하기가 어렵게 될 것입니다. 우리나라에 200만 명의 외국인들이 살아가듯, 아시아 각국에는 약 400만 명의 한국인들이, 전 세계에는 720만 명의 한국인들이 살고 있습니다.

다문화사회란 우리의 환경이 바뀌는 것이고 우리의 삶의 모습들이 바뀌는 것을 의미합니다. 이러한 다문화 사회를 살아가기 위해 우리는 우리와 함께 살아가야 할 사람들을 이해해야합니다. 나아가 그들이 우리와 더불어 바꾸어 갈 환경을 이해하고, 바뀐 삶의 방식에 적응해야 합니다. 겉으로 두드러지게 드러나는 문화적 갈등은 다문화 사회가 맞이할 여러 가지 변화 중 극히 일부에 지나지 않습니다. 다문화는 결코 간단한 현상이 아닙니다. 다문화는 이질적 문화들이 서로 만나는 것이고, 서로 다른 가치들이 부딪치는 현장입니다. 이에 내한 해답은 틀림이 아니라 다름으로 다양성 속의 일치를 이루어가려는 관용과 성숙한 문화의 이해에서 찾을 수 있습니다.

자기문화 우월주의에 기반을 두어 다른 문화를 배려하지 않음은 물론 폭력으로까지 표출되는 편협한 문화로는 건강한 다문화사회를 이루어 갈 수 없습니다. 나와 다름을 통해 나를 보완하고 풍성하게 할 수 있도록 나를 넘어서는, 다른 문화에 대한 공존과 관용의 자세가 요구됩니다. 우리가 잊지 말아야할 사실은 다문화인들이 결국 우리 사회의 발전과 기독교 발전과 확산의 주역일 수밖에 없다는 점입니다. 저출산고령화의 현실에서 우리 사회와 교회는 필연적으로 다문화를 받아들일 수밖에 없습니다.

오늘 우리나라는 저출산고령화로 인해 외국인 노동자와 결혼이민여성을 지속적으로 필요로 하는 상황입니다. 국내 이주민들의 인구는 앞으로 약 500~600만 명까지 증가할 것으로 예측되고 있습니다. 이러한 이주민의 증가는 우리 사회의 국제화, 문화의 다양성, 인종과 언어의 융합을 통한 새로운 문화와 경제 창조의 기회가 될 수 있습니다. 다문화 가정의 자녀들에게 한국어뿐 아니라 모국어 교육을 충분히 제공한다면, 다문화 가정의 아이들은 우리나라와 각 국가들을 연결해주는 든든한 연결 다리가 되어줄 것입니다. 폐쇄적 국가가 될 것인가? 아니면 열린 국가가 될 것인가? 우리의 선택은 우리에게 온 이주민들, 다문화 가정들을 향한 우리의 태도에 따라 결정될 것입니다.

또한 우리나라는 세계 유일의 분단국가로서 반드시 통일을 이룩해서 통일시대를 맞이해야 합니다. 남과 북이 같은 민족이라고는 하지만 분단 후 수십 년 동안 서로 다른 가치와 생활방식의 추구로 이미 많은 부분에서 서로를 이해하기 어려운 실정이 되었습니다. 독일은 1993년 통일 이후, 아직까지도 분단이 초래한 심리문화적 갈등을 봉합해 나가고 있습니다. 우리도 통일에 대비하지 않으면 독일보다 더한 어려움을 겪게 될지 모릅니다.

이러한 시기에 다른 문화에 대한 이해가 없다면, 즉 내가 믿는 것만이 옳은 것이라 생각하고 다른 사람들을 나의 방식대로 바꾸어야겠다고 생각한다면 많은 저항과 위험을 유발할 수 있습니다. 앞으로 우리가 다양한 민족과 학문, 예술, 종교가 어울려 살아갈 수 있는 방법을 배우지 않는다면 세상을 살아가기가 상당히 어려워질 것입니다.

우리가 문화를 이해해야 하는 이유에는 꼭 거창한 것만 있는 것은 아닙니다. 세계화, 문화의 시대에 세계를 무대로 활동하는 이들도 많겠지만 대다수의 한국 사람들은 한국에서 살아가고 활동할 것입니다. 즉, 우리가 우리 자신들을 이해하기 위해서도 문화를 이해하는 것은 꼭 필요합니다. 크게는 사회적 갈등, 사상의 갈등, 계층의 갈등, 세대의 갈등, 남녀의 갈등, 하다못해 부모자식 간의 갈등과 연인 사이의 감정다툼 조차도 서로간의 가치와 사고방식, 생활습관이 달라서 불거지는 것들이 대부분입니다. 가치와 사고방식, 생활습관. 그것들이 의미하는 바가 곧 문화이며, 다시 말해 우리의 삶에서 일어나는 모든 일상사들은 문화의 작용입니다. 따라서 문화에 대한 이해는 이러한 질문들에 대한 효과적인 답을 제공할 수 있습니다.

문화 이해가 중요한 또 하나의 이유는 바로 우리의 문화적 정체성을 갖기 위해서입니다. 어차피 세계가 하나가 되어 가는데 구태여 우리 문화를 알 필요가 있느냐고 생각할 수도 있지만 조금만 더 생각해보면 바로 그렇기 때문에 우리가 우리 자신을 더 잘 알아야 합니다. 세계화 시대에 알아야 할 것은 남뿐만이 아닙니다. 우리는 우리 자신을 얼마나 알고 있을까요? 세계화 시대에 문화적 자긍심을 지키며 세계인들과 공존하기 위해서는 우리 자신이 어떤 사람인가부터 알아야 합니다.

문화다양성 유지를 위한 국제사회의 공조가 이루어질 수 있었던 이유는 문화가 각 나라의 역사문화적 자긍심과 직결되어 있기 때문입니다. 문화는 특정 지역의 사람들이 오랜 역사 속에서 발달시켜 온 것으로 따라서 사람들은 자신의 문화가 가장 뛰어난 것이라 생각합니다. 아무리 세계가 빠른 속도로 가까워진다고 해도 그 문화적 거리만큼은 쉽게 좁힐 수 있는 것이 아닙니다. 가장 많은 문화가 뒤섞여 있는 미국에서조차도 각각의 인종집단ethnic group들은 미국문화라는 단일한 문화로 융합되는 것이 아니라 자신들의 문화를 유지하는 방식으로 공존하고 있습니다.

세계화 시대, 문화의 시대에 있어 자신이 속한 공동체에 대한 문화적 자긍심은 개인의 자기존중감과 유사한 역할을 합니다. 자기존중감이 낮은 사람은 정신건강 및 심리사회적 적응에서 부정적 지표를 보입니다. 문화 자긍심도 이와 마찬가지로 적용될 수 있습니다. 자기 문화에 대한 건강한 문화적 정체성을 가진 사람이 높은 문화적 자긍심을 유지하면서 세계인들과 자주적으로 상호작용하면서 그들과 공존해 나갈 가능성이 그렇지 않은 경우보다 훨씬 높습니다.

문화적 정체성을 갖는 데는 적절한 자기객관화가 필요합니다. 자기 문화에 대한 객관적 시각을 갖추지 못하면 국수주의와 같은 편협한 사고로 이어지게 됩니다. 우리가 문화를 이해해야 하는 또 다른 이유는 바로 우리 문화에 대한 자기 객관화를 이루어 올바른 문화적 정체성을 갖기 위함입니다. 이것이 글로벌 시대를 살아나가는 생존의 전략입니다. 올바른 문화 정체성을 갖고 다른 문화들을 접하면서 다양한 삶의 방식이 있다는 것을 인정하고, 그것들을 이해함으로써 진정한 인간의 삶에 대한 이해에 도달할 수 있는 것입니다. 문화에 대한 이해는 이러한 불필요한 비용을 줄이고 다른 이들과 조화롭게 살아갈 수 있는 길을 제시할 것입니다. 이것이 오늘 우리에게 요구되는 문화교양입니다.

2

미디어 식별력과
의식을 키우는 성교육

미혼모가
혼자 생겨날까요?

우리나라가 가입한 이른바 선진국의 상징기구인 OECD의 회원국 대부분은 미혼부가 양육비 책임을 회피할 경우 벌금 부여는 물론 운전면허와 여권 사용 정지, 구속 등의 제재를 가합니다. 그러나 우리나라에서는 사회적인 편견이 심하고 제도적 지원이 미비해, 많은 경우 미혼모들이 비공개로 출산을 하고 양육은 물론 생계유지와 가사 노동 등을 도맡아 하는 사례가 비일비재합니다.

이런 사회문제의 핵심에는 대중문화의 영향도 있습니다. 드라마는 우리 사회의 현재 모습을 반영하는 대표적인 대중문화입니다. 최근 드라마에서는 미혼모 주인공들이 자주 등장합니다. 한때는 방영 중인 지상파방송의 유명 미니시리즈와 주말극마다 미혼모가 등장할 정도였습니다. 요즘에도 지상파 일일드라마를 비롯해 케이블, 종합편성채널 할 것 없이 드라마마다 미혼모가 자주 등장합니다. 10대 리틀맘 등장도 이젠 어색하지 않을 지경입니다.

드라마 속 주인공의 모습은 많은 경우 상처를 안고 살아가는 사회 부적응자의 모습으로 드러납니다. 이른바 잘 나가는 커리어우먼이 자신의 온전한 선택으로 혼자 출산을 결정하는 경우는 드뭅니다. 경제적 어려움에 허덕이지만 지극한 모성母性으로 이겨내고 좋은 남자를 만나 잘 사는 것이 주요 줄거리인 경우가 태반입니다. 미혼모를 뻔한 희생양이나 불륜 소재로 끌어들이는 것입니다. 단순히 자극성을 높여 시청률 상승에 일조하는 형국입니다.

물론 그중에는 미혼모를 향한 사회적 시선과 미혼모들의 심리를 현실감 있게 표현해 주목을 받은 드라마도 있습니다. 부당해고로 회사를 고소한 미혼모 원고를 향해 "법은 질서유지를 위해 존재하는 것인데, 결혼 후 출산이란 질서를 먼저 무너뜨린 건 원고다."라면서 "법을 엄격히 적용하면 원고는 보호받아서는 안 된다."고 반론하는 모습, "혼자 키워도 굶겨 죽이지 않는다. 진짜 부끄러운 게 뭔지 아냐, 자기 새끼 버리는 거다."라고 울부짖는 미혼모의 모습 등은 현실감을 더합니다. 그러나 그 영향력에 비해 미혼모들에 대한 왜곡된 시선을 씻어줄 만한 대사는 턱없이 부족합니다.

쭈뼛쭈뼛 겨우 입을 뗐습니다. "나 임신했어." "병원 가자." "낙태하는 데 돈이 얼마나 들까?" "내 아이 맞아?" 임신한 여성을 향해 남성이 쉽게 내뱉는 말들입니다. 예상치 못한 임신에 대한 혼란을 극복하고, 어렵사리 낙태가 아닌 출산과 양육을 선택합니다. 하지만 이때부터 또 다른 고통이 더욱 심각하게 다가옵니다. 생계유지와 육아, 가사노동 등의 무거운 짐은 여성들이 혼자 져야 합니다.

도덕적으로 문란하다는 사회의 편견과 개인의 책임을 사회가 짊어질 수 없다는 차별뿐 아니라 학습권을 충분히 보장받지 못하거나 강제해고와 취업의 어려움 등으로 빈곤의 나락으로 떨어지는 현실과 맞닥뜨려야 합니다. 이러한 편견과 차별 등은 대부분 남성이 아닌 여성에게 쏟아집니다.

미혼모들을 무엇보다 고통스럽게 하는 것은 아기 아빠들의 무책임한 행동입니다. 강제로 낙태를 시키려는 아기 아빠와 그 가족들을 피해 숨어 살아야 합니다. 양육비를 주지 않고 연락을 끊어버리거나, 아기를 낳게 해줄 테니 그 대가로 돈을 내어놓으라는 경우까지 있습니다. 현재 우리사회에서는 한 해 5,000여 명의 미혼모가 생겨난다고 알려져 있지만, 미혼모 스스로 임신 사실을 숨기는 상황도 많아 전체 수는 6,000~10,000여 명으로 추정할 뿐, 정확한 동세를 낼 수 없는 것이 현실입니다. 양육은 온전히 엄마 책임일 수밖에 없는 걸까요?

최근 우리나라에서도 미혼부에게 자녀 양육비를 강제로 집행해 아버지로서의 책임을 다하게 하는 법적 제도 마련이 추진되고 있습니다. OECD 국가 등은 이미 1970년대부터 제정, 실시하는 법입니다. 캐나다 등지에서는 미혼부가 양육비 책임을 회피할 경우 벌금 부여, 운전면허와 여권 사용 정지를 비롯해 구속까지 시키고 있습니다.

알게 모르게 우리사회의 큰 문제로 제기되는 미혼모 문제에 대해 성교육강화를 주장하는 이들이 많습니다. 그러나 피임법 위주의 성교육만으로는 성에 내재된 생명과 책임을 올바로 인지하고 실천하게 할 수 없습니다. 생명과 책임이란 성의 거대한 사회적 차원에 대해 교육받고 책임질 수 있도록 하는 법과 제도가 필요합니다. 또한 생명을 지키고 미혼한부모 가정이 올바로 설 수 있기 위해서 우선 미혼모가 생겨나지 않도록 올바른 교육이 실천돼야합니다. 예방이 제대로 이뤄지지 못한 상황에서는 낙태하지 않고 양육할 수 있도록 실태 파악과 지원책 마련이 시급합니다.

종교적인 시설과 시민사회단체와 지역사회 등에서 미혼모자 양육시설과 미혼모 자립 과정 등을 제공하는 사례가 늘고 있지만, 여전히 부족한 실정입니다. 최근 우려되는 현실은 미혼모들의 연령대가 낮아지는 추세를 보이고 있는 점입니다. 청소년 미혼모 등이 생겨나지 않도록 건강한 가정공동체 형성을 위한 노력을 보다 폭넓게 지원해야 합니다. 또한 빈곤한 가정과 가정불화 등으로 가출하거나 학교 부적응으로 학업중단이 된 청소년들과 비행청소년들을 위한 쉼터나 상담 서비스 등의 사회적 돌봄도 더욱 활성화해 나가야합니다.

성적 욕설이 난무하는
청소년문화

우리나라 사람들이 욕설과 비속어를 사용하는 수준이 점입가경입니다. 특히 10대 청소년들의 언어 습관은 그야말로 재앙 수준으로 평가될 정도입니다. 각종 조사 결과, 요즘 청소년들은 글자 그대로 욕설을 '입에 달고 다니는' 것으로 나타났습니다. 접두사와 접미사로 비속어를 쓰고, 모든 문장을 '씨'로 시작하고 끝내는 경우도 쉽게 볼 수 있습니다. 욕을 안 쓰면 대화하기 어렵다고도 말할 정도입니다. 지난 2015년 국립국어원이 실시한 '청소년 언어 사용 실태 조사'에 따르면 실제 초등학생과 중고등학생 각각 97%, 99%는 욕설을 사용한 적이 있다고 응답했습니다.

욕하는 이들의 대부분은 성적 비하 내용이 담긴 욕설들을 아무렇지도 않게 내뱉고 있습니다. 청소년들뿐 아니라 우리나라 사람들이 흔하게 쓰는 욕설인 '씨x'의 어원을 살펴보면 입에 올리기 어려운 말임을 알 수 있습니다. 여기서 '씹'은 여성의 성기를 뜻하는 비속어이고, '씹할' 즉 성관계의 속된 말입니다. 이 앞에 '니기x' 즉 '너의 엄마'라는 뜻의 비속어가 붙으면 '너의 어머니와 성관계를 가질 놈' 즉 '패륜적이고 짐승만도 못한 놈'이라는 욕설이 됩니다. 그러나 청소년들은 이러한 욕의 뜻을 알지 못하는 경우가 대부분입니다. 별다른 의미 없이, 그저 남들이 사용한다는 등의 이유로 욕설을 일상 언어로 사용합니다.

소셜미디어네트워크SNS와 인터넷 게시판, 게임 사이트 등은 욕설과 비속어가 퍼져나가는 지름길이기도 합니다. 인터넷 채팅방에서는 청소년들의 '욕 배틀'을 자주 볼 수 있습니다. 청소년들도 무차별적으로 다운로드 하는 'X콤보', 'X처방', '리얼X배틀' 등 이른바 '욕 앱'들은 '욕이 기억나지 않을 때', '욕을 배우고 싶을 때', '말빨을 키우고 싶을 때' 등의 광고 문구들을 내세웁니다. '패드립', 패륜과 애드리브의 합성어로 부모나 어른을 욕설 혹은 성적 비하의 소재로 삼는 행동도 심각한 수준입니다.

청소년들이 자주 접하는 영화도 폭력어와 욕설들로 얼룩져 있습니다. '영화 속 언어표현 개선 토론회'에서 발표된 내용을 보면, '15세 이상 관람가' 등급을 받은 영화에서조차 욕설 섞인 대사가 넘쳐납니다. 학교·청소년 소재 영화에선 욕설 사용 비중이 더 높습니다. 지상파 한 시사교양프로그램 조사에 따르면, 2015년 1~9월까지 방송통신심의위원회의 방송언어 관련 제재 38건 중 27건은 욕설과 비속어 관련 내용이었습니다. 모 케이블 방송채널은 청소년 보호시간대에도 욕설 장면을 반복적으로 내보냈습니다.

실제 여성가족부가 발표한 '청소년 언어사용 실태 및 건전화 방안'에서도 청소년들 대부분은 친구(47.7%)와 디지털미디어(40.9%)를 통해 욕을 습득하는 것으로 밝혀졌습니다. 가족을 통해 배우는 경우도 6.5%나 됐습니다. 또 온라인게임을 할 때 욕설을 경험하는 비율이 52.2%로 나타났습니다. 인터넷 이용 시에는 44.6%, 휴대전화 시 33.8%, TV 시청 시 10.6%였습니다.

국민대통합위원회가 2015년 7월 청소년들이 주로 이용하는 온라인 웹사이트들의 게시글 13만 건을 분석한 결과 욕설이 19%, 은어가 10% 이상 차지하는 것으로 조사됐습니다. 욕설이나 비속어를 사용하는 대상으로는 친구가 48%로 가장 많았습니다. 불특정 남녀에게 욕설을 하는 경우도 25%나 됐습니다. 은어 중에서는 '노잼재미없다', '극혐극도로 혐오하다', 낫닝겐영어 Not과 '인간이라는 뜻의 일본어를 합한 말', '열폭열등감 폭발' 등의 언어를 자주 사용하고 있었습니다. 또 청소년이나 젊은 층이 만들어 내는 신조어의 질도 '개ㅒ' '존' 등의 욕설, 폄하·비하 관련 난어, 비속어, '헬조선' 같은 극단적인 단어 사용 사례가 늘고 있는 것으로 조사됐습니다.

청소년들은 욕을 하는 이유로 '재밌다', '멋있어 보인다', '친한 친구라는 표시다', '습관적이다', '화가 나면 나온다' 등의 답변을 내놓았습니다. 친구끼리 서로 어울리고 동질감을 표현하기 위해 욕이 필요하다는 말입니다. 친한 친구 사일수록 욕을 더 많이 사용하고 있습니다.

욕설은 청소년만의 문제는 아닙니다. 성인들의 욕설 수준도 만만치 않습니다. 국립국어원이 20대 이상 70대 미만 남녀 5000명을 대상으로 조사한 '2015년 국민의 언어 의식 조사' 결과입니다. 20대 64.5%, 30대 47.9%, 40대 40.1% 등이 욕설이나 비속어를 사용하고 있었습니다. 사용하는 이유도 기분 나쁜 것을 표현하기 위해서라는 응답(44.1%)에 이어 습관적(21.8%), 친근감을 주기 때문(20.6%)이라는 답변을 보였습니다.

욕을 하는 사람들은 적절한 감정표현이나 목적을 충족시키는 방법을 알지 못해 분노와 스트레스를 표출하는 강력한 수단으로 욕을 선택하는 것 같습니다. 이는 사회관계망서비스가 발달함에 따라, 대면 접촉이 적어지고, 말이 아닌 글로 타인을 무차별로 공격하는 태도가 늘어나고 있음도 크게 작용하는 것 같습니다.

욕은 배우기가 쉽고 전염성이 강한 언어입니다. 어린아이들도 굳이 누가 가르치지 않아도 알아서 습득하고 일상에서 씁니다. 욕은 듣는 사람뿐 아니라 하는 사람의 뇌에도 영향을 미칩니다. 미국 워싱턴대학교는 욕을 자주 하는 학생일수록 충동성과 공격성이 높고, 학습능력이 떨어진다는 연구 결과를 내놓기도 했습니다.

이에 따라 전문가들은 우선 "욕이 아닌 다른 방법으로 감정을 표현할 수 있도록 이끌어주는 노력이 필요하다"고 조언합니다. 특히 청소년들의 언어 습관 개선을 위해서는 "우선 부모의 언어 사용 습관을 성찰하고 정화해야 한다"고 전합니다. 가장 효과적인 방법으로는 청소년들 스스로가 언어 습관 개선에 참여하도록 기회를 제공하는 것입니다. 욕을 하면 무엇이 좋은지, 하지 않았을 때 어떤 불편함이 있을지 스스로 돌아볼 수 있는 대화 주제를 제시하는 방법도 긍정적입니다.

세대 · 성별 구분 없는 욕설 비속어 사용 점입가경일 지경입니다. 우리 사회의 미래를 짊어질 청소년의 99%가 욕해본 경험이 있다고 할 정도입니다. 욕을 입에 달고 다니는 청소년들……. 성적인 비하의 내용이 넘긴 욕설의 뜻도 모른 채 일상 언어로 사용하고, SNS, 인터넷 게시판, 게임사이트 등에서 마구잡이로 퍼져나가는 욕설에 이렇다 할 관심조차 갖지 않은 어른들은 어느 나라 사람들일까요? 우리 부모부터 언어 정화를 해나가야 합니다. 우리 모두가 욕설의 습관 개선에 모두가 함께 해야 합니다.

이제부터라도 교육계는 물론 사회 각계가 청소년들이 욕을 쉽게 하도록 만드는 인터넷과 영화, 게임 등의 환경을 정화하고, 매체 종사자들의 언어 교육 등을 체계적으로 지원하는데 협력해야 할 것입니다. 이 일은 시급히 모두가 뜻을 모아 펼쳐갈 청소년 사랑과 바른 사회를 만들어가는 의식개혁 생활운동입니다.

모텔앱도
안 깔았나요

TV 채널을 돌리는 순간 나오는 광고입니다. "모텔앱……. 아이 요새 애들은 모텔을……." 기성세대가 핀잔을 던집니다. "아저씨도 갔었잖아요. 뭐가 어때 여기 어때." 젊은이들이 당당하게 외칩니다. 19세 이상 성인만이 아니라 TV를 시청하는 이들 누구나 거름망 없이 볼 수 있는 CF 광고였습니다.

어린이용 애니메이션이 상영되기 10분 전 영화관 스크린 광고입니다. 학교 교실 구석으로 들어가는 남녀, 어두운 계단 혹은 수풀 속으로 들어가는 남녀, 아무도 없는 옥상 구석으로 가는 남녀의 가쁜 숨소리가 들립니다. 앞모습은 보이지 않는 이들 남녀 앞에, 유명 방송인이 '여기서 이러시면 안 됩니다'라고 쓰인 피켓을 들고 등장합니다. 이어 스마트폰 앱 창과 함께 '4000여 개 국내 모텔 제휴 1위 ○○○○'라는 문구가 나옵니다. 이름만 대면 누구나 알만한 유명 방송인의 입에서 나온 말은 공공장소에서 건전치 못한 행동을 하면 안 된다는 경고가 아니라, '여기'(각종 구석)서 이러지 말고 '여기'(모텔)로 가자는 광고 멘트였습니다.

최근 매월 최대 다운로드 수와 이용자 수를 갈아치우는 스마트폰 앱애플리케이션application 중 하나가 이른바 '모텔앱'들입니다. 모텔앱 광고들은 유튜브 등 동영상 전문 커뮤니티뿐 아니라 인터넷 포털사이트, 지하철과 버스 및 각 정류장과 영화관 등의 공공장소에 버젓이 등장합니다. 지상파와 케이블을 가리지 않고 TV에서도 볼 수 있습니다. 게다가 모텔앱 CF들은 지난해 '히트 친' 광고로도 손꼽힙니다.

일부 모텔앱 관계자들은 이른바 '불륜' 하면 떠오르는 '모텔'이 음지 이미지를 씻는다는 이유로 공공 광고에 나섰다고 밝히고 있습니다. 이들은 모텔 이용을 하나의 놀이문화, 문화콘텐츠로 이끌겠다는 취지를 밝히고 모텔은 성관계를 하러 가는 곳이 아니라 놀러 가는 곳이라고 홍보합니다. 실제 기본 앱인 숙박을 비롯해 펜션과 게스트하우스 등을 연계하고, 여행 맛집 데이트코스 등을 소개하는 콘텐츠 등을 도입한 경우도 있습니다.

그러나 대부분의 광고들을 들여다보면 '좋은 숙박'을 내세웠음에도, '19금禁'으로 지정해야 할 만큼 선정적인 내용들을 배제하지 않고 있습니다. 광고마다 "오빠야, 할증 붙으면 5만 원이다", "택시가 더 비싸", "자기 어떤 향이 좋아? 난 오빠 냄새", "아, 씻고 싶다. 기회는 항상 예고 없이 찾아온다", "불타는 청춘들을 위해" 등의 멘트를 서슴없이 보냅니다. 은근한 눈빛과 남성의 가슴에 불이 붙는 장면 등도 여과 없이 볼 수 있습니다.

소셜네트워크서비스SNS에 올려진 모텔 예약 앱 홍보 문구는 "올빼미 삼행시? 올라탈게, 빼지 마, 미치게쏘" 등으로 선정성을 더합니다. 모텔이 '사랑을 나누는 장소'라고 '대놓고' 광고하는 내용에서 벗어나지 못한 경우가 더 많은 모양새입니다. 게다가 이 광고들은 19금 코드나 코믹함을 내세우고, 유명 연예인을 모델로 내세운 '덕'에 광고 여파는 더욱 큽니다.

이렇게 선정성 짙은 광고들이 공공시설들과 각 가정까지 번져 들어갔지만 이에 대한 제재는 찾아보기 힘듭니다. 오히려 업체 간 경쟁이 치열해지면서 선정성 경쟁도 뜨거워지고 있습니다. 더욱 심각한 문제는 이러한 현황을 심각한 문제점으로 바라보고 제재하는 노력이 부족한 현실입니다.

현재 우리는 왜곡된 성적 메시지를 대중에 무의식에 새기는 광고들에 둘러싸여 살고 있습니다. 유혹이 넘쳐나는 시대를 올바로 살아가기 위해서는 끊임없이 질문하고 답을 찾고, 그 영향을 거슬러 살려고 노력해야 합니다.

모텔앱은 온·오프라인을 연계한 'O2O' 예약 서비스입니다. 글로벌 시장정보조사 회사의 조사에 따르면 현재 업계 1, 2위를 다투는 모텔앱들의 이용자 과반은 2030세대로 나타났습니다. 그러나 모텔앱들은 성인뿐 아니라 청소년들에게도 무차별적으로 노출됩니다. 19세 이상 성인인증을 받지 않아도 접속이 가능, 연령에 따른 '접근 제약'이 없다는 말입니다. 대부분의 SNS는 별도의 실명 인증을 거치지 않고도 가입이 가능합니다.

'로그인이 필요 없는 신개념 모텔앱', '비회원 기반 프라이버시앱'이라는 홍보도 쉽게 볼 수 있습니다. 개인정보와 방문 기록을 남기지 않는다는 것을 최대 서비스로 내세웁니다. 한 번의 터치만으로 모든 사용기록을 지울 수 있어, 모텔 정보 검색과 예약 관련 기록 등이 타인에게 노출되는 것을 간편하게 방지한다고 말합니다. 당일 예약 반값 서비스, 몰카 안심존 인증 프로젝트, 시간 단위 방 단위 예약, 이용후기 공유 후 대실 시간 연장 및 할인, 포인트 적립 등 내세운 혜택들도 넘쳐납니다. 남녀 연애 문제나 성생활 고민 등을 나눌 수 있는 이른바 톡Talk 서비스 등을 제공하며 모텔 이용을 부추기기도 합니다.

청소년들을 비롯해 20~30대가 가장 많이 접하는 매체는 단연 스마트폰입니다. 2015년 11월말 기준, 국내 스마트폰 가입자 수는 4300만 명을 넘어섰습니다. 지난 10여 년간 국내 인터넷 환경도 눈에 띄게 변화, PC 이용은 줄고 스마트폰 이용은 큰 폭으로 증가했습니다. 스마트폰 이용률이 82.5%로 PC 이용률 73.4%를 앞지른 것입니다. 덩달아 스마트폰 앱 시장도 기하급수적으로 성장하는 중입니다.

공공시설 안방에까지 번지는 19금 선정적 광고들은 정류장 영화관 등 장소 가리지 않고 등장하고 있습니다. 급기야 '좋은 숙박' 내세운 스마트폰 모텔앱이 우리 삶에 파고들고 있습니다. 급증하는 스마트폰 이용자들 중 대부분은 2030세대와 청소년들입니다. 이렇다 할 제재가 모호하다고, 유해 매체로 분류하기가 어렵다는 소리만 할 것이 아니라 시급히 이에 대한 분석과 제재조치를 강구해야합니다. 불량식품만 규제하고 예방할 것이 아니라 불량정보매체 또한 청소년들을 정신적으로 병들게 할 수 있음을 유념해야할 것입니다.

원치 않는 임신,
인터넷 통하면 막을 수 있나요

'만일에 대비' '연중무휴 365일 24시간 상담 가능' '야간진료' '사후피임약 당일 처방'……. 뒤이어 '급합니다'라는 말과 함께 의사 처방전 없이 응급피임약을 구입하는 방법과 복용법, 효과, 임신 가능성 등에 관한 문의가 빗발칩니다.

인터넷 포털사이트에서 응급피임약, 사후피임약 등의 검색어를 치면 볼 수 있는 대표적인 결과물입니다. 일부 전문가의 답변 외에도 청소년임을 쉽게 짐작할 수 있는 이들의 이른바 '카더라' 정보 공유 댓글 등이 무분별하게 검색됩니다.

'낙태약'을 치면 더욱 어이없는 결과를 볼 수 있습니다. '○○○ 정품' '○○○ 파는 곳' '먹는 낙태약' '○○○ 최저가' 등의 인기검색어에 이어, '인터넷에서 주문 가능' '서울 시내 전지역 2시간 이내 배달' '낙태수술보다 안전한 낙태약' '마취 필요 없고 통증 없어' '수술에 비해 매우 저렴한 비용 35~45만 원' '낙태 실패율 10만 명 중 1명' 등의 홍보 문구가 쏟아져 나옵니다. 실시간 상담이 가능한 모바일메신저 아이디와 전화번호도 주르륵 이어집니다.

자궁에 착상된 태아를 사출瀉出 시키는 낙태약은 수입 및 유통 자체가 불법이지만, 인터넷 사이트에 '낙태약' 세 글자만 쳐넣으면 공식 홈페이지를 자처하는 곳을 수십 군데 찾을 수 있습니다. 대부분 '국내 공식 판매처'라고 버젓이 홍보하거나, '약국' 또는 '병원' 이름을 홈페이지에 걸고 불법 영업을 하는 업체들입니다.

인터넷을 떠도는 무분별한 정보와 불법 행태들은 이른바 '낙태약'에 대한 그릇된 정보와 의식들을 걷잡을 수 없이 확산시킵니다. 실제 2001년 국내에서 응급피임약 수입과 시판이 허가되면서부터 먹는 약을 이용한 낙태가 심각한 사회문제로 제시돼왔습니다. 그런데 식품의약품안전처(이하 식약처)는 그나마 전문의약품으로 분류된 응급피임약을 일반의약품으로 전환하기 위한 협의를 다시 진행 중이어서, 보다 전문적인 대처가 시급한 실정입니다.

현재 우리나라에서 '응급피임약'을 구입하기 위해서는 의사 처방전을 먼저 받아야 합니다. 이는 '전문의약품'으로 분류되어 있기 때문입니다. 그런데 최근 식약처는 '응급피임약의 일반의약품 전환'을 재추진, 전환 여부를 2016년 상반기 중에 결정한다고 밝혔습니다. 일반의약품으로 분류되면 처방전 없이 누구나 쉽게 약국에서 응급피임약을 살 수 있게 됩니다. TV 광고도 가능해집니다. 제한 없이 응급피임약 TV 광고를 접한 성인들은 물론 청소년들이 별다른 거부감 없이 약을 구입하고 복용할 가능성이 커지는 것입니다.

2001년 당시 식약청은 응급피임약 수입 여부를 논의하면서, 이 약은 의사 처방 없이는 판매되지 않도록 관리하겠다고 밝혔습니다. 그러나 2012년 응급피임약의 일반의약품 전환을 시도했고, 당시 종교계와 의학계 등의 반발에 부딪혀 재분류 결정을 3년간 유예했습니다. 이후 식약처는 한국의약품안전관리원에 연구용역을 맡겨, 피임약의 부작용 실태 및 설문 조사 등을 펼쳤으나 현재 내용을 공개하지 않고 있습니다.

식약처는 일반의약품 전환 추진 근거로 "장기간 또는 정기적으로 복용하지 않고, 1회 복용하는 약이기 때문에 부작용이 없다"는 등의 주장을 제시하고 있습니다. 반면 대한산부인과의사회와 대한산부인과학회 등은 "우리나라 여성들에게는 이미 응급피임약이 응급 시에만 복용하는 약이 아니라, 성관계 후 복용하는 '사후피임약'으로 받아들여져 있다"면서 "20대 여성들이 응급피임약에 의존하는 행태는 우려할 만한 수준"이라고 지적했습니다. 또 "진료 현장에서 의사들은 응급피임약을 매번 처방받기 번거롭다면서 여러 회분을 한꺼번에 처방해 달라는 환자들을 설득하고 이해시키는데 많은 시간을 쓰고 있다"고 토로했습니다.

응급피임약은 여성 호르몬인 프로게스테론을 고용량으로 투여, 호르몬 변화를 통해 자궁 내벽을 탈락시키는 약품입니다. 이 약은 '전문의약품'임에도 소비량이 급증해왔습니다. 지난 2015년 건강보험심사평가원이 발표한 자료에 따르면, 2010년 3만7537건이던 응급피임약 청구건수가 2014년에는 15만9777건으로 4.52배 증가한 것으로 나타났습니다.

일반의약품 전환에 찬성하는 이들은 "응급피임약은 성관계 후 72시간 내에 복용해야 효과가 있는데 의사 처방을 받기 위해서는 많은 시간이 소요되고, 결국 피임 효과가 떨어진다"는 등의 주장을 내세웁니다. 반대하는 이들은 응급피임약이 여성의 건강을 해칠 뿐 아니라 약물 오남용 및 무분별한 성문화 등을 확산할 우려가 높다고 말합니다. 또 남성은 피임을 방관하고 여성에게만 책임을 지우거나, 미성년자들이 불건전한 성문화에 보다 쉽게 노출될 수 있다는 문제점도 제시합니다.

종교계는 응급피임약에 관해 개발 연구가 시작될 때부터 "낙태의 결과를 초래함으로써 인간 생명 자체의 출산과 그 존엄성과 관련된 근본 가치들을 거스르고, 성의 본래 가치를 상실하게 하며, 무절제한 성문화를 조장하거나 방조할 것"이라고 개발 및 판매 등에 강력한 반대 입장을 보여 왔습니다. 또 현재 시판되는 응급피임약은 '화학적 낙태약' 혹은 '조기 낙태약'이라고 밝히고, 판매 및 사용 중단을 촉구하고 있습니다. 종교계 단체들은 응급피임약의 일반의약품 전환은 절대 허용해선 안 된다고 밝히고 "응급피임약 문제는 단순히 약리적인 면만이 아니라 윤리적·사회적·의료적 문제들을 함께 고려해 대안을 실천해야 한다"고 말하고 있습니다. 국가정책은 신중에 신중을 기해야합니다. 그 이유는 결정된 사안이 얼마나 큰 영향을 미칠지 모르기 때문입니다. 이런 영향은 긍정적인 측면도 있지만 부정적인 측면도 있습니다. 조금 더디더라도 신중하게 충분한 논의를 거쳐 만일의 부작용을 감안해서 결정해야 합니다.

여기엔 반드시 윤리가 요구됩니다. 자칫 관련단체나 이해집단이 알게 모르게 영향력을 행사해서 눈과 귀를 가려 잘못된 결정이 내려진다면 그로 인해 치명적인 결과가 초래된다면 그 책임은 역사에 길이 남을 죄악이 될 것입니다. 당연히 그 결정자와 그로 인해 이익을 보는 집단이나 조직은 역사에 씻을 수 없는 오명汚名으로 길이길이 남을 것입니다. 처방전 없이 약국서 쉽게 구입하는 피임약이 언뜻 보면 원치 않는 임신을 막는 장점이 있으나 그로 인해 무분별한 성문화가 확산되고 임신을 가볍게 여기는 풍조가 생긴다면, 우리 사회는 생명존중으로 여기고 아름다운 사랑의 결실로 이해되는 임신과 출산을 가볍게 여길 수 있습니다. 그로 인한 비윤리적 폐단은 돌이킬 수 없는 부조리와 반인륜적인 저급함으로 우리 사회를 규정지을 수도 있음을 의식해야합니다.

나이는 10대,
성 경험은 성인

청소년들이 섹스를 한다? 보수적인 기성세대들이 들으면 통탄을 금치 못할 일입니다. 그러나 실제 성 경험이 있는 청소년들의 수는 늘고 있습니다. 이제 통탄할 수만은 없습니다. 이제 더 이상 실태를 외면할 것이 아니라, 올바로 인식하고 근본적인 의식 교육 등에 박차를 가해야 할 때입니다.

질병관리본부가 실시한 2015년 '청소년건강행태온라인조사' 통계에 따르면, 남자고등학생 9.8%나 되었고, 여자고등학생도 3.5%로 나왔습니다. 놀라운 것은 중학생들도 성경험이 드러났습니다. 남학생이 3.8%에, 여학생도 1.9%로 나왔습니다. 전체적으로는 성관계 경험이 있는 청소년의 비율은 5.3%였습니다.

지난 10년간 변화를 살펴보면, 성관계 경험률은 조사를 시작한 2005년에는 전체 청소년의 4.8%였습니다. 이후 증감을 거듭, 2014년에는 5.3%로 늘었습니다. 특히 남학생의 경험률은 6.0%에서 7.3%로 높아졌습니다. 놀라운 사실은 임신 경험이 있는 여학생 중 73.6%는 낙태를 했다고 응답했습니다. 성 경험 연령도 점차 낮아지고 있습니다. 첫 성 경험 연령은 2005년에는 13.6세였지만 최근 13세 아래로 떨어졌습니다. 이는 성 경험이 대부분 초등학교 때 시작된다는 말입니다.

이전 세대가 지나치게 성을 억압했던 것은 사실입니다. 그러나 그렇다고 해서 이전 세대에는 상상조차 할 수 없는 성의식과 자라나는 세대들의 성경험 비율이 높아진 현실은 뭔가 문제가 있어 보입니다. 이에는 성의 자유가 가져온 시대사조에 따른 것일 수 있으나 모든 것을 상품화하고 소비시키려는 자본주의와 영상매체의 강력한 영향으로, 성에 대한 이해가 사람 대 사람의 책임 있는 남녀 관계가 아니라 성관계로만 축소, 집중되는 최근 사회 분위기가 이어지고 있습니다.

'당신의 소중한 사람에게도 선물하세요!'라는 홍보 문구와 함께 '기프티콘돔릴레이'라는 제목이 붙은 광고가 버젓이 대중화되어 있습니다. '콘돔, 신사를 만들다', '콘돔, 세상을 바꾸다' 등의 홍보 문구도 이어집니다. 이런 내용들은 '프렌치레터' 안에 쓰인 내용들입니다. 프렌치레터는 이 레터를 통해 판매된 것과 동일한 양의 콘돔을 아프리카를 비롯한 세계 곳곳에 기부하는 프로젝트입니다. 또한 온라인, 오프라인 어디에서도 콘돔을 쉽게는 구입할 수 없는 청소년들이 가장 먼저 관심을 갖는 프로젝트이기도 합니다. '프렌치레터' 주관사는 청소년들에게 매달 초 무료로 콘돔을 2개씩 배송해줍니다. 2015년 한 해 동안 '프렌치레터 프로젝트'를 이용한 청소년은 1000여 명에 이릅니다. 청소년을 미래 고객으로 이끌려고 하는 상술로 의심됨은 물론, 결과적으로 청소년들의 이용을 직접적으로 부추기는 모습입니다.

이처럼 은연중에 아주 쉽게 청소년들에게 성관계를 권하는 듯한 광고들이 일상화된 것만 같습니다. 최근 한 대기업에서 생산한 식품 광고에는 유명 연예인이 등장해 "여자 친구와 집에서 드세요… 도톰한 입술로 이렇게 쭉 빨아들이는 모습을 상상하면 좋잖아요.… 집에서는 진도 빼기 쉽잖아요." 등의 멘트를 서슴없이 내뱉었습니다. 청소년들의 성적 호기심을 자극하고 나아가 성관계를 조장하는 듯한 광고였습니다.

이뿐 아니라 인터넷을 통해 성과 관련한 자료들이 무질서하게 퍼져나가고 있습니다. 이전 세대가 청소년들을 성에서 금기시하는 억압적인 분위기였음에 반해 오늘날은 돈벌이만 된다면 청소년들도 주요고객으로 여기는 상술이 판을 치고 있습니다. 더욱이 이런 상술은 성을 그저 인간의 당연한 욕구로 가볍게 여기게 하고, 책임을 가볍게 여기고 자유만을 강조합니다. 또한 여성의 육체를 남성의 쾌락과 돈벌이 수단으로 이용하는 성의 상품화가 내재되어 있기에 큰 문제를 발생시킬 수 있습니다.

또한 이미 비뚤어진 또래문화도 성 경험을 부추깁니다. 실제 청소년들 사이에서는 여자 친구가 없거나 성 경험을 해보지 못하면 '못난이' '찌질이'라고 무시하는 경우도 늘고 있습니다. 이성교제를 한다는 것은 곧 성관계를 한다는 것과 동일시하는 인식이 깔려 있을 뿐 아니라, 남학생들은 첫 경험을 한 것이 곧 남성다움으로, 어른스러움으로 인식되는 분위기도 있고, 성적 능력을 남성적인 능력으로 여기는 강박관념을 갖고 있는 경우도 많습니다.

최근에는 청소년들이 쾌락을 추구하고 성행위에 빠져드는 것을 막을 수 없는 것이 대세이니, 이 현실을 인정해서 청소년들에게도 콘돔과 피임약을 주자는 의견을 내는 이들도 있습니다. 물론 이런 주장이 큰 힘을 발휘하지는 못하고 있지만 이런 주장마저 나오는 것이 오늘 우리의 현실입니다.

심각한 문제는 학교현장에서 실시하는 보건교육 중 성교육 시간과 내용이 너무도 부족합니다. 2015년 보건복지부가 발표한 '국가 수준의 성교육 표준안'은 학기당 15시간의 성교육을 권고하고 있습니다. 이에 따르면 평균 매주 1시간씩 성교육을 해야 하지만, 대부분의 학교에서는 권고 사항에 그치는 경우가 많습니다. 전국 보건교사 보급률도 70% 미만입니다. 내용도 성의 가치와 의미를 올바로 알려주기보다, 이른바 '콘돔 교육'을 실시하는 수준입니다. 각종 IT 기기들의 발달로 성 관련 불법 유해물들이 범람하는 현실이고, 청소년들이 이에 쉽게 노출되어 있는데 학교에서 배우는 성교육 방식은 여전히 피상적이고 형식에 치우친 경우가 많습니다. 사실 저도 보건담당 교사가 아니지만 학교규모로 보건교사 미배치학교 성교육 담당으로 성교육을 진행하면서 '이건 아닌데'하는 생각을 많이 합니다.

그릇된 대중문화가 만들어준 '성-섹스-쾌락-낙태' 등의 고리를 깰 수 있도록 성의식을 왜곡하는 근본적 원인을 인식해 올바른 행동을 실천하도록 돕는 성교육이 적극 제공돼야 합니다. 청소년들의 성적 일탈이 심해진 것은 성교육이 없어서가 아니라 왜곡된 성교육이 존재하는 탓이기도 합니다. 학교가 제대로 수행하지 못하는 성교육을 보완하는 전문기관 지원 사업으로 학교를 찾아가 이동형 교육 시스템을 통해 각종 매체들이 보여주는 무분별한 성적 내용과 원치 않는 임신 및 낙태 등의 현실을 보다 구체적으로 알려주는 것도 유익할 것입니다.

사회적 성숙은 건강한 문화를 창출합니다. 이제 우리는 시급히 청소년 성교육에 대한 깊이 있는 논의와 대책 그리고 성에 대한 우리 사회의 개념 정리를 해나가야 합니다. 구체적이고 실제적인 성교육과 건강한 성에 대해 스스럼없이 대화하는 사회 문화 구축을 통해 청소년들의 첫 성 경험 나이를 몇 년 이상 늦출 수도 있습니다. 언론과 학교, 부모 등이 건전한 성에 관해 더욱 자주 말하는 나라의 미혼모 발생률은 아주 낮습니다. 청소년 성문제로 발생하는 청소년비행과 범죄 그리고 미혼모 문제는 청소년 개인이나 가정의 문제를 넘어 우리 사회 전체의 문제입니다.

연애하기 위해 성관계를, 성관계를 하기 위해 연애를

한 연애상담 프로그램에 등장한 사연입니다. "밤늦게 여자 친구를 바래다 줬는데, 집 앞에서 여자친구가 '라면 먹고 갈래?'라고 묻더군요. 그래서 라면을 맛있게 먹고 나왔는데 다음날부터 그녀가 저에게 시큰둥하네요." 사연을 들은 남·여 토론자들은 입을 모아 주인공을 바보 취급했습니다. "라면을 먹고 가라는 건 진짜 라면을 먹고 싶어서가 아니라 성관계를 하고 싶다는 뜻인데 왜 못 알아듣느냐"는 질타들이 이어졌습니다.

광고의 한 장면입니다. "지혜가 땡긴다." "민경이가 땡긴다."라는 문구와 함께 여자의 손이 남자의 볼을 당기는 모습이 나오면서 무표정했던 남자의 얼굴에 웃음기가 돕니다. '땅기다(당기다)'는 좋아하는 마음이 일어나 저절로 끌린다는 뜻 외에도 입맛이 돋우어진다는 의미를 담고 있습니다. 여성의 이름이 반복적으로 나오면서 '○○가 땡긴다.'라는 것도 지혜, 민경이를 먹고 싶다는 뜻으로, '남자가 먹는 음식'으로 격하시킨 표현입니다.

영화나 드라마 등에서도 연애를 시작하면 스킨십을 하고 성관계까지 가는 것이 일상적인 '연애 코스'처럼 그려집니다. 연애가 포함된 가벼운

연애는 '꿀잼', 진지한 사랑은 '노잼'이라고 말하고, 짜릿한 밤을 위한 '몸친' 정도는 두어야 한다는 말을 서슴없이 내뱉습니다.

한때 페이스북에서는 '대한민국 평균 연애 횟수 4.2회, 평균 사귄 후 잠자리까지 시간 29.3일, 평균 사귄 후 첫 키스까지 6.7일…' 등이라고 밝힌 대한민국 평균 연애진도표가 수없이 공유됐습니다. 게다가 여기에는 '대한민국 평균 미달인 녀석들 반성해라… 반성 중'이라는 댓글이 수두룩 달렸습니다. 통계의 정확성 여부를 떠나 이 시대의 성문화를 드러내는 한 단편입니다.

요즘 대중매체들은 연애 중 혼전 성관계를 '당연한' 것으로 그리곤 합니다. 얼마 전 방영한 MBC드라마 '굳세어라 금순아'와 '원더풀 라이프'의 공통점은 단 하룻밤의 실수로 인한 '혼전임신'과 그 결과 어쩔 수 없이하게 된 '결혼' 후 생활을 소재로 다루고 있습니다. 두 드라마의 주인공들은 대학생, 성인이라는 사실에 다행스럽다가도 씁쓸함을 느끼기도 합니다. 드라마에서 '혼전임신'으로 인한 당사자들의 진지한 고민이나 현실적인 어려움은 보이지 않습니다. 주변의 따가운 눈총과 경제적, 심리적 어려움은 그저 극적인 에피소드로 처리돼 시청자들에게 재미만을 주고 있습니다. 제작자들은 '혼전임신'의 책임으로 '결혼'을 내세웠고, 사랑의 다른 이름은 책임이란 메시지를 대중에게 전하고 싶다고 밝혔지만 정신없이 아이를 낳고, 부모의 돈과 능력에 기대어 신혼살림을 차리는 드라마의 내용이 책임이라는 메시지를 얼마나 전달할 지 의문입니다.

이러한 매체와 사회 흐름 등에 영향을 받은 젊은이들 사이에서 '혼전순결'은 희귀한 단어가 되어 버렸습니다. 많은 경우 혼전순결을 지키는 이들을 별종, 앞뒤가 꽉 막힌 답답한 사람, 유별난 신앙인 등으로 단정 짓습니다. 혼전순결이 마치 여성의 자유를 억압하는 것처럼 취급하기도 합니다. 혼전순결을 서약한 사람들이 오히려 그 사실을 부끄러워하고,

'거짓말하지 말라'는 놀림을 받을 정도입니다.

얼마 전 한 결혼정보회사가 '미혼남녀의 요즘 연애 경향'을 조사한 결과에서는 미혼남녀 2113명 중 47.1%가 '원나잇'을 경험한 것으로 나타났습니다. 또 (사)푸른아우성이 조사한 결과를 보면 '혼전순결을 지키기 않아도 된다'고 답한 사람이 71.4%였습니다. '반드시 지켜야 한다'는 사람은 9.1%에 불과했습니다. 대학내일 20대연구소 조사에서도 20대의 절반 가까이인 49.5%가 혼전순결을 지키지 않아도 된다고 응답했습니다.

지난 2014년 결혼전문잡지 『마이웨딩』은 20대 남녀 1천200여 명을 대상으로 신세대 결혼관에 대해 설문했습니다. 혼전임신에 대한 물음에 51.5%가 '절대 있을 수 없다'고 답했지만 혼전 임신을 해도 '상관없다'는 답도 45.4%에 달했습니다. 현재 태어나는 아기는 한 해 50만 명, 그에 반해 우리나라에서 이루어지는 낙태 시술은 하루 평균 4천여 건, 한해 150~200만 건입니다. 태어나는 아기보다 낙태되는 태아가 3~4나 많은 셈입니다. 또한 연일 뉴스에 오르내리는 '10대, 20대 미혼모의 급증'의 보도를 볼 때 이제 더 이상 방관하고 있을 수는 없습니다.

이러한 결과에도 드라마와 스크린은 혼전임신을 핑크빛 엔딩으로 시청자들을 현혹하고 있습니다. '무조건' 아이를 낳고 '무조건' 결혼을 한 뒤 알콩달콩 살아가는 드라마 속 주인공들이 과연 우리의 현실 생활과 얼마나 일치하는지 의문입니다.

자신의 미래를 위해 공부도 해야 하고 취직도 해야 하는 대학생이나 취업준비생들에게 더 이상 '준비 안 된 부모'란 이름은 어울리지 않습니다. 그리고 대중매체의 극적이고 재미만 추구하는 혼전임신의 핑크빛 엔딩은 이제 정말 엔딩이길 바라게 된 현실입니다.

어떤 형태로든 사람을 도구화하는 것은 큰 고통을 주고, 성이 무의미하게 되면 인생이 무의미해집니다. 혼전 동거에 있어서 많은 젊은이들이 혼전 '연습'이 혼인 후 관계를 더욱 단단하게 해줄 것이라고 믿고 있지만, 실제 미국에서 실시한 조사에 따르면 혼전 동거를 한 부부들의 이혼율은 그렇지 않은 부부의 이혼율보다 2배나 높았습니다. 최근 TV 방송 등을 통해 '혼전순결'을 공개적으로 선언하는 유명인들이 생겨 눈길을 끌었습니다. 이들의 공개 선언에 관해 대중들은 '사랑을 위한 소중한 결심'이라는 의견과 '성적으로 개방된 시대에 너무 진부하다'는 의견이 팽팽히 맞섰습니다. 동시에 "남자와 여자가 서로를 내어주고 일치하는 아름다운 일을 너무 쉽게 생각한다"는 지적이 이어지면서, 혼전 성관계와 관련한 올바른 교육의 필요성이 제기되고 있습니다.

이런 현실에 우리는 '혼전순결운동'을 펼치거나, 미혼남녀들이 '책임 있는' 성의식과 행동을 갖추도록 돕기 위해 적극적이고 공개적인 성 담론을 제기하고 나눌 수 있도록 해나가야만 하는 각성이 요구되고 있습니다.

학교 축제의 핵심이
성적 표현인가요

언젠가 어느 남자 고등학교 축제에 간 적이 있습니다. 젊고 패기 발랄한 아이들이 펼치는 꿈과 끼를 기대했습니다. 또한 아이들이 공부에 찌들어 살다가 축제 기간만큼은 그래도 주어진 자유를 만끽하며 공부걱정을 날려버릴 시원한 무대를 기대했습니다.

축제는 생각한 것보다 화려하고 흥겨웠습니다. 돈을 들여 준비한 조명기구나 무대는 어느 대학 못지않았습니다. 물어물어 찾아간 중앙무대엔 이미 축제의 열기가 가득했습니다. 왁자지껄한 난장亂場에 정신을 집중하고는 무대로 향했습니다.

무대에는 초대받은 여고생 댄스팀이 몸을 흔들고 있었습니다. 객석 남학생들은 비명을 지르고 박수치고 열광했습니다. 마치 군대에서 위문 공연을 펼치는 자신들의 늘씬한 몸매와 몸놀림을 자랑하는 여성 아이돌 가수팀의 무대를 보는 것만 같았습니다. 그런데 제가 나이가 들어서인지는 몰라도 즐겁게 보기엔 어딘가 아닌 것 같은 생각에 마음이 무거웠습니다.

아이들이 부르는 노래는 아이들이 부르는 게 아니라 립싱크로 들려주는 기계음의 소리였고, 아이들의 옷차림과 춤은 기성 여자 아이돌 가수팀을 그대로 복사해놓은 것이었습니다. 거기다가 큰 소리로 필자의 귀를 강타하는 가사가 받아들이기엔 너무도 힘들었습니다. 대략 기억나는 것들입니다.

'오늘밤 늦는다고 해' '집에 가지 말아요' '내 몸을 만져봐' '난 섹시해'……. 이런 가사에 남학생들은 합창으로, 격한 호응으로 열심히 따라 불렀습니다. 저만 뒤처진 것인지, 못 알아 듣다보니 호응하지 못하는 어색한 외톨이였습니다.

열띤 공연이 마치고 사회자가 객석을 향해 소리쳤습니다. "가장 섹시하게 춤을 출 수 있는 분들은 무대로 나오세요." 말이 끝나기가 무섭게 여러 명의 남학생들이 나와서 성행위 응용 동작을 춤으로 인코딩해서 열심히 몸을 움직였습니다. 한 남학생은 성행위를 응용한 춤동작을 어찌나 파워풀하게 선보이는지 보기에 민망할 지경인데 아이들은 최고를 외치면서 호응했습니다. 저로서는 도저히 계속 머물기가 뭐해서 중간에 나와 버리고 말았습니다.

이 날의 기억은 지금도 어제 일처럼 생생합니다. 그런데 이 일이 처음이자 마지막이 아니었습니다. 이런 모습은 인근 대학 축제나 고등학교는 물론 제가 재직하는 중학교까지도 그러했습니다. 이런 일들이 일반화되고 보니 이에 대한 생각이 많아졌습니다.

'학생들이 성행위를 연상하게 하는 노래를 부르고 춤을 추면 안 되는 건가?' '성적 매력을 뽐내고 이성의 성행위를 유도하는 저 춤사위를 하는 학생은 성적이 높고 평소 행실이 바른 학생이니 걱정 안 해도 되는가? 또 다른 아이는 성적도 낮고 흡연하고 지각하고 결석하는 학생이니 걱정해야 하는 건가?' '축제 무대에 이런 춤밖에, 이런 노래밖에 없는 것은 미디어 탓인가? 아이들 취향 탓인가? 학교의 문제인가?' '학생들의 행위를 방치하는 것이 교육자의 역할인가? 막는 것이 교육자의 역할인가?'

최근 중고등학교 축제 무대에서 청소년들이 연출하는 성적 퍼포먼스를 쉽게 볼 수 있지만, 학교 측의 대응은 찾아보기 어렵습니다. 얼마 전에는 실제 걸그룹들이 한 고등학교 축제에서 선정적인 춤을 수위 조절 없이 선보여 비난을 받기도 했습니다. 문제의 이 공연은 '직캠_{관객이 직접 촬영한 영상}'이 유튜브 등 동영상 사이트에 게시되면서 수면 위로 떠올랐습니다. 고등학교 축제 무대였지만, 동영상 사이트에서는 성인 인증 없인 볼 수 없는 내용이었습니다. 이 일이 있고 얼마 지나지 않아 어느 남자고등학교에서 찬조 출연한 여고 댄스팀을 집단 성추행하는 사건까지 일어나기도 했습니다. 여고 댄스팀들이 돈을 받고 출장 댄스를 나가고, 남고생들은 여고생들의 자극적인 몸동작에 열광하는 것은 이미 고교 축제의 핵심으로 자리 잡은 상황에서 일어난 또 하나의 불미스런 사건이었습니다.

　어느 고등학교 체육대회에서는 전교생들이 성행위를 연상케 하는 단체 티셔츠를 입은 것이 논란이 되기도 했습니다. 각 티셔츠 등판에 새겨진 문구들은 '해본 년', '많이 한 놈', '내일할 놈'부터 '해줘 82빨리', '따먹고 15싶어' 등 특정 성행위를 지칭하는 포르노그래피 서브컬처 코드, '키스방 에이스 1', '안마방 에이스 1' 등 성매매 업소에서 가장 인기 있는 여성을 지칭하는 표현까지 다양했습니다. 학교 교사조차 '진짜 해본 놈'이란 문구가 찍힌 티셔츠를 입고 체육대회에 참가한 상황이었습니다. 이처럼 학교 교사들도 청소년들의 성의식이 왜곡되는 실태를 인지하고, 올바른 행동으로 이끄는 노력이 부족한 현실입니다. 이는 교육당국도 그런 걸 같습니다. 제가 접하기로는 이렇다 할 주의를 요하는 공문이나 관심조차 느껴보질 못했습니다.

　우리보다 성적으로 개방된 사회로 아는 외국에서는 비슷한 사례가 발생한 경우, 단호히 대처하기도 합니다. 미국의 한 학교에서는 선정적인 춤을 춘 학생을 정학시키고, 러시아에서는 축제에서 야한 안무를 연출한 학교에 임시폐교 조치를 내릴 정도입니다. 이는 성적으로 개방된 사회이지만 학교에 대해서는 윤리적 기준이 분명하기 때문일 것입니다.

　사람은 자신을 둘러싸고 있는 모든 문화를 통해 끊임없이 배웁니다. 청소년들이 강한 성적 코드를 내세운 매체에 무분별하게 노출돼 있는 실태부터 적극 인지해야 합니다. 청소년 인격 형성에 해로운 영향을 주는 문화에 대한 교육적 개입이 요구되는 시점입니다. 청소년 성문화 실태를 실질적이고 폭넓게 개선하기 위한 대사회적 연대가 필요한 시대입니다.

미디어 식별력과
의식을 키우는 성교육

미디어 시대, 상업적 영상물이 청소년들의 성의식에 미치는 부정적 영향력은 갈수록 심각해지고 있습니다. 실제 여성가족부가 실시한 '청소년 유해환경 접촉 종합 실태조사'에서도 청소년들의 절반 가까이는 인터넷을 통해 성인물을 경험한 것으로 밝혀졌습니다. 게다가 성인물을 접한 뒤 성적 접촉을 한 청소년들이 13.3%, 성관계까지 한 청소년들이 3.1%였습니다.

뚜렷한 교육을 제공하지 않는 이상 그릇된 성의식과 태도는 성인이 되어서도 별다른 변화를 보이지 않습니다. 한 예로 '산부인과 이용 및 성의식 관련 조사'(2013년)에서 응답자의 51.8%는 "나는 피임으로 임신을 막을 수 있다면 결혼 전에 성관계를 할 수 있다."고 말했습니다. "성관계를 가졌으면 반드시 그 상대방과 결혼해야 한다."는 응답은 21.0% 수준에 머물렀습니다.

현재 우리사회에서는 의무적으로 정해진 학교 성교육조차도 학교장 재량으로 시간 조절이 가능하고, 일방적인 교육 영상물 상영 등으로 진행되는 경우가 많습니다. 고학년으로 올라갈수록 성교육 경험률도 감소합니다. 고학년일수록 입시 위주의 수업이 짜여지기 때문입니다. 내용면에서도 생물학적 성을 설명하는 수준에 머무르는 경우가 많아, 개개인이 인생 전체의 의미 안에서 성을 바라보고 올바로 사용할 수 있도록 돕는 과정 등은 턱없이 부족한 실정입니다.

반면 외국의 경우 생물학적인 성은 물론 인간관계 안의 성적 의미 등을 포함한 폭넓은 가치관 교육을 제공하고 있습니다. 스웨덴의 경우 법적으로 아동 성교육을 의무화하기도 했고, 독일은 초등학생 때부터 성性이 호기심의 대상이 아니라 생명의 시작이라는 것을 인식하도록 돕기 위해 성교육 시간에 출산 영상을 보여주기도 합니다.

생명을 돌보기 위해 반드시 필요한 것은 사랑과 신뢰입니다. 특히 올바른 성 인식과 생명존중의식을 바탕으로 한 바람직한 인격 형성이 선행돼야 합니다. 두 남녀가 성적 관계에서 책임을 다하기 위해서는 서로 존중하는 올바른 파트너십을 형성할 수 있는 인격적 관계를 맺어야 합니다. 그 인격적 관계 안에서 성을 사용하려면 절제가 필요하고, 그 절제의 연장선상에서 정결을 지킬 수 있습니다.

절제나 정결이 시대에 뒤떨어진 내다 버려야 할 가치가 아니라, 이 시대에도 절실히 필요한 가치입니다. 성을 도구화해 이익을 추구하는 삐뚤어진 자본주의가 정결을 폄하하는 것 등을 올바로 구분하는 식별력 교육이 절실합니다.

하지만 현재 학교 성교육에서는 이러한 면을 지원하는 노력이 매우 부족합니다. 성교육 전문가들은 그나마 지난해 교육부가 성교육표준안을 내놓기 전에는, 청소년들에게 낙태와 동성애 등이 당연한 것처럼 교육시키고 있었다고 지적합니다. 여성가족부 주관으로 외부 기관에 성교육을 위탁한 결과, '청소년 성관계는 잘못된 것이 아니고 성적자기결정권', '청소년 임신중절낙태은 비윤리적인 것이 아니다', '이성간 결혼은 정상가족 이데올로기에 포함', '남녀동거도 가족 형태의 하나'라는 등의 내용이 교육 과정에 포함되는 문제점이 지적돼왔습니다.

어린이와 청소년들을 위한 성교육에서 일부 내용만을 그때그때 바꾸는 것이 아니라 전인적인 차원에서 가치관을 세울 수 있도록 교육하는 패러다임의 전환이 필요합니다. 학교 등에서 성교육을 담당하는 교사와 전문가들도 올바른 성의식을 갖추지 못한 것이 현실입니다. 성교육 전문가를 대상으로 교육 기회를 제공하고 양성 과정을 갖추는 지원이 시급합니다.

현재 학교 안팎에서는 'LTE'급으로 퍼져나가는 상업적 영상물을 대신할 올바른 성교육과 관련 교재 등이 매우 부족한 형편입니다. 청소년 등이 불법 성인물과 왜곡된 성의식을 주입시키는 온갖 상업물에 접근하는 것을 모두 막아낼 수도 없습니다. 각 미디어가 전하는 메시지를 정확히 읽어내고, 그 내용을 비판적으로 수용·해석해 주체적인 의견을 형성하는 교육이 절실한 이유이기도 합니다.

영상물 시대에는 진실과 거짓을 구분하는 식별력은 이른바 미디어식별능력 교육을 통해 체계적으로 갖춰나갈 수 있습니다. 청소년들이 '성, 생명, 책임'의 관점에서 전인적인 의식을 갖추고 미디어 식별력을 키울 수 있도록 돕는 단·중기 프로그램들을 다양하게 마련해야합니다. 청소년들이 바른 성의식을 갖추기 위해서는 적극적이고 지속적인 지원이 우선돼야 합니다.

3

오늘날 우리가
회복해야할 것은 무엇일까요

질문하는 청춘이어야
나라가 삽니다

인류의 문명을 바꾼 것은 바로, 질문입니다. 오래 전 물이 필요했던 과거의 인간은 "물이 있는 곳으로 어떻게 이동할까?"를 항상 고민했습니다. 그러던 어느 날, 질문이 이렇게 바뀌었습니다. "물을 이곳까지 어떻게 나를까?" 그때부터 관개기술이 발전했고 농경이 시작되었습니다. 그야말로 질문 하나로 인류의 문명이 시작된 것입니다.

"사과는 왜 땅으로 떨어질까?" 이 질문에 의해 뉴턴은 만유인력의 법칙을 발견할 수 있었고, "인간이 동물보다 더 빨리, 더 멀리 이동할 수는 없을까?"라는 질문에 의해 포드는 자동차를 만들어냈습니다. 하나의 질문이 산업의 판도를 바꿔놓은 것입니다.

상대성이론과 특수상대성이론으로 세상을 변화시킨 아인슈타인의 말입니다. "The important thing is not to stop questioning질문을 멈추지 않는 것이 중요합니다." 이처럼 인간은 계속해서 질문을 던지고 그 답을 찾아왔고, 그렇게 문명을 발전시켜왔습니다. 세상을 바꾸는 질문의 힘, 이것이 질문 능력이 필요한 이유인 것입니다. 인생을 성공으로 이끄는 질문의 여섯 가지 힘입니다. 1) 원하는 정보를 얻는 힘, 2) 남의 호감을 얻는 힘, 3) 남의 마음을 움직이는 힘, 4) 사람을 키우는 힘, 5) 논쟁을 주도하는 힘, 6) 자신을 통제하는 힘…….

　그런데 우리나라는 질문을 꺼리는 문화적 특성을 갖고 있습니다. 이 것이 급기야 국제적인 망신으로 드러나기도 하였습니다. 지난 2010년 G20 폐막식에서 우리나라는 국제적인 망신을 당한 사건이 벌어졌습니다. 미국 오바마 대통령이 기자회견장에서 특별히 우리나라 기자에게 질문기회를 주면서 여러 번 거듭거듭 재촉하였습니다. 혹시 영어가 부족해서 그런다면 통역관을 쓰겠다고 까지 했는데도 우리나라 기자들은 쥐 죽은 듯 조용했습니다. 이에 중국기자가 자신이 질문하겠다고 까지 하는데도 우리나라 기자들은 묵묵부답이었습니다. 계속되는 중국기자의 질문요청에 오바마 대통령이 진땀을 흘렸음에도 우리나라 기자들은 누구하나 질문을 하지 않았습니다. 질문권 경쟁이 치열한 회견장에서 오히려 무안해진 오바마 대통령…도무지 믿기지 않는 듯 난감해하는 오바마… 우리나라에 특별한 선물을 준비하고 별렀을 미국 대통령에게 참으로 부끄럽고 당혹스러운 일이었습니다. 우리나라 기자들의 영어 실력은 우수합니다. 더욱이 국제뉴스 기자들에게 적어도 영어실력은 기본이요, 필수입니다. 하지만, 질문을 잘 하지 않는 우리나라 풍토에서 언론계라고 예외가 아니었습니다. 괜스레 큰 무대에서 자신이 튈까봐 조심하는 모습이었습니다. 이 사건은 EBS TV에서 '우리는 왜 대학에 가는가'라는 제목으로 질문하지 않는 교육의 문제를 다루기도 하였습니다.

　이처럼 우리나라 학생들은 질문을 하지 않습니다. 그저 주입식으로 지식을 습득하는데 급급합니다. 이런 모습은 초·중·고는 물론 지성의 전당殿堂인 대학도 마찬가지입니다. 우리나라의 대학생들은 침묵합니다. 강의실에서 교수가 자신에게 질문을 던지기 전까지는 입을 다물고 조용히 침묵으로 일관합니다. 교수는 학생들의 생각을 전혀 알지 못한 채 수업을 일방적으로 진행하는 전혀 대학 같지 않은 대학의 상황이 지속되고 있습니다. 이런 침묵은 강의실 바깥에서 교수의 부당한 압력을 당했을 때도 침묵합니다. 대학당국으로부터 정당하지 않은 대우를 받았다 하더라도 마찬가지로 침묵합니다. 마치 대학마다 교훈이나 건학이념이 있는데 거기에 '침묵이 금'이라는 속담이 있어서 이를 절대적으로 신봉하고 있는 것만 같습니다. 어느 대학이든 모두들 입을 닫아버린 모습입니다. 이처럼 대학사회에서 침묵의 유령이 지배하고 있는 기막힌 현실이 지속되고 있습니다.

대학생들이 입을 다물고 침묵하는 원인은 무엇일까요? 여러 가지 이유가 있겠지만, 대학생이 마땅히 지녀야 할 비판적 사고능력, 지식을 바탕으로 스스로 생각할 수 있는 힘, 주체적으로 독립할 수 있는 능력, 문제를 해결할 수 있는 이해력, 인간과 사회에 대한 통찰력 등을 가르쳐 주는 대학 본연의 역할에 주안점을 두기 보다는, 취업에 도움이 되는 효율성만 강조하는 취업 준비학원으로 전락되었기 때문일 것입니다. 대학이 취업 준비학원이 되어야 한다는 강요를 교육부, 학교당국이 앞서서 조장하고 있는 실정입니다. 취업에 따라 모든 것을 평가하는 대학의 풍요 속에 대학생은 입을 다물고 조용히 스펙 쌓기에 급급할 뿐입니다.

우리나라 고등교육법 제28조에 나오는 대학의 목적입니다. "대학은 인격을 도야陶冶하고, 국가와 인류사회의 발전에 필요한 심오한 학술이론과 그 응용방법을 가르치고 연구하며, 국가와 인류사회에 이바지함을 목적으로 한다." 이런 대학의 목적 조항에 대학사회 모든 구성원들이 다들 동의할 것이고, 이런 목적을 실천할 때 취업은 자연히 따라와야 하는 것이 정상적 사회입니다. 하지만 현재 우리나라의 대학사회는 고등교육법에서 명기明記한 대학의 목적과 정반대로 움직이면서 의도적으로 법을 무시하고 있습니다. 취업이라는 수단이 절대목적이 되어버린 현재의 대학은 정신적으로 죽은 것과 같습니다.

죽은 대학을 살리기 위해서는 대학생들의 적극적이고 능동적인 참여와 관심이 필수적입니다. 학교 본부나 교수들에게 맡겨 두어서는 안 됩니다. 학교 본부는 대학을 망친 정부 당국이나 교육부의 눈치 보기에만 급급하고, 교수들은 자신들이 선택한 총장이 선임되지 못하는데도 아무런 저항을 하지 못합니다. 그 작은 변화의 시발점의 단초를 학생들의 참여를 통해 만들어야 합니다. 어떻게 마련할 수 있을까요? 그 작은 변화는 자유로운 동아리를 통한 자기주도적인 참여와 모임 그리고 학생연대를 통해 자유로운 비판적 능력의 회복을 만들어 가는 일일 것입니다. 또한 수강생 수가 줄고 절대평가가 도입된다면, 학생들이 강의실에서 자유롭게 자신의 의견을 개진하면서 침묵을 깨고 타인과의 소통에 익숙하게 되는 방법을 배울 것이고, 자연스럽게 비판의식도 높아져서 궁극적으로 자신이 처한 대학사회의 현실에 대한 관심이 높아질 것입니다. 현실의 틀을 깨는 참여만이 자신을 지키고 침묵하는 현재에 저항하는 방법입니다. 목소리를 내야합니다.

청춘들의
소시민적 야망

현대식 교육이 시작된 이래로 사회에 진출하는 청춘들의 어깨가 무겁지 않은 적이 있었을까마는 지금만큼 학교라는 울타리를 벗어나기가 어려운 적이 있었던가요? 현재의 청춘들은 대학 졸업을 연거푸 유예하거나, 졸업을 하고도 캠퍼스 주위를 맴돌기 일쑤입니다. 그만큼 사회 진출이 어렵다는 반증反證입니다. 그 원인은 한마디로 사회 진출의 통로가 막힌 까닭입니다. 암담한 현실이 아닐 수 없지만, 역설적으로 이들은 과거의 청춘들에 비해 물질적으로는 풍요로운 시대에 살고 있습니다.

풍족한 물질생활에 익숙한 지금의 청춘들이 그런 현실에 너무 길들여진 탓일까, 어려운 취업환경을 감안한다할지라도 그들의 꿈도 지극히 기성세대만큼 현실적이라는 것이 놀랍습니다. 미래에 대한 그들의 구상에 청춘다운 기백이 거의 내비치지 않는다는 사실이 신기했습니다. 얼마 전에 발표한 한 조사는 소위 "청춘들이여, 야망을 가져라"라는 말이 무색할 결과를 보여주고 있습니다.

많은 청춘들이 공무원시험에 매달리는 현실은 이미 오래전의 일이라, 공직이 그들의 선망의 대상이라는 것은 그다지 낯선 일이 아닙니다. 대학생은 그렇다 치고, 문제는 고등학생의 희망직종입니다. 그들이 원하는 장래희망 중 두 번째가 '건물주와 임대업자'라는 사실을 최근 한 TV의 뉴스를 통해 접했습니다. 이 직종이 청춘들의 장래희망과 상관이 있을 것이라곤 도저히 믿어지지 않았는데도 그렇습니다.

물론 이 조사는 서울의 고등학생들을 대상으로 한 것이지만, 그들이 꿈꾸는 미래가 이럴진대, 사회진출을 코앞에 둔 대학생들의 꿈은 어떻겠나 싶습니다. 우리 기성세대는 이들의 꿈을, 현실을 직시한 현명한 이상이라고 수긍해야 할까요? 지금 청춘들의 꿈은 허황됨과는 거리가 멀고, 돈의 색깔만 비치거나 너무나 소시민적이지 않은지요?

이런 현실을 이 나라의 기성세대는 어떻게 받아들여야 할까요? 미래세대의 가치관이 이렇게 진단되었다면, 이 나라의 교육자, 관료, 정치인, 종교지도자를 비롯한 모든 기성세대는 심각한 고민에 빠져야할 것입니다. 미래의 주역들이 야망이라고는 찾을 수 없는 꿈을 가지고 있다면, 이런 풍토를 조성한 우리 기성세대는 충격을 넘어, 당장 문제점을 파악하고 개선하는 논의를 해야 할 것입니다. 그런데 이런 현실이 너무나 당연한 걸까요, 어느 구석이고 이 사실을 재론하거나 작은 움직임조차 감지되지 않으니 말입니다.

이 솔직한 장래희망은 청춘 자신들의 뜻일 수도 있지만, 많은 부분은 밥상머리에서 주문하는 부모들의 희망일 것입니다. 또 일정 부분은 돈 많은 연예인의 사생활을 재미로 다루는 일부 TV의 허접한 오락프로가 영향을 끼쳤을 것입니다.

우리의 청춘들이 이토록 안전하거나 수익이 보장되는 직업만을 편애하는 것이 못마땅하다면, 그런 환경을 만든 기성세대는 책임을 통감하여야할 것입니다. 오로지 수익만을 좇는 기업풍토가 만연한 우리 사회, 나아가 그런 신자본주의 정신이 교육현장 마저 점령하도록 내버려둔 저와 같은 교육자부터 반성을 해야 할 일일 것입니다.

대학다운 청춘을
기대해봅니다

제가 사는 동네 근처에 종합대학교가 있어
참 좋습니다. 드넓은 캠퍼스에 가면 마음이 편해지고 여유롭습니다. 삼
삼오오三三五五 모여 앉아 도란도란 이야기꽃을 피우는 대학생들을 보면
그들의 젊음이 마냥 부럽습니다. 이들은 우리의 미래입니다. 그러니 이
들은 참 소중한 존재입니다. 대학생들은 화려한 꽃들과 녹음이 가득한
캠퍼스에서 저마다의 꿈을 향해 나아갈 것입니다. 학생들은 다양한 경험
을 하며 삶을 바라보는 안목을 높일 것입니다. 이처럼 꿈과 낭만의 길에
사회적 문제와 주변의 사람들에게 주의 깊은 관심을 갖는 일 하나 정도
추가하면 어떨까하는 생각을 해봅니다.

대학은 항상 진보의 중심에서 사회 발전의 원동력이 되어 왔습니다.
이는 일제강점기에 독립운동과 민족계몽운동의 길, 이승만 독재정치에
온 몸으로 항거하던 4·19혁명의 길, 군사독재시대에 민주주의를 외치
던 길, 노동자와 농민을 위한 연대 투쟁의 길, 통일조국을 바라는 열망의
길에서 대학은 항상 그 역할을 다해왔습니다. 대학생들은 순수하고 열정
적인 존재였습니다. 이들의 이성은 항상 발전적인 변화를 주도해 왔습니
다. 그런데 언제부터 인가 이러한 모습을 대학에서도 대학생에게서도

찾아보기 힘들어졌습니다.

냉전 이데올로기가 점차 약화된 데다 1997년 IMF를 거치면서 그러한 분위기는 더욱 굳어졌습니다. 이는 사회나 우리보다, 먹고사는 문제가 더 큰 걱정거리가 되기 시작한 때와 겹칩니다. 1990년 후반은 하루아침에 실직자가 되는 이들이 우후죽순雨後竹筍으로 늘어나던 때였으니 그러한 분위기가 형성된 것도 무리는 아니었을 것입니다. '돈 없으면 방 빼, 먹을 것 없으니 살 빼, 직장을 언제 잃을지 모른다는 공포감의 책상 빼'를 통칭統稱하는 당시 유행어 '3빼'에는 IMF 세대의 이픔이 고스란히 배어 있습니다.

그렇다고 그러한 분위기가 옳은 것은 아닙니다. 부모세대가 '남일 신경 쓰지 말고 너나 잘 살아라'라고 버릇처럼 말한다 해도 대학이나 대학생마저 그래서는 안 됩니다. 우리는 혼자서는 살 수 없습니다. 너와 나는 먹이사슬처럼 얽혀 있습니다. 아무 관련 없는 문제들이 언젠가는 다 내 문제로 다가 올 수 있습니다. 지금은 아무 관련 없어 보이는 비정규직 및 노동법 관련 문제, 사회 정치의 온갖 이슈들이 언젠가는 결국 내 문제로 다가올 것입니다. 때문에 우리는 더욱 사회적인 이슈들에 관심을 갖고 목소리를 내야 합니다. 이를 통해 그것들이 긍정적으로 변해간다면 그 덕은 현재를 살고 있는 우리와 우리 다음 세대 이후로도 고스란히 이어질 것임이 분명합니다.

정치도 마찬가지입니다. 무엇을 먹고 입을 것인가를 고민하듯 지역과 나라를 어떤 정치인에게 맡길 것인가를 장시간 신중하게 고민해야 합니다. 당선된 정치인에게는 더 많은 관심을 갖고, 올바른 일에 역할을 다할 수 있도록 힘을 실어주고, 잘못하고 있는 일은 따끔한 여론의 맛을 보도록 해야 합니다. 이런 일에 대학생들이 앞장서면 좋겠습니다. 요즘은 제도권 언론만이 아니라 인터넷 언론이나 SNS가 일상화된 세상입니다.

여기에 그 어떤 계층이나 세대보다 역량을 발휘한 곳이 바로 대학이고 이들이 대학생입니다. 대학생들은 기성세대들처럼 현실에 매몰되지 않았습니다. 청소년들보다 심한 방황의 시기를 겪는 이들도 상대적으로 적을 것입니다. 대학 졸업 후 내가 발을 들여놓을 사회를 스스로 만들어 보겠다는 생각으로 사회와 정치에 관심을 갖고 전공지식 습득과 취업을 위한 스펙 쌓기 이외에 다양한 활동을 이어가는 이들이 늘어기기를 희망해 봅니다. 장기적으로 그것은 취업을 위한 스펙 쌓기보다 삶의 질 개선에 더 중요한 역할을 할 것입니다.

청년 실업,
우리 모두의 책임입니다

생태계에서 녹색식물이 한 없이 약한 것 같지만, 이들이 피폐해지면 포식자들의 안위安慰도 위협을 받을 수밖에 없습니다. 이를 두고 생태계의 상호공생相好共生이라고 합니다. 이와 같은 운명공동체의 관계가 생태계에서만 존재하는 것일까요? 그렇지 않습니다. 이 원리는 우리가 살아가는 사회에서도 똑같이 적용됩니다. 경제학의 시조始祖라 불리는 애덤 스미스가 "건강한 사회가 건강한 경제를 유지할 수 있다." 고 말한 것은 바로 이런 사회적 생태계를 보전하는 것이 경제의 발전에도 도움이 됨을 말한 것입니다.

최근 우리 사회에서 이윤의 극대화를 위한 무한 경쟁이 지속되고 있습니다. 가진 자는 더 갖고, 힘 있는 자는 더 힘 세지고, 대기업은 더 커지는 것이 당연시되는 것만 같습니다. 이런 승자의 논리, 약육강식의 패권주의가 일반화되다보니 미처 들여다보지 못한 곳곳에서 많은 사람들의 흐느끼는 울음소리가 들려오고 있습니다.

우리 사회의 생태계를 위협하는 여러 가지 요인 중에서 최근 가장 문제가 되는 것은 급격히 늘고 있는 청년실업의 문제일 것입니다. 이른바 삼포세대로 대변되는 청년들의 취업난과 그들의 좌절은 우리 사회가 다가오는 미래에 심각한 사회 문제로 드러날 수 있습니다. 2016년도에는 두 자리 숫자를 넘겨 버린 가파른 실업률 상승에 취업경쟁률도 몇십 대 일, 공기업의 경우 백 대 일을 훨씬 웃도는 취업경쟁이 지속되면서, 청년들이 취업시험을 위한 고시원으로 내몰리고 있습니다. 넘치는 열정과 끼와 부푼 꿈으로 한창 뿜어져 나오고 작렬해야 할 그 젊음과 에너지가 미래지향석인 자기실현과는 무관한 전시형 스펙 쌓기와 시험을 위한 시험을 위해 몇 년씩 묵혀야만 하는 사회는 분명 정상이 아닙니다.

그런데 기업에서는 구인난求人難에 허덕인다고 합니다. 최근의 여러 경제 보고서에 따르면, 기업의 생산성에 중요한 요소가 자원資源이거나 자본資本이었던 시대는 지났다고 합니다. 이제는 인재人才가 매우 중요한 요소라고 합니다. 얼마 전, 전 세계 경영자들에 대한 조사에서도 조사대상 CEO 중 과반수가 향후 사업의 가장 큰 위기요소로 인재의 부족을 꼽았다고 합니다. 이처럼 기업은 그 어느 때보다도 인재를 목마르게 찾고 있는데, 어찌된 일일까요? 청년실업률은 하늘 높은 줄 모르고 치솟기만 하고 있습니다.

이 문제를 가만히 살펴보면, 기업들이 이미 완성된 인재들을 골라서 쓰기를 원하는 것을 알 수 있습니다. 자신들의 필요에 딱 맞는 사람이 부족하다는 것입니다. 인재는 처음부터 타고나는 것이라기보다는 오랜 경험과 학습과 교류를 통해 만들어지는 것입니다. 또한 대학은 기업의 맞춤형직장인양성소가 아닙니다. 교양을 쌓고 숙고하는 삶을 위해 지성과 감성과 영성을 촉진하는 곳이 바로 대학입니다. 이런 틀 위에서 전공지식도 쌓아가야 하는 것입니다. 그래야 오래갑니다. 기초 없이 쌓은 전공지식과 기술은 당장은 써먹을 수 있지만 오래가지 못합니다. 인재는 일을 통해 자기 훈련과 사회적 능력들을 배우며 만들어지는 것입니다.

기업이 다 만들어진 사람을 고르기만 하는 구조에서 벗어나, 스스로 사람을 키워내는 노력으로 의식전환이 필요합니다. 청년실업 문제를 함께 해결해 나가기 위해서 기업이 이 문제를 깊이 고민하면서 책임감을 갖고 접근해야합니다. 이런 자세야말로 장기적으로 기업이 살 길입니다.

우리나라는 청년 실업률도 문제지만, 취직을 한 사람들도 비정규직인 경우가 많습니다. 비정규직 비율이 OECD 국가들 중에서 평균의 두 배입니다. 더욱이 정규직 전환도 회원국의 절반에도 못 미칩니다. 노동자가 필요 없는 게 아니라, 그 자리를 싼 임금으로 대체하고 다시 바꾸어 넣는 관행이 당연시되고 있습니다.

우리나라의 경제개발 초기였던 1960~70년대에는 국가가 기업의 부를 형성하는 과정을 지원했습니다. 그들이 부를 축적하면 국민도 잘 살게 될 것이라는 기대가 있었기 때문입니다. 이제는 기업의 차례입니다. 이윤의 극대화 논리보다는 건강한 사회생태계 형성을 위해 함께 할 수 있는 일을 찾고, 실행해야합니다. 아무리 찾아봐도 인재가 없다고 한탄하고, 대학에 그 책임을 묻는 방식이어서는 안 됩니다. 대학을 지원하고, 경제적으로 어려울수록 인재를 등용해서 키워나가는 '통 큰 경제윤리'가 필요합니다. 기업이 그저 돈벌이에 급급한 게 아니라 사람을 중시하고 키워내는 생태계를 조성해서 우리 사회를 건강하게 만들어가는 국민기업, 상생의 기업이 되어야 합니다. 이제는 더 이상 파견직·기간제 같은 임시직으로 인건비를 절약하는 것이 마치 효율적인 경영기법인 양 자랑할 일이 아닙니다. 이런 기업문화윤리에 대해 함께 공존하고 사람을 키워낼 생각이 없음을 나타내는 부끄러운 일로 여기는 사회가 되어야합니다.

여기에는 대학도 마찬가지입니다. 효율이라는 명목 하에 전임교수를 두지 않고 교육부 기준만 갖추기 위해 겸임교수, 초빙교수, 계약전임교수, 강의교수, 비정년트랙교수라는 허울 좋은 타이틀로 구색 갖추기를 일삼아서는 안 됩니다. 대학이 대학답기 위해서 정부 당국의 지원과 기업의 지원을 끌어내야합니다. 또한 건강한 기부문화를 조성해야합니다. 물론 이런 노력은 대학만으로는 불가능합니다. 우리 사회가 정신적으로 성숙해져서 고통을 나눌 줄 아는 공동체의식과 어른스러움을 갖추도록 종교계와 시민단체도 함께 노력해나갔으면 좋겠습니다. 이처럼 모두가 함께 고민하면서 자기희생을 통해 문제를 해결하려는 자세를 갖는 것이야말로 우리 사회가 건강한 사회생태계를 만들어가는 지름길일 것입니다.

스마트시대에
스마트한 인간

요즘 스마트폰 없는 사람을 거의 볼 수 없을 정도입니다. 인구 절반 이상이 가지고 있다고 하니 우리가 살고 있는 지금은 분명 스마트 시대입니다. 손바닥만 한 물건으로 전화, 메시지는 기본으로 사진촬영, 내비게이션, 은행 업무까지 우리의 생활 많은 부분, 아니 어쩌면 모든 부분에 영향을 끼칩니다. 사람들은 아침에 스마트폰이 알려주는 알람에 깨서 학교에 가고, 수업을 받을 때도 수업에 필요한 필기구마냥 책상 위엔 스마트폰이 놓여있습니다. 횡단보도를 건널 때는 물론 심지어 사람을 만나 앞에 앉아 있음에도 서로의 이야기는 SNS를 통해 나눕니다. 그리고 잠들기 직전까지 스마트폰 화면을 바라보다 잠이 드니 거의 하루 종일 스마트폰과 함께하는 셈입니다. 이러한 모습은 스마트폰 중독이라는 말을 만들어냈고 사회문제로 대두가 되고 있으니, 손바닥만 한 물건의 어두운 이면裏面에 심각함을 느끼지 않을 수 없습니다.

물론, 스마트폰이 가진 기능은 혁명이라고 할 만큼 뛰어납니다. 시간과 공간의 제약을 없애고 신속한 의사소통을 가능하게 하며 자신에게 필요한 정보를 쉽게 얻을 수 있습니다. 게다가 모두가 즐길 수 있는 오락성도 있으니 무엇 하나 빠지지 않은 완벽한 물건입니다. 하지만 아무리 뛰어난 기능을 가졌을지라도 그 기능을 적절히 사용을 하는 것은 전적으로 사용자에게 달려있습니다. 마치 똑같은 칼을 쥐고 있으나 누구는 사람을 살리는 의사며 누구는 사람을 죽이는 살인자가 되는 것처럼 말입니다. 스마트폰은 우리 삶의 편의를 위해 만들어진 보조적 수단일 뿐입니다. 아무리 많은 영양 보조제를 먹더라도 균형 잡힌 식사 한 끼를 따라가시 못하는 것처럼, 스마트폰은 우리 마음의 신성한 결핍을 채워주신 못합니다. 그럼에도 이 작은 물건 없이 살 수 없는 노예가 되어버린 사람들의 모습을 볼 때, 스마트폰의 뛰어난 기능을 사용할 만큼 성숙된 정신을 가지지 못하고 있는 것은 아닐지 곰곰이 생각해 볼 필요가 있습니다.

이제 폴더폰은 찾아볼 수 없습니다. 스마트폰이 아닌 경우는 찾기 힘들어지게 된 것입니다. 인터넷, 결제, 통화, 게임, 영화, TV시청 안되는 게 없는 스마트폰은 이것이 없었을 때를 상상조차 힘들게 할 정도로 손쉬운 생활을 가져다줍니다. 하지만 이것이 큰 문제이기도합니다.

이러한 생각이 처음 들었던 것은 쉼 없이 스마트폰을 보던 자신을 발견함에서 비롯되었습니다. 회의 시간에 지루하다싶으면 몰래 휴대폰을 하고, 집에서 할 것이 없으면 화면을 슥슥 그어대며 인터넷을 찾습니다. 컴퓨터를 쓸 필요조차 없습니다. TV가 필요 없습니다. 스마트폰을 사용하면 TV, 인터넷, 카메라, 계산기, 시계, 알람, 메모장, 전화 등 뭐든지 가능합니다. 그러니 '스마트폰이 없으면 못 살겠네'라고 생각이 드는 순간 아찔했습니다. 어느 순간 스마트폰 중독자나 노예가 된 건 아닌가 싶었습니다. 문득 이러한 생활을 누리지 못 했던 옛날이 생각났습니다. 그때의 휴대폰은 연락수단을 위해 존재했습니다. 그렇지만 답답하다고 생각이 들지는 않았습니다. 그때는 그게 정상이었으며, 심심하다면 친구들과 이야기를 하거나 책을 보았기 때문입니다. 책을 보지 않는다 해도 다른 취미 생활을 찾아 심심함을 달래고는 했습니다. 지루한 회의 시간

사이에 시간이 빈다면 모두 휴대폰을 꺼내들어 인터넷이나 게임을 하는 것이 아니라, 이야기를 하고 책을 읽었습니다. 버스를 기다리는 짧은 순간, 3분을 못 기다려서 휴대폰을 꺼내들고 거북이처럼 목을 늘어뜨리지 않았습니다.

"나는 그렇지 않다"고 하는 사람들도 있을 것입니다. 그러나 마음 깊은 곳에서는 그것이 거짓말이라는 것을 잘 알고 있을 것입니다. 물론 이러한 것이 잘못된 행동은 아닙니다. 남에게 피해를 주는 것도 아니고, 주변을 살피지 못한다는 사소한 단점만이 있을 뿐입니다. 하지만 이러한 증상이 지속될수록 사소한 단점은 지속적인 막대한 단점으로 변할 가능성도 충분히 있습니다. 저도 이런 행동을 고쳐보려고 했지만 쉽지 않았습니다. 편리함을 알아버렸기 때문입니다. 그렇기에 가끔은 그걸 모를 때가 더 나았다는 생각을 하고는 합니다.

요즘은 의도적으로 아날로그를 실천해보려고 애를 씁니다. 수첩이나 메모지에 손글씨로 기록도 하고 포스틱에라도 손편지를 써서 나누곤 합니다. 신간을 정해서 스마트폰을 멀리해보려고도 합니다. 어찌 보면 참 바보같이 애를 씁니다. 굳이 첨단기기 스마트폰을 옆에 두고 사서 고생이니 말입니다. 그래도 그래야 제가 기계에 종속된 인간이 아니라 스스로 생각하고 느끼는 인간일 것 같습니다. 요즘 초등학교 2학년 아들이 사칙연산과 구구단을 묻습니다. 스마트폰을 사용하면 이런 거 몰라도 될까요? 저는 아들에게 스마트폰의 계산기를 사용하면 손쉽게 답을 알 수 있지만 끙끙대면서 산수능력을 기르고 구구단을 외우도록 독려합니다. 아날로그라는 불편하고 서툴고 어눌하고 어색한 든든한 반석 위에 디지털 스마트기기를 사용해야 스마트시대에 스마트한 인간이 될 것 같다는 생각을 해봅니다.

디지털, 스마트사회가 개인주의이고 전자소통을 중시하는 것에 반해 우리 전통사회는 공동체주의이고 면대면 소통을 중시해왔습니다. 이 둘은 별개가 아닙니다. 우리사회는 이 둘을 유효적절하게 사용해야합니다. 그래야 전통과 현대, 이전세대와 다음 세대가 한데 어우러지는 건강성을 유지할 수 있을 것입니다.

포데모스,
무관심했던 스페인 청년들을
정치로

'N포세대'라고 불리며 꿈과 희망마저 포기한 채 살아가는 우리나라 청년들. 그러나 '할 수 있다'는 생각을 가지고 정치와 창업 분야에서 활발히 활동하고 있는 청년들도 우리 사회에는 많이 있습니다. N포세대, 하도 듣다 보니 이제는 익숙하다 못해 귀에 딱지가 앉을 지경입니다. 청년문제는 날로 심각해지는데도 이들을 대변하는 청년 정치인들은 외면 받고 있는 현실입니다. 이런 현실을 보다 깊이 바라보고 시사점을 얻는 의미로 다른 나라의 경우를 살펴보는 것도 의미 있는 일인 것 같습니다.

5천만 명에 달하는 인구, 독재정권 시대를 거친 민주화 이후 지속되던 양당 체제. 스페인은 우리나라와 비슷한 점이 많습니다. 유로스타트 Eurostat*가 발표한 2012년 스페인 청년(16~24세)의 실업률은 52.34%로, 청년실업률이 매번 신기록을 경신하고, 그때마다 청년을 지칭하는 신조

---

* N포세대란 주거·취업·결혼·출산등 인생의 많은 것을 포기하는 20~30대 청년층을 일컫는 말입니다. 이는 '88만원 세대'나 '민달팽이 세대'처럼 경제적·사회적 압박으로 인해 불안정한 청년 세대의 상황을 보여주는 신조어입니다.

** 유로스타트는 유럽연합의 통계청을 말합니다. 유럽연합은 1946년 9월 19일 영국 수상이 유럽의 정치·경제 협력체가 필요하다는 발의로 만들어졌습니다. 총 27개국이 가입되었고, 6개국이 후보국가입니다.

어가 뒤따르는 우리나라와 별반 다르지 않습니다. 청년층의 정치 참여 비율이 중장년 세대에 비해 저조한 것 또한 마찬가지입니다.

경제 대공황 이후부터 최악으로 치닫는 경제 상황에도 스페인 정치인들은 부패나 정쟁에 휩싸일 뿐, 시민들의 고통스런 상황에 관심을 기울이지 않았습니다. 특히 청년들은 더욱 소외됐습니다. 많은 청년들이 대학교육을 받았음에도 구직문제나 저임금 문제로 힘들어했습니다. 그림에도 2011년 지방자치제의원 선거에서 젊은이들이 자신의 생각을 드러낼 때까지 그 어느 정당도 청년실업률이 50%에 육박한다는 것을 알지 못했습니다.

사람들의 분노가 쌓이고 쌓이면 결국 폭발합니다. 2011년 5월 15일, 스페인 시민 800만 명이 거리에 모여 실업과 빈부격차 해결 요구 시위를 벌였습니다. 청년들은 시위가 끝나고도 마르디르 솔 광장을 점거했습니다. '분노한 사람들'Indignados 또는 '15M 운동'이라고도 불리는 대규모 시위*** 이후, 거리로 나선 시민들의 목소리는 '포데모스'Podemos라는 결실을 이뤄냈습니다.

스페인의 체제를 스스로 바꾸자고 생겨난 이 정당은 현재 37살의 젊은 청년 당대표 파블로 이글레시아스Pablo Iglesias를 중심으로 청년들이 주축을 이루고 있습니다. 이 정당은 기존 정당에 비해 경험이나 재정적으로 열악한 것이 사실입니다. 그러나 이 정당의 강점은 '디지털 매체의 활용'에 있습니다. 청년들을 주축으로 소셜미디어를 잘 활용한 덕분에, 디지털 기기를 통한 직접민주주의를 펼쳐내고 있습니다.

2014년 1월 창당된 포데모스는 등장 2년 만인 2015년 12월 스페인 총선거에서 21%를 득표해 총 350석 중 69석을 차지했습니다. 국민당과

*** 2011~2014년 스페인에서 벌어진 시위로 실업, 경제상태, 복지문제 등으로 인해 발생했다.

사회노동당의 30여 년 양당 체제를 무너뜨리며 무서운 성장세를 보였습니다. 2016년 7월 총선에서는 71석을 얻어 제 3당의 위상을 굳혔습니다.

포데모스는 페이스북, 트위터를 비롯해 인스타그램, 텔레그램 등 다양한 소셜미디어를 통해 활발한 소통의 장을 만들고 있습니다. 포데모스가 '디지털 민주주의'를 구현하는 데 소셜 플랫폼을 통한 의견 교류가 든든한 버팀목이 됐습니다. '라보데모Labodemo'는 시민참여 민주주의의 싱크탱크인 사람입니다. 라보데모가 설계한 '플라자 포데모스Plaza Podemos'는 포데모스 온라인 토론공간으로써 수십만 명의 사람들의 교류에 활용되고 있습니다. 또한 의사소통 앱 '루미오Loomio'를 통해 포데모스 당내 여러 조직들의 원활한 의사소통도 가능해졌습니다. 루미오는 더 작은 독립 조직들이 모여 어떤 의제나 안건에 대해 투표하고 결정하는 데 적합합니다. 루미오 내에 만들어진 포데모스 토론 그룹은 1,500개에 달합니다. 플라자 포데모스와 루미오는 당내 조직들 간 소통에 매우 유용합니다. 포데모스가 걸어온 길, 앞으로 나아가야 할 방향 등에 대한 의견을 공유하면서 내부 결속력을 다지고 당원들의 적극적인 참여를 이끌어냅니다. 이처럼 소셜 플랫폼의 구현으로 '누구든 언제 어디서나'개인의 의견을 자유롭게 개진할 수 있는 환경이 조성됐습니다. 청년 세대를 비롯해 많은 사람들이 정치에 참여할 수 있는 통로가 마련된 것입니다.

포데모스 소셜미디어팀은 새로운 정치 플랫폼에서 개인이 직접적으로 정치에 참여할 수 있도록 하는데 힘씁니다. 미디어와 디지털 기기를 잘 활용해 많은 청년들이 정당의 의사결정에 참여하는 데 용이하도록 돕습니다. 포데모스를 포함한 여러 사회운동들이 실제로 현재 스페인 정치부패에 무기력함을 느껴왔던 청년들 또한 정치에 참여하게끔 했습니다. 수십만 명에 달하는 당원 모두가 스마트폰 등 디지털 기기를 통해 직접 참여하기에 정치참여 수준도 한층 높습니다. 단순히 '투표권 행사'

가 아닌 온라인 광장에서 당대표와 대화를 나누는 것부터 정책을 제안하고, 제안한 정책에 대해 토론하기까지 실제 정책 실현 과정 전면에 직접 참여할 수 있습니다. 이처럼 모두 핸드폰으로 참여했다는 점이 흥미롭습니다.

"우리는 할 수 있습니다." 스페인어 'Podemos포데모스'의 사전적 의미이자 정당이 사람들에게 전하는 메시지 전하는 메시지입니다. 현재 스페인에서는 포데모스 뿐만 아니라 다른 여러 정당들 역시 디지털 미디어 활용을 기반으로 새롭게 성장하고 있습니다. 그러나 우리나라의 경우, 자타가 공인하는 'IT 강국'임에도 이를 활용한 정치 참여 기반은 미흡합니다. 특히 많은 청년들이 페이스북이나 트위터를 통해 정치적 의견을 표현하지만, 스페인과 달리 정당이나 단체의 의사결정에 반영되지 않습니다.

이것은 정치권만이 아닙니다. 기업이나 교육계나 종교계 등의 사회구성체에서도 민주적인 의사소통으로 디지털 미디어 활용하는 기반구축은 미흡합니다. 다행히 우리나라에서 자생적인 개발자 그룹이 온라인 플랫폼 제작에 동참하고, 시민들의 직접적인 의사결정을 가능케 하는 시스템을 개발하려는 등 걸음마를 떼기 시작했습니다. 정보기술 발전으로 정치 참여의 새로운 기반이 마련되고, 이에 따라 우리 삶에 찾아온 변화는 아직 시작에 불과합니다. 우리가 얼마나 더 큰 변화와 '디지털 민주주의'의 가능성을 목격하게 될 것인지 앞으로가 기대가 됩니다. 혁신적인 발상과 청년층의 적극적인 자세와 열정으로 우리사회에도 신선한 참여와 소통과 공유의 청년정치문화가 활성화되기를 기대해봅니다. 이를 통해 청년들의 입장을 대변했으면 좋겠습니다. 더 나아가서 청소년, 여성, 장애인, 노인 등 정치적 약자로 분류되던 사회적 약자가 자기 목소리를 마음껏 내게 되기를 기대해봅니다.

민족 화해를
위한 노력

적군 묘지 앞에서

구상

오호, 여기 줄지어 누워 있는 넋들은
눈도 감지 못하였겠구나.

어제까지 너희의 목숨을 겨눠
방아쇠를 당기던 우리의 그 손으로
썩어 문들어진 살덩이와 뼈를 추려
그래도 양지바른 두메를 골라
고이 파묻어 떼마저 입혔거니,

죽음은 이렇듯 미움보다도, 사랑보다도
더 너그러운 것이로다.

이곳서 나와 너희의 넋들이
돌아가야 할 고향 땅은 삼십 리면
가로막히고, 무주공산無主空山의 적막만이

천만 근 나의 가슴을 억누르는데,

살아서는 너희가 나와
미움으로 맺혔건만,
이제는 오히려 너희의
풀지 못한 원한이
나의 바램 속에 깃들여 있도다.

손에 닿을 듯한 봄 하늘에
구름은 무심히도
북北으로 흘러가고,

어디서 울려오는 포성砲聲 몇 발,
나는 그만 이 은원恩怨의 무덤 앞에
목놓아 버린다.   － 시집 『초토의 시』(1956) 중에서 －

존재론적 시세계를 보여준 구상의 연작시 『초토의 시』15편 가운데 8번째 작품입니다. 불타서 없어진 자리라는 의미의 '초토焦土'는 한국전쟁의 민족적 비극의 현장을 의미합니다. 이 연작시들은 전쟁의 참상과 그에 대한 참회, 분단의 아픔과 통일에 대한 뼈저린 염원, 무엇보다도 서로 총구를 겨눴으되 결국은 당도해야 하는 형제애와 인류애를 담고 있습니다.

분단 70여년이 넘어서도 여전히 전쟁의 긴장 상황에 처해 있는 한반도의 현실, 화해를 염원하면서도 여태껏 화해와 평화를 고도의 군비경쟁에서 찾으려 하는 우리의 우매함에 대한 탄식이 아닐 수 없습니다. 최악의 비극인 동족상잔의 절박한 상황에서 내몰리듯 서로 총부리를 겨누고 싸웠지만, 이제는 잘린 허리로 그 넋조차 고향 땅으로 돌아가지 못하는 적군의 묘지 앞에서, 시인은 그들에게 저주와 증오보다는 동족으로서, 형제로서 연민의 정을 느껴 목을 놓아 버립니다. 그리고 남은 과제는 참된 화해와 평화를 통한 통일의 노력뿐임을 시인은 자신의 눈물로 당부하고 당부합니다.

오랜 세월 과연 우리가 어떻게 살아왔는지 깊이 성찰해봐야 합니다. 다양한 분석과 많은 토론이 필요하겠지만 대체로 지난 70여년을 반공이데올로기와 끝없는 군비 경쟁으로 민족화해와 상생을 이루지 못했습니다. 한국 전쟁 당시 우리 사회는 반공을 근간으로 하는 사회였습니다. 반공이데올로기는 1920년대로 거슬러 올라가지만 전쟁을 거치면서 명료해지고, 그것이 종교적 교리 수준으로 확고해졌습니다. 전쟁은 철저하게 반공주의의 시각에서 규정됐습니다. 우리는 전쟁으로 야기되는 민족적 고난과 고통에 대한 통찰을 하는데 실패했고, 평화를 위한 화해의 역할을 성찰하는데 실패했습니다. 우리는 과거에 대한 진지한 반성을 통해 평화에 대한 갈망을 더욱 다듬지 않는 한, 모든 형태의 전쟁을 불의한 것으로 단호하게 단죄할 자격이 없습니다.

다행히 최근에는 반공과 멸공 이데올로기에서 벗어나, 전쟁보다는 평화를 강조하는 방향으로 의식의 전환을 모색하는 목소리들이 많아졌습니다. 다양한 외교적 노력이나 구체적인 평화 정책을 개발하기보다는 무력 증강에 힘을 쏟는 이유는 힘이 있어야 나라를 지킬 수 있고 평화를 유지할 수 있다는 막연한 '국가안보'라는 신화적 이념 때문입니다. 많은 사람들은 무기의 비축을 가상의 적에게 전쟁을 단념하도록 하는 역설적 방법이라고 생각합니다. 그렇지만 군비경쟁은 평화를 보장하지 못하며 전쟁의 원인을 제거하기보다는 오히려 증대시킬 위험이 있습니다. 전쟁으로는 아무것도 해결할 수 없습니다. 전쟁은 언제 어디서나 연관된 모든 사람을 비인간화할 최악의 선택입니다. 전쟁은 한마디로 미친 짓입니다. 정당한 방어를 위한 전쟁은 가능하다고 주장하는 이들이 있지만 그렇지 않습니다. 정당한 전쟁은 없습니다.

무력 증강을 통한 전쟁 억제력을 주장하는 '국가안보'의 논리에 따라 강행된, 2015년 2월 완공된 강정 해군기지는 수많은 분쟁과 싸움을 야기했고, 기지가 완공된 지금도 갈등은 이어지고 있습니다. 우리는 국가인보를 위해서라면 국가가 어떤 희생을 요구해도 이렇다 할 문제 제기를 하지 않습니다. 우리나라 안보가 아니라 남의 나라 전쟁인 베트남에 우리 군대를 파견해도 반대의 목소리는 작았습니다.

우리가 민족 화해의 문제와 관련해서 성찰해야 할 것은 화해와 평화를 위한 노력입니다. 평화를 추구한다는 것은 화해와 연대의 문화를 증진시켜 불신과 증오의 장벽을 허물어 가는 끝없는 도전입니다. 평화란 상대방의 말을 참을성 있게 들어주는 대화를 통하여 이루어질 수 있다는 확고부동한 믿음에 바탕을 두고 있습니다.

구상 시인이 '적군 묘지' 앞에서 그리도 간절하게 염원했던 형제애와 통일의 염원은 한민족의 화해를 위하여 드린 기도와 같습니다. 우리는 참된 용서와 화해, 이를 위한 만남과 대화의 노력을 절실한 마음으로 진행 해나가야 합니다.

국민행복시대를
열어가려면

사람이 궁극적으로 추구하는 가치와 목표가 행복이라는 데 이의가 없을 것입니다. 사람들이 살아가는 방식은 다양하지만 누구나 행복을 추구한다는 점에서는 같습니다. 기업이나 사회단체, 국가도 그 구성원의 행복을 증진하는 데 기여할 때만이 존재 의미가 있습니다. 최근에는 여러 대학에서도 행복에 대한 강좌가 개설될 정도로 행복에 대한 관심이 많습니다. 누구나 추구하는 행복을 어떻게 하면 누리며 살 수 있을까요?

오늘 우리의 현실은 행복이란 말을 입에 올리기조차 민망할 정도로 행복과는 거리가 멀어 보입니다. 이른바 선진국의 자격요건으로 인식되는 경제협력개발기구OECD 국가 중 최고의 자살률, 최저의 출산율 등을 비롯해서 각종 국제기구의 통계 수치까지 들먹일 것도 없습니다. 최근 우리사회를 지칭하는 용어로 '헬조선지옥 같은 대한민국, '금수저·흙수저출생부터 차별과 서열이 분명하게 구분된 현실'란 말이 우리 현실을 단적으로 대변하고 있습니다. 이대로 가다간 우리 사회는 화합을 통한 성장 동력을 상실한 채, 머지않아 깊은 나락으로 빠져들지도 모를 일입니다.

늦었다고 생각할 때가 가장 빠른 때입니다. 더 이상 늦기 전에 이제 우리는 행복을 우리 사회의 핵심 가치로 상정하고, 모든 정책과 제도의 틀을 행복지수를 높이는 쪽으로 전면 재편해나가야 합니다. 국내총생산 GDP이 세계 몇 위이고, 경제성장률이 몇 퍼센트라는 식의 껍데기 수치에만 매달려서는 희망이 없습니다. 물질적 행복뿐만 아니라 심리적 안정감이나 국가적 자긍심, 사회적 연대 등 정신적 행복을 동시에 충족시킬 수 있는 사회를 만들이야 합니다. 그래아 건강한 사회에서 모두가 행복한 세상을 만들어 갈 수가 있습니다.

이를 위해 우리가 수행할 과제가 많지만 가장 시급한 일은 삶의 근간을 이루는 경제구조를 개편하는 일입니다. 그동안 우리 경제정책은 국민행복보다 경제성장 자체에 집중되어 왔습니다. 이 과정에서 대기업 편중이 강화되었고, 노사갈등이 심화되었고, 도시와 농촌의 격차가 극심해졌습니다. 이와 같은 양극화와 소득 불평등은 더욱 심화되었으며, 공정한 시장질서와 같은 경제정의는 실종된 지 오래입니다. 그저 돈을 버는 것 자체에 혈안이 되어 기업윤리나 상도덕과 같은 것들을 기대하기조차 어렵게 되었습니다. 오늘날 대기업은 동네 상권까지 침투해서 골목상권까지 집어삼키고 있습니다. 그로 인해 지역경제와 중소기업은 존립자체를 위협받고 있습니다. 또한 심심치 않게 정경유착政經癒着이 폭로되면서 정부기관을 믿지 못하는 지경에 이르렀습니다. 경제적으로 궁핍해진 대다수 국민이 생존의 벼랑 끝으로 내몰리고 있습니다. 경제성장이 국민행복을 보장하던 시대는 이제 끝난 것은 아닌가 싶습니다.

우리 경제는 이미 저성장 국면에 접어들었습니다. 앞으로 기껏해야 3% 안팎의 성장률에 머물 것입니다. 대기업 위주의 편중된 경제정책이나 경제부조리의 현실로는 그나마 3%의 성장률도 기대하기 어려울 것입니다. 더 늦기 전에 공정한 분배, 사회적 약자에 대한 복지 강화, 일자리 나누기 등을 통해 다수 국민의 경제 소득을 일정 정도 보장해주는 체제를 만들어야 합니다. 대다수 국민의 물질적 행복을 충족시킬 최소한의 기본 조건을 만들기 위해서는 그 길밖에 없습니다. 그래야만 국민화합으로 경제적 난국을 타개해나갈 성장 동력이 회복될 수 있습니다. 그러나 이것이 다는 아닙니다.

경제적 소득이 충족됐다고 반드시 행복한 것은 아닙니다. 사회적 관계 속에서 살아가는 사람은 가족, 이웃, 지역사회, 국가 등 자신을 둘러싸고 있는 공동체와 원만한 관계를 유지할 때 행복할 수 있습니다. 하지만 우리나라는 각개 전투로 치열하게 살아야만 하는 경쟁 사회입니다. 국가가 이를 조장해왔습니다. 그것도 교육이라는 도구를 활용해서 말입니다. 대표적인 경우가 바로 '과열 대학입시경쟁'입니다. 우리 사회는 경쟁이 가장 효율적이라는 과도한 시장경제 원리를 사회 전반에 적용함으로써 자기 이외의 상대방을 모두 경쟁상대로 인식하게 되었습니다. 오늘날 기업은 물론이고 국가기관과 초중고대학 교직원까지도 상·중·하의 편차를 두어 성과급을 차등지급하는 것이 당연하게 여겨지는 사회입니다. 동료를 경쟁자로 여겨야하는 사회, 그것이 강요되는 사회입니다. 그러니 동료가 잘되면 내가 손해를 보고, 내가 잘되려면 동료가 잘되지 않아야하는 사회입니다. 물질적으로 풍요로워도 이처럼 공동체 구성원들이 약육강식弱肉强食의 경쟁 관계에 있으면 개인의 삶은 불행해질 수밖에 없습니다.

다음으로 정치적 요인도 행복에 영향을 미칩니다. 몇몇 연구에 따르면, 행복은 민주정치체제에 의해서도 영향을 받는다고 합니다. 국가 간의 경제적·문화적 차이를 동일하다고 가정했을 때, 민주주의는 사람들의 행복을 결정짓는 주요 요인으로 작용합니다. 민주주의 전통이 강한 나라일수록 행복에 대한 민주주의의 영향력이 더욱 강하게 나타납니다. 정치제도가 얼마나 안정적으로 운용되고 있는지도 구성원들의 행복에 적잖은 영향을 미칩니다. 그러므로 국민이 주인으로 제대로 대접받는 민주주의를 발전시켜 나가도록 정치권의 각성과 성숙한 유권자의식이 요구됩니다.

행복에 대한 많은 연구 결과, 행복은 홀로 이뤄지지 않는다고 합니다. 불행한 이웃을 두고 행복하다면 그건 정상이 아닙니다. 더불어 함께 행복힐 때만이 사람은 진정한 행복을 느낄 수 있습니다. 너와 내가 우리가 되어 모두가 행복한 세상을 만들어가는 노력이 한데 어우러질 때만이, 국민행복시대는 꿈이 아니라 현실이 될 것입니다. 이를 위해 교육 현장이나 직장, 지역사회 등에서 상대방을 더불어 살아가야 할 존재로 인식하도록 공동체 연대의식을 강화하는 범사회적 노력이 중요할 것입니다.

모두가 만족하는
도시의 재탄생

미국연금협회는 2007년 은퇴자들이 주목할 만한 4개 도시 중의 하나로 벌링턴을 선정했습니다. 2010년 경제·금융 전문지 〈키플링어〉는 캐나다와의 접경지역에 위치한 미국 북부의 버몬트주 벌링턴을 워싱턴, 뉴욕과 함께 미국에서 가장 살기 좋은 10대 도시 중 하나로 꼽았습니다. 우리에게는 잘 알려지지 않은 벌링턴이 어떤 도시이기에 이런 결과가 나오는 것인지 살펴보면 우리에게도 시사점을 줄 것입니다.

벌링턴은 버몬트 주에선 가장 큰 도시지만 미국 전체적으로 보면 인구 4만 명이 조금 넘는 작은 도시일 뿐입니다. 그럼에도 벌링턴은 성공적인 '도시 개발 모델'로 미국 안에서 특별한 위치를 인정받고 있습니다. 그것은 여름엔 캠핑, 가을엔 단풍, 겨울엔 스키를 즐길 수 있는 천혜의 자연풍광 때문만은 아닙니다. 수 십 년 동안 중산층과 노동자 보호, 재생에너지 사용 등 지속가능한 경제를 도모하는 '포용적 성장'이 단단한 결과물로 쌓였기 때문입니다. 놀라운 사실은 가장 '미국적이지 않은' 모습이 미국인들로부터 호평을 받고 있는 셈입니다.

생활협동조합이 운영하는 벌링턴 번화가의 슈퍼마켓인 시티마켓은

'벌링턴 모델'의 상징과도 같은 곳입니다. 시티마켓은 어느 시간대나 손님들로 붐빕니다. 직원들의 표정이나 대화에서 유쾌함이 묻어납니다. 계산을 기다리는 손님들의 얼굴에도 짜증내는 기색이 없습니다. 시티마켓의 연매출은 4300만 달러약 503억 원로, 미국 내 3천개의 협동조합 중에서도 단일 매장 기준으로 가장 높습니다. 직원 수만 해도 230명에 이릅니다. 조합원은 1만 명에 이르고, 상품 공급자도 2/0곳에 날합니다. 외형상으로도 웬만한 대형 슈퍼마켓이 부럽지 않습니다.

시티마켓의 출발은 미미했습니다. 1970년대 초 생활운동의 하나로 진보적 인사들 몇 십 명이 벌링턴 교외에 사무실을 두고 유기농과 지역농산물을 집단 구매해 나눠 소비하는 형태였습니다. 2002년 시티마켓은 커다란 전환점을 맞습니다. 대형 슈퍼마켓 체인점인 쇼스Shaw's가 현재 시티마켓 자리에 입점하려고 하였습니다. 절체절명의 위기였습니다. 이때 시의회가 제동을 걸었습니다. 대형 슈퍼마켓 체인점이 들어서봤자, 이익의 상당 부분이 외부로 빠져나가 벌링턴 시의 경제에 별로 도움이 되지 않는다고 판단했기 때문이었습니다.

시의회는 시티마켓에 기회를 주기로 결정했습니다. 다만, 조건을 달았습니다. 비싼 유기농과 지역농산물만 팔지 말고, 저소득층을 위해 값싼 상품도 함께 팔라는 것이었습니다. 유기농이라는 조직 원칙과 '계급적 배려'라는 의회의 요구 사이에서 조합 내부에서 격렬한 '노선 투쟁'이 일었습니다. 하지만 시티마켓조합은 시의회의 결정에 감사하면서 이를 따르기로 하였습니다. 70%는 유기농·지역농산물을 팔고, 나머지 30%는 싼 농산물을 판매하기로 하였습니다. 높은 가격, 중간 가격, 낮은 가격 등을 적절히 배합해 균형을 맞추고 있습니다. 회원제를 유지하되, 일반인도 물건을 살 수 있게끔 문호를 개방하도록 했습니다.

시티마켓은 미국 안에서도 보기 드물게 직원들에게 높은 수준의 급여와 복지를 보장하고 있습니다. 법정 최저임금이 아니라 실질적 생활이 가능하도록 '생활임금제'를 채택하고 있고, 실적에 따라 보너스가 추가됩니다. 1년에 4주간의 유급 휴가가 주어집니다. 모든 직원에게 무료 버스 이용권을 주고, 근무 중 커피와 차는 무제한 거저 제공되며, 할인가로 물건을 살 수 있게 했습니다. 생산자들한테는 이자를 받지 않고, 자금을 빌려주는 '제로 퍼센트론' 정책을 펴고 있습니다. 이렇게 하는 이유는 생산자들이 성장해야 시티마켓도 성장할 수 있다고 믿기 때문입니다.

대형 슈퍼마켓을 거부한 벌링턴의 자부심은 시내 가장 번화가인 처치 스트리트에서도 확인할 수 있습니다. 메이시스 백화점을 제외하고는 작지만 특색 있는 음식점들, 보석 수공예점, 옷가게 등이 들어서 있습니다. 월마트, 타깃 등 미국 어디에서나 볼 수 있는 대형할인점은 없습니다. 이를 가능하게 한 것은 소규모 개인 사업자들에게 시 정부 자금을 대주며 육성한 결과이기도 합니다.

벌링턴 모델의 또 다른 축은 '혼합형 용도지역제inclusionary zoning'로 불리는 일종의 임대주택 정책을 꼽을 수 있습니다. 일반 사업자가 주택개발을 할 경우에 10~25% 정도의 비율을 의무적으로 저소득층한테 임대하도록 한 것입니다. 임대료는 세입자의 소득 수준에 따라 사실상 시 정부에서 결정합니다.

임대주택의 뿌리는 '노스게이트 아파트 투쟁'으로 불리던 1980년대로 거슬러 올라갑니다. 샘플레인 호수 근처의 노른자 지역에 위치한 아파트 부지 소유자들이 기존 세입자들을 내쫓고 재개발을 하려 하자, 세입자들이 뭉쳐서 맞서 싸웠습니다. 시 당국은 땅 주인들은 기존 임대아파트를 밀어내고 큰 빌딩과 호화 콘도를 짓고 싶어 했지만 노동자들이 경치가 좋은 곳에 살아야 한다고 결론지었습니다. 이에 따라 시 당국은 단호한 입장으로 주정부와 연방정부, 은행 등으로부터 기금을 지원받아 공공

영구임대주택으로 바꿔나갔습니다. 벌링턴 시민들은 저녁마다 샘플레인 호숫가의 '워터프런트 파크'를 산책합니다. 이 부지를 소유하고 있던 한 벌링턴 갑부가 1980년대 초호화 호텔 등을 지으려 했으나 시 정부는 이를 무산시키고 시민들의 공원으로 탈바꿈시켰습니다.

지속가능한 '친환경'은 벌링턴의 또 다른 얼굴입니다. 벌링턴 전력회사는 나무칩·풍력·수력·태양열 등의 재생에너지로만 100% 전기를 생산하고 있습니다. 2009년부터 전기료를 한 번도 올리지 않아 가계 부담도 줄여주고 있습니다. 재생에너지를 사용하면 평균적으로 좀 더 저렴하고 안정적인 가격으로 전기를 공급할 수 있습니다.

벌링턴이 어떻게 미국 내에서 가장 진보적인 발전 모델을 꾸려올 수 있었는지는 분명하지 않습니다. 자유분방한 프랑스 문화의 영향을 받았다는 설부터, 1960년대 뉴욕 등에서 인권운동을 하던 사람들이 벌링턴으로 이주해 지역운동을 한 덕분이라는 분석까지 다양합니다. 그러나 분명한 것은 1981년 시장으로 당선된 샌더스와 샌더스 후계자들이 계승 발전시킨 정책적 성과들을 유권자들이 인정해줬다는 것입니다. 평등의 문제는 경제뿐 아니라 정치의 영역임을 단적으로 보여주는 대목입니다. 오늘 우리나라에서도 이런 도시가 생겼으면 좋겠다는 바람을 가져봅니다. 오늘 우리는 지방자치단체장은 국가가 지명하고 파송하는 것이 아니라 지방에서 단체장을 선출하는 지방자치제 사회입니다. 샌더스와 같은 시장이 우리 지역애서도 있었으면 좋겠습니다. 가진 자, 힘센 소수가 아니라 약한 자, 힘없는 다수를 펀드는 지방정부의 힘을 우리나라에서도 볼 수 있었으면 좋겠습니다. 그러려면 저와 같은 유권자가 보다 책임감 있게 투표에 임하고 진지하게 시민의식을 갖고 살아가야할 것입니다. 왜냐하면 대한민국의 모든 주권은 국민에게서 나오고, 우리 지역의 권력은 시민으로부터 나오기 때문입니다.

오늘날 우리가
회복해야할 것은
무엇일까요?

지난 2010년 우리를 깜짝 놀라게 한 기사가 보도된 적이 있었다. 우리나라의 초·중·고교생의 24%가 학교생활에 적응하지 못해 교육목표를 달성하기 어려운 '위기 상태'라는 기사였습니다. 차명호 평택대 교육대학원장 연구팀이 교육부의 지원을 받아 2009년 10~11월 전국 81개 초·중·고교 학생 7,262명을 설문조사해 작성한 보고서에 따르면, 전국의 '위기학생'은 177만 9871명으로 전체 학생의 23.9%에 이르는 것으로 추정됩니다. 보고서에서는 위기 학생의 비율은 전문계고가 42.1%로 가장 높고, 인문계고 31.5%, 중학교 28.5%, 초등학교는 14.3%로 상위 학교로 갈수록 비율이 높아지고 있습니다. 이 연구팀은 연구 결과를 통해 우리나라의 교육이 겉과 달리 속으로는 매우 황폐화하고 있다고 결론지었습니다.

그로부터 4년이 흐른 후, 우리나라에서는 상상도 할 수 없는 끔찍한 일이 일어나 온 나라를 발칵 뒤집어 놓았습니다. 2014년 6월 21일 강원도 동부전선 육군 22사단 최전선 경계부대 GOP에서 총기를 난사해 12명의 사상자를 내고 무장 탈영했던 임모 병장이 자해自害를 시도하다가 생포된 사건입니다. 이 때 김민석 국방부 대변인은 "22사단에는 관심병사가 1800명 정도 되며, 전체 병사의 20%에 해당한다"고 말했습니다. 그러면서 "이 수치는 22사단에 특별히 집중된 건 아니고, 일반적으로 이 정도 수준이다"라고 덧붙였습니다.

언뜻 보면 위의 두 가지 일이 아무런 관련이 없는 것 같지만 자세히 보면 긴밀한 관계가 있습니다. 24%의 위기 상태 학생들이 그대로 자라나서 군에 입대하여 20%의 관심병사가 된 것입니다. 물론 이를 성확한 과학적 자료로 입증할 수는 없지만 제가 보기엔 그렇습니다. 그 무엇보다 중요한 국토방위를 책임질 군인으로 국민의 안전을 보호할 군인이 오히려 국가의 보호를 받아야 하고 국민이 도와야하는 어처구니없는 일로 이어진 것입니다. 우리나라 군인의 20%가 관심 병사로 그에 따른 전투력손실과 이들에 대한 대처를 위한 행정과 재정적 비용 또한 고스란히 국민의 몫이 되고 말 것입니다. 또한 관심병사 이들이 제대 후 사회생활을 하고 가정을 꾸리게 되면 우리 사회와 가정도 큰 문제로 이어질 수 있는 현실입니다.

교육이 사회와 가정의 문제를 책임질 수 없고, 그럴 수도 없지만 적어도 교육이 지닌 중요성과 영향력을 감안할 때 오늘 우리의 교육 현실은 분명 되짚어볼 일입니다. 더 늦기 전에 말입니다. 우리나라 교육을 생각할 때, 안타까운 일은 많은 아이들이 학교를 떠나가고 있다는 사실입니다. 최근 해마다 우리나라 중고등학교에서 6~7만 명의 학생들이 학교를 떠나고 있습니다.

도대체 왜, 학생들의 학업 중단이 일어나는 것일까요? 왜 우리나라에는 위기 학생들이 급증하며, 많은 학생들이 학교에서 즐겁고 행복하게 생활하지 못하고 불행하게 지내거나 아예 학교를 등지고 떠나는 것일까요? 앞서 위기 학생에 대한 연구를 맡았던 연구팀은 위기학생의 문제가 발생하는 근본 원인이 가정과 학교, 사회의 병리 요인이 복잡하게 얽혀

학생들을 불안한 심리상태로 몰아가고 이로부터 받는 스트레스가 학생들의 자기 확립, 자아 존중에 커다란 지장을 초래하는데 있다고 밝히기도 했었습니다.

위기 학생이 증가하고 있는 원인은 여러 가지가 있습니다만 그 근본 원인 중 하나로 '위기 가정의 증가'라는 측면에서 생각해보고 그 해결점을 모색해보는 것도 필요할 듯합니다. 현재 우리나라의 이혼율이 OECD 국가 중의 최고라는 것은 공공연한 사실입니다. 또한 맞벌이가정이 증가하고, 지나친 입시위주교육에 따른 자녀들의 사교육으로 부모나 자녀들 모두 바빠지게 되어 가족관의 유대 관계가 점점 약화되었습니다. 맞벌이 현실과 자녀들의 바쁜 삶으로 인해, 1주일 동안 가족들이 만나 저녁식사 한 끼도 같이 하기가 어렵습니다. 가족들 간의 유대 관계가 약화되어도 어른들은 일에 전념하느라 그래도 견뎌낼 수 있는 힘이 있을지 모릅니다. 그러나 자녀들은 매일 꼬박꼬박 부모로부터 관심과 사랑, 칭찬을 받아야 몸과 마음이 건강한 아이로 자라날 수 있는 데 현실은 그렇지 못합니다. 그저 삼시 세 끼 해결할 수 있음이 다가 아닙니다. 자녀들은 부모의 따뜻한 관심과 격려와 위로에 목말라 하는 데 이것이 채워지지 못하는 현실입니다. 사람의 몸이 적절한 영양을 섭취하지 않으면 영양실조에 걸리듯, 사람의 정신은 적절한 관계의 호응이 이뤄져야하는데 그렇지 않으면 정신적인 문제가 생깁니다. 이것이 우울증, 불안장애, 일탈, 과잉행동장애 등입니다.

엎친 데 덮친 격으로 자녀들은 가정에서 관계적 호응과 정신적인 지지가 이뤄지지 않는 것도 힘든데 오랜 시간을 보내는 학교현실도 가정 못지않게 자녀들은 힘들게 하고 있습니다. 학교는 학생들에게 삶의 목표, 가치관, 비전을 가르쳐서 학생들의 가슴이 뜨거워지게 해야 하는데, 오늘날의 학교들은 그렇게 하기는커녕 오히려 입시 위주의 '줄 세우기

교육'을 실시하고 있습니다. 공부 열심히 해서 좋은 대학에 가면 인생이 행복해 지는 것처럼 학생들에게 가르치고 있습니다. 신선하고 창의적인 지적호기심을 촉진하지 않는 지루하고 재미없는 수업이 전개되고 있습니다. 학교에서 선생님과 친구들, 선·후배들을 인격적으로 만나는 즐거움을 맛보기가 어렵습니다. 학교에서 재미와 의미와 흥미를 잃어버린 학생들은 더 자극적이고 더 감각적인 것을 쫓아가게 되었습니다. 이런 학교환경이다 보니 학교에서 위기학생들이 길러지는 것만 같습니다.

학교는 지금 잠자는 아이들과 전쟁 중이라는 말이 교사들 사이에 유행어처럼 번지고 있습니다. 학생들이 학교에서 잠을 자는 이유는 배우는 내용이 재미가 없거나 수면이 부족해서입니다. 학교에서 배우는 수업내용이 재미·의미·흥미가 있다면 학생들이 잠을 잘까요? 수업시간에 호기심이 충족되는 배움이 이루어진다면 오던 잠도 달아나지 않을까요? 오늘날 학교에서 수많은 학생들이 수업에 참여하지 않고 잠을 자는 것은 배움에 의미가 없다고 여기기 때문입니다. 재미가 없고 호기심이 생기지 않는 배움이 이루어지고 있기 때문입니다.

학생들이 학교에 올 때 선생님과 친구, 선·후배 사이에 깊은 인격적인 만남이 이루어져야 하는데 사귐의 즐거움을 전혀 느낄 수 없는 구조로 교육이 이루어지고 있습니다. 우리나라 중고등학교는 '줄 세우기식' 상대평가로 내신을 적용하고 있습니다. 이런 상대평가가 이제는 대학에까지 적용되는 현실뿐만 아니라 교직원의 성과급 평가에서도 적용되는 현실입니다. 이는 친구와 동료를 상생相生이 아니라 경쟁의 대상으로 여기고, 서로 도움을 주고받는 상부상조의 대상이 아니라 발로 밟고 일어서야 할 약육강식弱肉强食의 대상으로 여기게 만듭니다. 이 문제야말로 가장 시급하게 개선해야할 과제입니다.

다행히 초등학교 교육은 그래도 상대평가나 산출적인 점수로 성적표를 작성하지 않고 어린이의 학업수행의 동기와 과정을 주의 깊게 바라보고 작성합니다. 그러다보니 초등학교 교사들의 일거리라 많아졌고 성적표도 지면이 복잡해지고 두꺼워졌습니다. 이런 교육이 중고등학교와 대학으로도 이어졌으면 합니다.

분명 경쟁은 불가피하고 오늘 우리 사회에서 맞벌이는 선택이 아니라 필수가 된 지 오래입니다. 무조건 경쟁을 거부하고, 맞벌이를 거부할 수는 없습니다. 그러나 사람은 그 어떤 조직이나 제도나 상황에서도 사람향기 가득한 공동체의식을 잊어서는 안 됩니다. 아무리 힘들고 복잡하고 번거롭고 지체된다고 해도 결코 양보할 수 없는 것이 사람다움입니다. 사람은 혼자가 아닌 더불어 함께할 때 사람답습니다. 사람 인人이라는 한자는 사람이 서로 잇대어 서 있는 모양을 형상화한 것입니다. 개별 주체로서 사람의 개성은 존중되어야합니다. 이것은 당연한 사람의 권리人權입니다. 그러나 사람은 공동체 속에서 사랑스러워지는 존재입니다. 사람 사이에서 인정받고 존중받고 칭찬받고 사랑받으면서 힘을 얻습니다. 그리고 다른 사람을 돕고 위로하고 격려하면서 뿌듯함을 느끼는 '보람을 갈망하는 게 사람'입니다. 그러니 사람은 따로도 좋고 같이도 좋습니다. 그런데 오늘날 가정과 학교와 사회가 '따로'는 많은데, '같이'가 적은 것 같습니다.

우리가 사는 이 시대는 인간관계를 얼마나 잘 유지하고 운영하는지가 성공과 실패를 결정짓는 중요한 시대입니다. 이를 잘 드러내는 지수로 공존지수NQ가 있습니다. 이는 현대사회가 수평적 관계를 맺는 '네트워크'사회로 발전하면서 다른 사람과의 소통 및 관계가 점점 중요해지고 있음을 보여줍니다. 지금의 시대는 혼자서 모든 일을 감당할 수 없습니다. 그런데 많은 사람들이 관계가 깨어져서 고통스러워하고 있습니다.

함께하는 즐거움, 여럿이 함께 어우러지는 흥겨운 삶을 우리 모두가 함께했으면 좋겠습니다. 우리는 개인주의가 강하고 경쟁 일변도의 나라로 미국을 손꼽습니다. 실제로 그런 측면이 있습니다. 그러나 최근 미국은 이게 아니라는 각성覺醒을 하고 있습니다. 오늘날 명연설가로 알려진 최초의 미국 흑인 대통령 버락 오바마는 당선 수락 연설에서 우리we라는 단어를 43번이나 사용했습니다. 오바마 선거 캠프의 구호는 '예스 위 캔Yes we can'이었습니다. 오바마의 낙선이 확정됐을 때 그를 지지한 사람들은 '예스 위 캔'을 외치며 미국 사회의 변화를 이끌어가는 데 있어 자신들도 한 몫을 했다는 것에 대해 감격하며 기뻐했습니다. 그는 이렇게 '우리'라는 말을 통해 '공감의 리더십'이라는 말을 이끌어 냈습니다. 문득 오늘 우리 가정과 학교와 사회에서도 '우리'를 외치는 공감共感과 동감同感과 통감通感이 활성화되었으면 좋겠습니다.

자이가르니크 효과는
아시는지요?

야근을 마치고 귀가 중인 직장인들이 많습니다. 매일같이 열심히 일하는데도 늘 퇴근길엔 마음 한 구석이 찜찜합니다. 결국 퇴근을 해서도 끝내지 못한 일이 생각나 이리 뒤척, 저리 뒤척이다가 밤잠을 못 이루곤 합니다. 이렇게 머릿속을 가득 채운 일 생각에 점점 지쳐 갑니다.

심리학자 블루마 자이가르니크는 1927년 한 카페에서 동료들과 함께 식사를 하고 있었습니다. 그때 손님 주문을 종이에 적지 않고도 완벽하게 서빙을 해내는 웨이터를 발견했습니다. 그의 기억력을 신기하게 여긴 자이가르니크는 계산을 마친 뒤 자기 일행이 어떤 음식을 주문했는지 다시 물었습니다. 그러자 웨이터는 "계산이 끝났는데 그걸 왜 기억하느냐."고 되물었습니다. 이 웨이터는 손님이 계산할 때까지만 주문을 기억하고 자신의 일이 끝나자 머릿속도 함께 비운 것입니다.

자이가르니크는 이 재미있는 경험을 바탕으로 한 가지 시험을 했습니다. 우선 시험 참가자들을 A와 B 두 그룹으로 나누고 그들에게 간단한 과제를 주었습니다. 이때 A그룹은 과제를 하는데 아무런 방해를 받지 않았고, B그룹은 과제 중간에 멈추고 다른 과제로 넘어가도록 했습니다.

모든 과제를 마친 후에 두 그룹에 자신이 어떤 과제를 했는지 기억해 보도록 했습니다. 그러자 B그룹의 시험 참가자들이 A그룹보다 무려 두 배 정도 더 많은 과제를 기억해냈습니다. 끝내지 못한 일이 이들의 심리를 긴장하게 하고, 그 일에 미련을 갖게 해서 더 오래 기억하도록 한 것입니다. 이걸 '자이가르니크 효과'라고 합니다.

이렇게 마무리하지 못한 일이 머리에 쌓이게 되면 그 일이 계속 떠오르면서 긴장감과 압박감을 느끼게 합니다. 그러면 창의성 발상을 해내거나 새로운 일에 몰입하기 어렵습니다. 우리 머릿속을 복잡하게 만드는 자이가르니크 효과에서 벗어나려면 어떻게 해야 할까요?

첫째, 남은 일에 대해 계획을 구체화해서 기록해야 합니다. 미국 플로리다주립대 로이 바우마이스터 연구팀은 시험을 통해 계획을 구체화하는 것만으로도 남아 있는 일이 주는 스트레스에서 벗어날 수 있다는 사실을 발견했습니다. 이때 해결해야 할 일을 글로 기록하되 당장할 수 있는 과제로 구체화해서 나눠 정리하면 더 큰 효과를 볼 수 있습니다.

둘째, 스스로에게 하루 마감을 알리는 것이 필요합니다. 회사에서 주어지는 업무의 최종 마감일은 몇 주에서 길게는 몇 달 뒤인 때가 많습니다. 그러다 보니 퇴근길에도 업무가 끝났다는 느낌을 받기 어렵습니다. 임상 심리학자 앨버트 번스타인은 미리 계획해 둔 오늘 업무를 끝내면 스스로 "오늘 할 일을 다 했다."고 말하고 머릿속의 공책을 덮는 습관을 들이라고 조언합니다. 이렇게 해서 뇌가 일을 마쳤다고 인식하게 하는 것만으로도 자이가르니크 효과는 감소하게 됩니다.

마지막으로 머릿속의 정보를 다른 장치로 옮기는 것입니다. 자잘한 일까지 모두 기억하려고 하기보다 아웃룩 일정관리 프로그램이나 달력 등에 기록해 두는 것이 좋습니다. 그럼 계속 기억하고 있어야 한다는 긴장감에서 조금은 벗어날 수 있습니다. 이렇게 뇌 공간을 비우면 창의성 아이디어를 내거나 새로운 업무에 더욱 몰입할 수 있게 될 것입니다.

혹시 끝내지 못한 일이 계속 머릿속에 떠올라 고민인가요? 그렇다면 해야 할 일들을 구체화해서 계획하고 기록해보십시오. 또 매일 스스로에게 하루 업무를 마감했음을 알리고, 중요하지 않은 내용은 기억하지 말고 다른 장치에 기록해보십시오. 그러면 머릿속을 복잡하게 만드는 자이가르니크 효과에서 벗어날 수 있을 것입니다.

경제,
그 참다운 의미는
무엇일까요

오늘날 우리 사회에서 가장 큰 힘은 경제가 아닌가 싶습니다. 윤리적인 가치, 생명의 가치, 인간 삶의 가치 등 그 어떤 가치들도 경제적 가치 앞에선 힘을 잃어버리고 맙니다. 그 어떤 법칙과 논리도 경제 논리에 압도당하고 마는 게 오늘 우리의 현실입니다. 생명과 생태에 대한 가치는 가장 편리하고도 윤택한 삶을 선전하는 핵발전소 앞에서는 걸음을 멈추고, 공동체의 연대는 효율성 앞에서, 가난한 이웃에 대한 연민憐憫은 현실의 경쟁 앞에서 사라져 버리고 맙니다. 경제적 가치가 가장 큰 가치이고, 경제 논리가 최고의 논리가 되어버린 지 오래입니다. 대다수의 사람들에게 먹고 사는 문제가 가장 크고도 힘든 것이니 한편으로는 이해가 되지만, 다른 한편으로는 우리사회가 현실이긴 하지만 지나치게 물질만능사회가 된 것은 아닌가 싶은 생각도 듭니다. 또한 이것이 현실적이고 합리적이라는 이유로 당연시 되는 것에 씁쓸하기도 합니다.

오늘 우리 사회의 가치관의 뒤바뀜이랄까 변질이랄까, 가치의 무질서는 사람과 경제에 대한 편협한 이해에서 비롯된 것입니다. 우리 사회는 언제나 자기 이익을 추구하고, 경쟁을 통해서 더 많은 성과를 낼 수 있으며, 그러기에 경쟁과 자기 이익을 부추길 때 더 많은 경제적 성장이 이루어진다는 생각이 당연시되고 있습니다. 이런 이해가 틀린 것은 아니지만, 사람에 대해 편협하게 이해하고, 경제에 대해서도 너무 피상적인 이해는 아닌가 생각해봅니다. 사람은 상대방을 배려하고 양보하고 협동하고 때로는 자신이 좀 손해를 보더라도 이웃과 공동체를 위해 희생하기도 합니다. 이것이 사람입니다. 그래서 사람은 꽃보다도 아름답고, 천사 같기도 합니다. 경제도 치열한 경쟁과 이윤추구로 치닫는 것 같지만 협력과 조화로 상생을 추구하면서 동반성장과 창조경제로 장기적인 안목에서 더 많은 가치를 만들어내기도 합니다.

경제經濟란 무엇일까요? 경제는 '경세제민經世濟民'의 준말이고 'Economy'의 변역 용어입니다. 서양문물에 대한 용어는 먼저 받아드린 일본에서 변역한 용어가 대부분입니다. 영어의 이코노미economy는 그리스말로 집을 나타내는 '오이코스oikos'와 관리를 뜻하는 '노미아nomia'를 합친 '오이코노미아oikonomia'에서 나왔습니다. 따라서 이코노미란 '집안 살림을 관리한다'는 말입니다. 집안을 돌보는 살림살이에서 나온 말입니다. 그러므로 경제economia는 어머니가 집안을 돌보듯 집안의 모든 사람들을 돌보는 것을 말합니다. 우리말에서도 집안을 돌보는 것을 '살림'이라고 했습니다. 모두를 먹이고 살리는 것이 바로 경제의 본질입니다. 이 세계가 바로 우리 공동의 집입니다. 그러기에 경제는 세계 전체를 잘 관리하는 공동체의식과 책임을 염두에 두어야하는 개념입니다.

동양에서 말하는 경제는 '경세제민'의 준말로 '나라를 다스리고 백성을 구제한다.'는 뜻을 갖고 있습니다. 이코노미는 집이란 작은 단위에서 유래된 반면 경제는 국가라는 큰 단위에서 출발하고 있습니다. 이는 경제 행위의 구심점을 개인으로 보느냐, 정부로 보느냐의 시각차를 반영한 것이기도 합니다. 서양에서는 개인의 이익을 증진시키기 위한 합리적인 경제행위가 곧 국익 개선에 기여한다는 입장인데 반해 동양에서는 나라를 잘 다스려야 도탄에 빠진 백성을 구제할 수 있다고 본 것입니다. 이와 같은 접근방법의 차이는 실제 경제운영 방향을 결정하는데도 반영됩니다. 경제학의 시조始祖인 영국의 애덤 스미스가 지은 『국부론』에는 말하는 경제관은 개개인이 스스로의 이익 극대화를 위해 노력하다 보면 그것이 국가의 이익 극대화를 가져 오는 것입니다. 반면 동양에서는 농사가 잘되어 풍년이 들면 임금이 나라를 잘 다스린 결과라고 여겼습니다. 이런 점에서 동양은 개별 주체의 개인이나 개별 가족 공동체로 보기보다는 마을이나 국가의 공동체로 보는 시각이 강합니다.

서양이나 동양이나 경제를 어떻게 보고, 어디에 중점을 두느냐의 차이점은 있으나 두 경우 모두 경제를 사회공동선의 이익을 전제하고 중요하게 여겼습니다. 이것이 참다운 의미의 경제입니다. 오늘날 이른바 신자유주의나 재벌중심경제론이 말하는 시장 안에서 자기 이익을 극대화하고 경쟁을 추구함으로써 성장이 이루어진다는 주장은 경제의 바른 이해가 아닙니다. 그러니 더 나은 소득 분배, 일자리 창출, 국가경제성장을 위해 가난한 이들의 복지를 일정기간 유보해야한다거나 국가경제를 위한 기업의 생존과 성장을 위해 개인의 희생이 불가피하다는 논리는 신뢰할 수가 없습니다. 경제 성장은 시장 논리에 따라 이루어지는 것이 아니라, 사람의 존엄성과 공동선이 반영될 때 가능합니다.

뿐만 아니라 경제가 우리 공동의 집인 지구 전체를 돌보는 것이라면, 이는 필연적으로 고통으로 울부짖는 생태계를 외면할 수 없습니다. 집안살림oikos은 세상 모든 이를 돌보는 경제economia로 넓혀질 수밖에 없으며, 참다운 경제는 울부짖는 생태계를 돌보는 생태론ecologia으로 확대될 수밖에 없다. 참다운 경제는 어머니다운 마음으로 사람을 돌보는 것이고, 아버지다운 마음으로 우주 만물을 보호하는 것이다. 이것이 국가가 당연히 해야 할 일이고, 우리 사회의 종교와 시민사회단체가 수행할 사명입니다.

오늘 우리 사회는 경쟁과 이윤, 효율의 가치가 우리 현실을 압도하는 것처럼 보입니다. 그리고 그런 가치로 이루어진 생산력이 우리에게 풍요로움을 가져다주는 것처럼 보입니다. 그러나 그 풍요는 일부의 사람들에게만 주어지고 대다수의 사람들은 내일을 걱정하며 살아야 한다면, 그것이 참다운 풍요가 아닙니다. 시간이 더 걸리고 어렵고 힘들고 번거롭더라도 협력과 공동체, 연대와 연민 그리고 생명과 생태의 가치기 가져다주는 풍요를 만들어 가야합니다. 이것은 이웃과 화해하고, 우주 만물과 평화롭게 더불어 살아가는 길입니다.

소수의 엘리트가 주도하는 조직이 아니라 협력과 조화가 성공을 거두고, 공동소유와 공동책임을 실천하는 조직과 공동체가 더 많은 성과를 내는 시대입니다. 눈에 잘 띄지는 않지만 함께하는 기쁨과 공동선을 이루는 가치는 우리 삶의 근간을 이루어 갈 것입니다. 나비효과butterfly effect라는 말이 있습니다. 이 말은 미국의 기상학자 에드워드 노턴 로렌즈가 1972년에 미국 과학부흥협회에서 실시한 강연의 제목인 '예측가능성-브라질에서의 한 나비의 날갯짓이 텍사스에 돌풍을 일으킬 수도 있는가Does the Flap of a Butterfly's Wings in Brazil Set Off a Tornado in Texas?'에서 유래한 것으로 사소한 사건 하나가 나중에 커다란 효과를 가져 올 수 있다는 것입니다. 우리 자신이 아무것도 아닌 것 같지만 우리 한 사람의 바른 생각과 입장으로 작은 것부터 실천한다면 우리가 사는 세상은 어제보다는 오늘이, 오늘보다는 내일이 기대되고 아름다워질 것입니다. 이런 살림의 경제, 사람향기 가득한 경제에 우리가 작은 불꽃이 되어 함께하면 어떨까요.

차별개선은
시급한 시대정신이랍니다

미국 멤피스에서 마틴 루터 킹 목사 암살 사건1968년이 벌어진 뒤, 극단의 폭력을 낳은 인종차별에 수치심과 분노를 느낀 초등학교 교사인 제인 엘리엇Jane Elliott은 3학년 학생들과 독특한 실험을 진행하기로 하였습니다. 실험은 아주 간단했습니다.

그녀는 학생들의 눈동자 색깔이 푸른색과 갈색이 많다는 사실을 착안해서, 눈 색깔에 따라 하루씩 차별을 경험하게 하는 것이었습니다. 먼저 아이들을 구분하기 위해 목에 깃을 두르게 하고, 깃을 두른 아이들은 열등한 존재이니 차별적인 대우를 받아야 한다는 원칙을 정했습니다. 제인은 깃을 두른 아이들이 드러내는 모든 행동에 대해 열등함의 증거라고 지적하고, 깃을 두르지 않은 아이들에게는 우월한 존재로 대우해 주었습니다.

학급 친구들 사이의 갈색 눈, 푸른 눈의 구분과 차별 원칙은 단 이틀 동안만 적용되는 것이었습니다. 하지만 아이들은 별 근거도 없이 우월한, 열등한 존재로 지내는 이틀간의 인위적인 상황을 매우 빨리 그리고 내면 깊이 받아들여, 상대 친구를 차별하는 일을 즐기고 반대로 차별당하는 일에 고통스러워하였습니다.

윌리엄 피터스, 『푸른 눈 갈색 눈-세상을 놀라게 한 차별 수업 이야기』, 김희경 옮김(한겨레출판, 2012)이라는 책으로 출간되었고, EBS TV〈지식채널〉에서도 '푸른 눈 갈색 눈'이라는 제목으로 만들어졌을 정도로 이 '차별' 실험 내용은 차별의 결과가 어떻게 편견을 만들어내고 편견을 확정짓는 경향을 갖게 되는지를 충격적이었습니다. 차별 실험에 참여한 아이들은 고등학교를 졸업하고 14년 만에 다시 모인 동창회 자리에서도 그 날의 기억을 생생하게 간직하고 있었습니다. 학생들은 실험을 통해 열등한 처지에 놓인다는 게 어떤 기분인지 알게 되었고, 우리 모두는 다른 사람과 관련이 있고 모든 사람과 우호적으로 지내는 일이 중요하다는 점을 배웠다고 회고하였습니다.

'차별' 실험은 단 이틀 동안 진행되었지만 매우 위험한 방법이었습니다. 단 하루라는 짧은 시간 동안 열등한 존재로 취급당하는 일조차 아이들에게 심각한 상처를 줄 수 있기 때문이었습니다. 실험을 진행한 제인은 차별을 배울 수 있는 덜 고통스러운 방법이 있다면 그것을 적용하고 싶다고 말하였습니다. 그녀의 이 실험은 차별에 대해 말로 가르치기보다 몸으로 경험하게 함으로써, 의식적이든 무의식적이든 차별적인 행동을 하게 될지도 모르는 상황에서 다른 사람이 어떻게 느낄지 알아차리게 했다는 점에서 참여자나 관찰자 모두에게 깊은 인상을 주었습니다.

성인을 대상으로 한 '차별' 실험의 내용은 사뭇 달랐습니다. 성인들은 인위적인 차별 환경과 그것을 강요하는 교사의 권위에 곧바로 반발해서, 시간도 1~2 시간 정도로 줄이고 입장도 바꿔 보지 않은 채 끝내야 했습니다.

성인 실험을 통해 차별에 맞서 일부 사람들이 싸울 때 다른 사람들은 뒷전에 물러나 있다가 승산이 있어 보이면 그제야 그의 편을 들고, 질 것처럼 보이면 차별 당하는 상태로 그대로 주저앉고 만다는 점이 드러났습니다. 일단 차별을 하기로 작정한 쪽과 겨루는 일은 '이길 수 없는 싸움'이 되고 만다며 체념해 버리는 것이었습니다. "세상 일이 다 그런 거 아니냐"고 말하는 것으로 볼 때, 차별당하는 상황에서 성인들은 아동들에 비해 스스로를 훨씬 부정적으로 인식하고 마는 것을 알 수 있었습니다.

그녀는 "편견은 차별의 원인이라기보다 결과인 경우가 많다."면서, 편견은 사람들에게 삶에 대한 시야를 좁히고 세계를 축소시키는 역할을 하는데 그치는 반면, 차별은 다른 사람들의 삶을 불구로 만들어 버리기 때문에 더 해롭다고 말하였습니다.

차별은 둘 이상의 대상에 특정 기준에 따라 우월을 따져 구별하는 행위를 말합니다. 종교·장애·나이·신분·학력·성별·성적 취향·인종·생김새·국적·나이·출신·사상 등의 이유로 특정한 사람을 우대하거나 배제 또는 불리하게 대우하거나, 정치적·사회적·경제적으로 평등권을 침해하는 행위입니다. 미국에서는 1960년대에 공민권 운동이 활발하게 일기 전까지 흑인에 대한 법적인 차별이 있었고, 남아프리카공화국에도 인종차별이 정책으로서 실행되었습니다. 사회적 차별은 1948년의 세계인권선언이나 국제인권규약, 여성차별철폐조약 등으로 사라지게 되었지만 여전히 각종 차별은 다양한 사회에 남아 있으며 많은 문제를 야기하고 있습니다.

『푸른 눈 갈색 눈』이라는 책을 읽으며, 우리나라의 현재 상황에 견주어 보면 어떨까요? 오늘 우리 사회는 빈부격차, 사회적 지위, 종교, 정치적 견해, 성적, 외모 등 수를 헤아리기 힘든 차이에 근거한 차별과 편견에 시달리던 사람들이 목숨마저 내던지는 사태가 벌어지곤 합니다.

어떤 임의적인 차이에 근거한 차별이란 터무니없으며 비합리적인 경우가 대부분입니다. 인종이나 피부색, 종교의 차이에 근거한 차별은 말할 것도 없고, 자신의 생각과 입장이 조금이라도 다르다 싶으면 곧바로 편을 가르고 차별하는 행위입니다. 우리가 차별의 문제를 의식적으로 인지하지 않으면 외부로부터 말도 안 되는 편견을 강요받을 수 있습니다.

학생들이 배우는 교과서에 인종 차별이나 성역할에 대한 고정관념을 심어주는 내용이 상당수 포함되어 있습니다. 교육의 기본이 되는 교과서에는 다양하고 열린 시각이 들어가야 하는데 현실은 그렇지 않습니다. 어느 초등학교 교과서에 나오는 장면입니다. 미국 어린이는 깔끔한 옷을 입고 있지만 케냐 어린이는 나뭇잎으로 겨우 몸을 가리고 있습니다. 백인이 길을 물어보자 친절하게 가르쳐 주지만 흑인이 물어 볼 때는 어수룩하다고 무시합니다. 국가인권위원회는 초·중등학교 교과서 90종을 분석한 결과 인종차별을 조장할 수 있는 내용이 포함돼 있었다고 밝혔습니다.

성별 또는 노인에 대한 고정관념 주입도 여전합니다. 아빠는 회사에 다니지만 엄마는 마트에서 장을 보는 가정주부이고, 노인은 힘이 없고 어두운 모습으로 그려집니다. 교과서에 특정 국가나 지역, 인종, 성 등에 대한 부정적인 서술이 계속 제시가 되면 우리 학생들에게 고정관념과 편견을 형성할 수 있습니다. 보다 공정한 시각에서 다양한 측면이 서술되어야합니다.

예를 들어 발전된 아프리카 도시 사진을 넣고 운전대를 잡은 엄마, 활기차게 운동을 즐기는 노인, 비장애인과 함께 어울려 노는 장애인 등의 모습을 보여주면서 국가와 성별, 장애인 등에 대한 편견이나 고정관념을 해소해야 합니다. 그래야 다양성을 인정하는 사회로 한 걸음 더 나아갈 수 있을 것입니다.

공자의 수제자 중 한 사람인 자공子貢이 "일평생 행하여야 할 한마디의 말이 있습니까?" 라고 묻자 공자는 "그것은 용서다. 자기가 하고 싶지 않은 일은 남에게 베풀지 말라'고 대답하였습니다.子貢問曰 有一言而可以終身 行之者乎 子曰 其恕乎 己所不欲 勿施於人(『논어論語』「위령공편衛靈公篇」) 예수는 "남이 너희에게 해 주기를 바라는 그대로 너희도 남에게 해 주라"(마태복음 7장 12절)고 말하였습니다. 이는 입장 바꿔 생각해보는 역지사지易地思之 라는 말입니다. 입상 바꿔 생각해 보는 것이란, ㅡ서 입에 발린 말이 아니라, 생활의 황금률로 자리 잡아야 함을 되새겨 봅니다.

우리 사회 차별 중 그 심각성을 더해가는 현실이 비정규직 차별입니다. 비정규직 확산은 저출산을 가속화하는 근본 원인 중의 하나입니다. 이를 해결하기 위한 코페르니쿠스적인 전환이 시급합니다. 외환위기 이후 고착화된 비정규직 문제는 소득 양극화의 원인으로 꼽힙니다. 현재 비정규직은 670만 명으로 1930만 임금노동자의 32.5%에 이르는 실정입니다. 그동안 정부의 노력이 없었던 것은 아니지만 상황은 그대로입니다. 2007년 7월 비정규직 보호법기간제 및 단시간 근로자 보호 등에 관한 법률을 시행해 비정규직 고용 남발을 억제하고 나섰지만 정규직과의 이중구조를 개선하지 못했습니다. 문제는 임금·근로기간 같은 고용 차별은 개인의 불이익으로 끝나지 않는다는 점입니다.

취업난 끝에 비정규직으로 취업하면 저임금을 받고 2년마다 다시 비정규직을 전전하다 보면 경제적 자립이 어려워 결혼이 늦어지고, 이는 다시 저출산·저성장으로 이어집니다. 중소기업 비정규직의 임금은 대기업 정규직의 35%대에 불과합니다. 이런 이유로 초혼初婚 연령이 최근 20년 사이 5세나 높아지고, 출산율은 1.24로 일본의 1.46보다 낮습니다. 이는 성장 동력의 저하를 의미합니다. '3포' '7포'와 함께 헬조선과 흙수저 얘기가 나오는 현실에서 이와 같은 문제를 해소할 수 없습니다.

신자유주의를 주창하던 미국과 영국도 경쟁적으로 양극화 해소에 나서고 있습니다. 힐러리 클린턴을 대통령 후보로 선출한 미 민주당은 정강政綱에 "민주당원은 요즘 소득과 부의 극단적인 불평등이 미국 국민과 우리의 경제에 나쁘다고 본다"고 적시할 정도입니다. 영국의 브렉시트유럽연합 탈퇴 역시 양극화에 대한 국민적 불만이 작용한 것입니다. 우리 사회는 비정규직 차별개선을 위한 법적 · 제도적 장치를 통해 현실적 대안을 제시해야 합니다. 양극화가 촉발하는 악순환의 고리를 끊고 한국 경제가 활력을 되찾을 수 있도록 지혜를 모아야합니다.

가면 속의 진실,
진실 속의 가면

영국의 심리상담가 스티브 비덜프만은 『남자 그 잃어버린 진실』에서 "남자는 누구나 가면을 쓰고 산다"고 말했습니다. 그의 말대로 사람들은 이런 저런 가면을 쓰고 살고 있습니다. 저도 목사, 교사라는 지위와 역할에 따라 그렇기도 하고 남들에게 잘 보이려는 위장으로 자신을 꾸미려는 의도에서 그렇기도 합니다. 이는 저만이 아닙니다. 이 글을 읽는 독자들도 내용은 다르지만 마찬가지일 것입니다.

이런 가면을 지칭하는 용어가 '페르소나persona'입니다. 페르소나는 원래 연극을 위해 배우들이 쓰는 탈을 가리키는 말이었으나 점차 사람들이 살아가면서 자신도 모르게 쓰는 사회적 가면을 일컫는 말이 되었습니다. 사람들은 누구나 '이런 사람이고 싶다'는 자신만의 사회적 이상형이 있기에 자신의 위치에 따른 적당한 가면을 만들어냅니다. 저도 '집에서는 다정한 아빠, 교회에서는 유아유치부 목사, 학교에서는 교목과 교사, 글쓰기 작가' 등으로 제가 속한 공동체와 조직의 지위에 따라 사람들에게 '보여주고 싶은' 모습이 있고 그에 따라 다양한 가면을 쓴 채 생활을 하고 있습니다.

이렇듯 요즘은 한 사람이 가정과 사회에서 가지는 지위가 다양해짐에 따라 그에 맞는 다양한 가면을 쓰고 살아가는 게 당연한 사회가 되어 가고 있습니다. 어느 땐 제가 겹치기 출연으로 다양한 역할을 하는 연기자처럼 살아가는 게 아닌가 하는 생각이 들기도 합니다. 어느 땐 어떤 모습이 진짜 제 모습인가 싶기도 합니다.

저는 서로가 가면을 뒤집어쓰고 실체를 숨기는 것이 당연시되는 이 사회가 옳다고 생각하지 않습니다만 제가 직면한 현실과 여건상 가면의 대열에서 자유로울 수 없습니다. 더욱이 목사라는 가면이기에 감정이 상하고 바쁜 일정으로 어수선한 마음임에도 마음을 숨기고 웃어야하고 다정해야하는 경우가 많습니다. 때로는 제가 재직하는 학교와 교회의 유익을 위해 억지 미소와 함께 립서비스를 하며 비위를 맞춰야하는 경우도 많습니다. 문득 이렇게 살아야하는 건가 싶은 생각이 들기도 합니다. 하지만 이게 세상살이인가 싶기도 합니다. 사람들 중에서 가면을 쓰지 않고 진실로 사람을 대하는 이들이 얼마나 있을까요? 취업준비생들은 면접을 위해 이미지 트레이닝을 하기도 합니다. 하지만 과연 자신의 본질은 배제시키고 인위적으로 만들어진 '이미지'가 진짜 '나'라고 할 수 있을까요?

요즘엔 자신의 상황에 따른 다양한 가면이 존재하고 있고 그 중에서 '나'의 모습과 가면을 벗은 '나' 중에서 어느 쪽이 진실한 '나'인지 분간조차 쉽지 않은 사회가 되었습니다. 문득 윤동주의 '자화상'이라는 시가 떠오르기도 합니다.

자화상

윤동주

산모퉁이를 돌아 논가 외딴 우물을 홀로 찾아가선
가만히 들여다봅니다.

우물 속에는 달이 밝고 구름이 흐르고
하늘이 펼치고 파아란 바람이 불고 가을이 있습니다.

그리고 한 사나이가 있습니다.
어쩐지 그 사나이가 미워져 돌아갑니다.

돌아가다 생각하니 그 사나이가 가엾어집니다.
도로 가 들여다보니 사나이는 그대로 있습니다.

다시 그 사나이가 미워져 돌아갑니다.
돌아가다 생각하니 그 사내가 그리워집니다.

우물속에는 달이 밝고 구름이 흐르고 하늘이 펼치고
파아란 바람이 불고 가을이 있고 추억처럼 사나이가 있습니다.

　온통 가면을 쓰고 살아가는 세상이지만 때론 하루 종일 얼굴을 뒤덮었던 수많은 가면 속에서 가슴 깊이 감춰졌던 진짜 '나Ego'라는 존재가 고개를 들기도 한다. 그렇다면 그 때 '진실'을 가장한 가면이 난무亂舞하는 이러한 세상에서 가면을 계속 쓸 것인지, 혹은 가면을 벗고 당당히 세상에 맞설 것인지 생각해보기도 한다. 그러나 이제는 안경이 제2의 눈이 된 것처럼 익숙해져버린 가면에 어찌할 바를 모르는 저를 바라보곤 합니다.

이런 상념想念에 휩싸일 때 오랜만에 오랜 벗으로부터 연락이 왔습니다. 저를 역할과 지위로 부르지 않고 있는 모습 그대로 그냥 이름을 꾸밈없이 불러주는 벗이 다정해서 좋습니다. 이 친구에게는 흉허물이 없습니다. 그냥 한 인간으로 만나서 수다를 떨다 보면 시간가는 줄 모릅니다. 그러고 보니 가면을 벗어젖히고 만남이 가능한 벗이야말로 저를 편히 쉬게 하는 쉼터요, 숨구멍인 것 같습니다. 이런 친구 같은 가정, 직장, 종교기관, 동호회 같은 곳이면 이곳이 바로 천국일 것입니다. 오늘 우리에게 이런 곳이 꼭 있이야할 것 같습니다.

조선족이 아니라
재중동포랍니다

우리나라 사람들이 이주민에 대해 가지는 배타적인 태도와 무관심은 여러 가지 형태로 드러나고 있습니다. 일반인과 권력기관이 협력하여 갖은 차별 행위를 하고 있으나, 아직 그러한 행위가 차별인지 인식하지 못할 뿐 아니라 또는 그러한 차별이 왜 문제가 되는지도 알지 못하고 있는 상황입니다. 이주 아동들은 51.9%가 차별을 당한다고 느낀 적이 있다고 합니다. 어느 네팔 여성은 행색이 초라하고 한국어를 못한다는 이유로 경찰에 끌려가 한국인의 무관심 속에 무려 6년 4개월이나 정신병원에 감금되기도 했다고 합니다.

2009년 7월, 인도출신 남성 '후세인'과 한국여성 '한'은 부천시내 버스를 타고 가던 중, 어떤 남성이 뒤쪽에서 욕하는 소리를 들었습니다. 정장 차림의 한국인 '박'은 후세인을 향해 손가락질하며 "더러워, 너. 더러워 이 개새끼야! 너 어디서 왔어, 이 냄새나는 새끼야. 유 아랍, 유 아랍."과 같은 욕설을 해댔습니다. '한'에게는 "넌 정체가 뭐야? 조선년 맞아?"라고 하는 욕설을 반복적으로 외쳤습니다. '박'의 인종차별적 폭언과 폭행을 경찰에 신고한 두 사람은 경찰의 안이하고도 '인종차별'에 무신경한 수사 행태에 분노하였습니다. 이 사건을 접한 시민사회단체는 '성·인종

차별 대책위원회'를 결성하고 가해자에 대한 사법처리와 해당 경찰관의 징계, 경찰 책임자의 사과를 요구하기도 하였습니다.

아직도 우리사회에서는 이주민들이 이유 없이 무시와 욕설, 차별을 일상적으로 겪고 있습니다. 그런 상황이 여러 번 반복되면 이주민들은 자신감과 자존감을 점차 잃게 될 것이고, 모든 사회 구성원이 서로 존중하고 인권을 보호하기 위해 노력을 해야만 유지되는 친인권적 사회는 결국 점점 멀어지게 될 것입니다. 이러한 무시와 욕설, 차별의 근원에는 이주민들의 출신과 역사, 문화에 대한 몰이해를 비롯하여 경제적 우월감 등 다양한 원인이 자리 잡고 있습니다. 이러한 원인을 제거하고 사회 구성원 간 긍정적인 소통을 도모할 수 있는 대책이 필요합니다. 또한 이주자에 대해 이해하려는 노력은 없이, 이주민에게만 한국 문화에 적응하라고 일방적으로 요구하고 있는 우리 자세에 대한 문제의식도 필요합니다. 바람직한 사회 통합은 일방의 희생으로 이루어지는 것이 아니라 진정한 존중과 소통 속에 이루어지는 것입니다.

우리나라 대표적인 예능프로그램의 하나인 KBS TV 〈개그콘서트〉에서 인기 있는 프로그램이 하나 있었습니다. 이 프로그램이 '리얼사운드'입니다. 이 코너는 우리가 흔히 사용하는 의성어를 당연하게 생각해온 것에 의문을 제기하면서 정확한 발음과 용례를 제시하는 것으로 웃음을 유발하고 있습니다. 가끔 이 코너를 보면서 개그맨들의 창의력에 놀라움과 감탄을 금치 못할 정도입니다. 그냥 웃음의 소재로 여기고 웃고 말기에는 한번쯤 생각해봄직한 것들도 있다싶습니다. 이는 제가 명색이 국어선생이기에 그런 지도 모르겠습니다. 이 프로그램을 보면서 주의 깊지 않게 사용하는 언어문화에 대한 생각에 잠기곤 했습니다. 그냥 웃고 말 일을 응용까지 하는 걸 보면 역시 제가 직업병이거나 오지랖이 넓은가 봅니다. 이 중 하나입니다. 제가 학교에서 오랫동안 다문화를 담당하고 이에 대한 관심을 갖다보니 아무래도 다른 사람보다는 이에 대해서도 민감한 편이라서 그렇기도 합니다.

깊이 생각함이 없이 머릿속에 곧바로 '조선족'을 떠올리면 무엇이 연상되시는지요? 우리에게 있어서 조선족의 이미지는 가난한 연변에서 우리나라로 이주해 온 다문화의 한 부류로, 우리말도 서툴고 비교적 식당 같은 곳에서 주방 보조나 음식 나르는 일 정도를 하는 이들로 사회적으로 낮은 계층으로 여겨집니다. 그리고 또 하나는 영화 〈신세계〉나 〈황해〉와 같은 것에서 나오는 범죄자들로, 대부분 보이스 피싱이나 장기매매 등 각종 범죄를 저지르는 범죄자와 같이 느낌이 썩 좋지 않은 이미지가 많습니다. 2012년 4월 1일 수원시 팔달구 지동에서 조선족 중국인 남성이 한국인 여성 회사원을 집으로 납치하여 목 졸라 살해한 뒤 시신을 토막 낸 '오원춘 사건'이 있었습니다. 그러나 사실 제가 기억하기로 이 사건 이외에 특별히 조선족이 범죄를 저지른 경우가 딱히 떠오르지 않습니다. 최영신·강석진·김미선·김일수의 '외국인 밀집지역의 범죄와 치안실태연구'(연구총서 12-AA-09, 한국형사정책연구원, 2012)라는 논문을 보면, 조선족을 포함한 중국 국적 사람들의 범죄율은 10만 명당 2,921명으로 이는 10만 명당 3,692명인 내국인 범죄보다 낮은 범죄율이었습니다. 그런데도 왜 우리는 조선족뿐만 아니라 중국 국적을 가진 사람들이 내국인들보다 낮은 범죄율을 보이는데도 조선족을 범죄자라는 낙인을 찍고 있는 것일까요?

우리는 특정 개인의 사건을 가지고서 그가 속한 집단의 전체를 정의 내리는 일반화의 오류를 갖고 있습니다. 오원춘이라는 특정 개인이 저지른 범죄를 마치 조선족 전체가 그런 범죄를 저지를 가능성이 있다고 일반화하고 있습니다. 그런데 문제는 이런 잘못된 일반화를 유독 조선족에게만 한정하고 있습니다. 주한 미군은 그동안 많은 범죄를 저질렀습니다. 얼마 전, 주한 미군 중 한 사람이 식당 여주인을 강제로 추행하려는 범죄를 저질렀습니다. 그렇지만 우리는 미국인은 범죄자라는 인식을 가지고 있지 않습니다. 그런데 유독 조선족에게만 폭력적인 낙인을 찍는 우리 사회의 모습은 어찌된 일일까요?

이는 우리가 갖고 있는 이중적인 잣대가 문제입니다. 우리는 같은 외국국적이나 이주민이라고 해도 우리보다 잘 살고 힘이 있는 나라의 사람들에게는 호의적입니다. 그러나 우리보다 못 사는 나라의 사람들에게는 무시하는 경향이 있습니다. 다문화에 대한 인식도 그렇습니다. 백인이나 선진국 출신 다문화에는 호의적이면서 우리나라보다 못 사는 나라나 후진국 출신 다문화는 무시합니다. 강자에게는 약하고 약자에게는 강한 것은 문화적 후진성을 드러내는 사고방식일 뿐입니다. 이처럼 불합리한 의식에 따른 부정적인 이미지를 TV나 영화가 그대로 반영하고 있습니다. 이를 보면서 문제의식도 갖지 않습니다. 이건 정말 치사한 문화적 편견입니다.

KBS의 프로그램인 〈개그콘서트〉에서는 영화 〈황해〉를 패러디한 〈황해〉라는 코너를 통해서 조선족의 부정적인 이미지를 희화화戲畫化했습니다. 조선족의 이미지를 부정적으로 재생산하는 대중매체가 분명 문제입니다. 그러나 이런 이미지를 아무런 문제의식 없이 받아들이는 우리가 더 큰 문제입니다. 입장 바꿔 생각해서 우리가 조선족이라면 이런 영화나 개그프로그램을 보고 웃고 즐길 수 있을까요?

미국에 거주하는 우리 민족에 대해서 재미교포라고 말합니다. 일본에 거주하는 우리 민족은 재일교포라고 합니다. 이는 독일, 프랑스 등도 마찬가지입니다. 그런데 왜 중국에 거주하는 우리 민족에 대해서는 재중교포가 아닌 조선족이라는 용어를 쓰는 것일까요? 조선족이라는 단어는 선진국에 거주하는 우리 민족과 그렇지 않은 나라에 거주하는 우리 민족을 차별하는 의식에서 비롯된 것입니다. 잘사는 나라, 잘 사는 우리 민족에게는 호의적이고 그렇지 않은 나라에 사는 우리 민족에게는 홀대하는 것은 분명 잘못된 일입니다.

어떤 사람은 '뭐가 그리 복잡하고 까다롭냐'고 생각할지 모르겠습니다. 별로 중요하지도 않은 것에 발끈한다고 하면서 제가 조선족이라서 그러는 것이라고 여길 지도 모르겠습니다. 물론 저는 재중교포가 아닙니다. 그렇다고 제가 마치 재중교포를 옹호하는 착한 사람으로, 약자인 그들을 편드는 것이라고 우쭐하려고 하는 것은 아닙니다. 사실 저도 부끄럽게도 별 생각 없이 재중교포를 우스갯거리로 삼은 영화나 개그프로를 보면서 웃고 당연하게 여겼습니다. 그러다가 다문화교육을 수년간 담당해오면서 어느 날 문득 떠오른 생각이 '이건 아니다'하는 자각自覺이 들면서 저 스스로 부끄러워졌습니다. 그 순간 저도 모르게 별 생각 없이 무심코 지나간 것들이 재중교포들에게 그리고 명색이 다문화담당교사로서 재중교포 아이들에게 큰 상처를 주고 있음을 떠올려보았습니다. 그러면서 찾아보게 된 내용들입니다.

중국산 '짝퉁'차량 부품 5만 여개 팔려

폭발과 화재 위험이 있는 중국산 차량 부품을 국산으로 속여 유통시킨 일당이 경찰에 적발됐다. 경찰에 붙잡힌 유통업자 박 씨는 이렇게 상표도 없는 가짜 부품을 중국에서 들여왔다. 여기에 국내 대기업 상표를 붙이고 값비싼 국산 제품처럼 속였다. 특히 해당 자동차 회사에서 제공받은 정품 홀로그램을 이용해 중국산을 국산으로 둔갑시켰다. 중국산 짝퉁은 국내산 정품과 달리 화재와 폭발 위험이 있는 것으로 조사됐다. "휘발성이 강한 제품을 쓰다보니까 작업시에 작업자가 인체에 해로운 영향을 미칠 소지가 있다." 하지만 전국 서른 개 대리점에서 대기업 상표와 홀로그램만 믿고 짝퉁을 사들였다. 2년 동안 5만여 개가 팔려 자동차 정비에 사용됐습니다.(YTN=박조은 기자│2009/07/23)

중국의 멜라민 분유 파동

2008년 9월 중국산 유제품 수입을 금지했던 인도가 중국산 초콜릿 및 초콜릿 제품에 대해서도 수입을 금지키로 했다. 27일 AFP통신의 보도에 따르면 인도 정부는 멜라민 검출 우려가 있는 중국 제조 초콜릿과 관련 제품의 수입을 금지했다. 아난드 샤르마 통상산업부 장관은 중국산 유제품에 대한 지난 9월의 수입금지조치를 초콜릿으로 확대했다고 밝혔다. 지난해 멜라민 분유 파동으로 중국 내에서 6명의 유아 사망자와 30만 명의 신장결석 환자가 발생했다. 이후 세계 각국이 중국산 유제품에 대해 리콜, 수입 금지 조치를 가하면서 중국 내 멜라민 파동은 전 세계적으로 확산됐다.(헤럴드경제=김선희 기자│2009/07/28)

중국 종이 만두소에 석회 달걀까지 불량식품 백태

중국발 식품 안전 경고를 발령한 가장 최근의 사례는 지난 3월 미국에 수출한 중국산 애완동물 사료다. 농약을 만드는 데 쓰이는 유독물질인 멜라민에 중독된 사료를 먹은 미국의 고양이와 개 수천마리가 목숨을 잃었다. 베이징에 등장한 '종이 만두'는 가짜 식품의 압권이다. 폐지를 물에 담가 불린 뒤 가성소다로 표백해 만두소로 만들어 집어넣었기 때문이다. 돼지고기 향까지 집어넣고 외관상 거의 구별이 되지 않을 정도다. 가짜 만두소를 이용할 경우 만두가게는 하루 1000위안12만원의 원가를 절약할 수 있다. 이와 함께 쓰레기로 버려진 낡은 가죽구두에서 단백질을 뽑아내 향료와 설탕물을 넣어 만든 가짜 우유, 탄산칼슘과 석회가루

로 만든 가짜 달걀, 공업용 메틸알코올로 만든 가짜 술도 적지 않다. 지난해 가짜 항생제를 먹고 6명이 숨지고 80명이 앓아누웠다. 2004년 중부 안후이安徽성에서는 불량 이유식을 먹고 50명의 아이가 숨졌고 200명이 영양실조에 걸리기도 했다.(경향신문=베이징/홍인표 특파원 | 2009/08/02)

위의 내용들은 주로 최근에 중국과 관련하여 보도된 뉴스들입니다. 중국뿐만 아니라 다른 나라들과 관련된 뉴스들은 그 때마다 여론을 형성할 것이고, 한국 학생들과 다문화가정의 학생들의 성장과정에 영향을 미칠 것입니다. 특히 대한민국과의 국제이해관계에 치명적인 사안일수록 다문화가정의 학생들이 원인제공자가 아님에도, 문제해결의 의무가 있는 사람으로 인식되거나 질타의 대상이 될 수도 있습니다. 그러므로 저와 같은 교사는 한국 학생들이 특정나라나 인종에 대하여 편견, 고정관념, 차별의식을 가지게 되었는가를 인식할 수 있도록 지도해야할 것입니다. 또한 다문화가정의 학생들에게는 어떤 이유로 한국 학생들이 편견을 갖게 되는지 문제 상황을 분석하고, 이해할 수 있도록 말입니다.

학교에서 만나는 동민(가명)이의 어머니는 중국동포이며, 한국남자와 결혼하여 동민이를 낳았습니다. 한국남자와 결혼한 외국여자의 국적별 현황을 보면 중국(49.8%), 베트남(22.7%), 일본(6.2%), 필리핀, 몽골, 캄보디아, 미국, 우즈베키스탄의 순임을 알 수 있습니다. 〈표 1〉에서 보는 바와 같이 우리나라는 어머니가 한족漢族이거나 중국동포인 가정이 전체 국제결혼가정의 49.8%를 차지하고 있습니다. 그러니 오늘 우리의 학교에서 동민이와 같이 중국문화를 배경으로 하는 학생들이 많이 있습니다. 같은 교실에서 함께 생활하는 한국 학생들이 중국에 대하여 편향된 시각과 견해를 가질 수 있기에 교사는 한국 학생들이 균형 잡힌 견해를 가질 수 있는 사례를 제공해야 할 것입니다. 한국 학생들이 중국을 여행한 한국 사람들로부터 "중국은 한국의 60~70년대 수준이다."라는 평가절하된 의견을 들었다면, 고도의 경제성장을 이루며 발전하고 있는 현재의 중국경제에 대해서도 의견을 들을 수 있는 기회를 제공하는 것도 좋을 것입니다.

〈표 1〉 한국남자와 결혼한 외국여자의 국적별 현황(통계청, 2008. 3, 단위: 건, %)

	2001	2002	2003	2004	2005	2006	2007	구성비
계	10,006	11,017	19,214	25,594	31,180	30,208	29,140	100.0
중 국	7,001	7,041	13,373	18,527	20,635	14,608	14,526	49.8
베트남	134	476	1,403	2,462	5,822	10,131	6,611	22.7
일 본	976	959	1,242	1,224	1,255	1,484	1,804	6.2
필리핀	510	850	944	964	997	1,157	1,665	5.7
몽 골	118	195	318	504	561	594	1,531	5.3
캄보디아	*	*	19	72	157	394	745	2.6
미 국	265	267	323	344	285	334	531	1.8
우즈벡	66	183	329	247	333	314	377	1.3
기 타	936	1,046	1,263	1,250	1,135	1,192	1,350	4.6

이런 생각으로 중국의 경제성장이 한국의 경제성장과 어떤 관련이 있는지를 분석한 자료입니다. 중국의 경제성장 관련 자료를 통하여 일반 한국 학생들은 자기가 가지고 있던 편견을 수정하고, 여러 가지 다양한 상황의 정보를 접하면서 미래 양국관계를 위한 자신의 역할을 인식할 수 있으면 좋겠습니다. 또한 한국과 중국의 문화를 모두 가진 동민이가 미래 양국관계를 위한 자신의 역할에 대하여 인식할 수 있었으면 좋겠습니다.

중국 교통은행 "中경제 올해 8.5% 성장"

중국 교통은행은 금년도 중국의 경제가 전체적으로 8.5% 성장할 것으로 전망했다. 교통은행은 최근 발표한 보고서를 통해 상반기에 7.9%의 성장률을 기록한 중국이 하반기에는 9% 이상 성장해 금년 중국의 전체

경제성장률이 8.5%에 달할 것으로 전망했다고 홍콩의 문회보文匯報가 2일 보도했다. 교통은행은 중국 경제가 3.4분기에는 9% 성장을 한 뒤 4.4분기에는 9.8% 수준까지 상승할 것으로 전망했다. 교통은행은 이에 따라 올해 중국이 '바오바保八' 달성에는 문제가 없을 것이라고 단언했다. 바오바는 중국 정부가 금년도 경제성장률 목표치를 8%로 잡고 이를 사수하기 위해 추진하고 있는 경제정책을 말한다. 교통은행은 또한 내년에는 중국의 경제가 10% 가량 성장할 것으로 예측했다.(연합뉴스=정재용 기자 ㅣ 2009/07/03)

한국산업은행, 대중국 수출 2010년까지 13.7% 증가 전망

산업은행 경제연구소는 지난 31일 '중국경제의 변화가 국내경제에 미치는 영향'이라는 보고서에서 중국경제는 2009년 2분기 들어 성장률이 7.9%로 반등하는 등 회복조짐을 보이고 있으나 내수회복과 더불어 최근 부진을 보이고 있는 수출이 회복돼야 경기회복이 지속될 수 있을 것으로 내다봤다. 연구소는 중국정부의 4조위안 경기부양책으로 대중국 수출은 2년간(2010년까지) 최대 13.7% 증가할 수 있고, 중국의 수출이 1% 감소할 때 한국의 대중국수출은 0.33% 감소하는 것으로 분석했다. 아울러 중국 경제성장률이 1%포인트 증가하면 대중수출 확대를 유발해 우리나라 경제성장률을 0.1%포인트 끌어올릴 수 있는 것으로 분석했다. (이투데이=김동욱 기자 ㅣ 2009/08/02)

부시 전 미국대통령의 중국에 대한 의견은?

중국은 경제 성장 잠재력이 엄청나다. 한국과 미국에 혜택이 있다. 자유무역이 보장되는 한 그렇다. 그럼에도 종교적인 권위가 보장돼야 한다고 본다. 종교적인 사람들이 좋은 시민이 될 가능성이 높다. 경제

분야 얘기하면서 개인의 자유를 간과하지 않았다. 중국에서 소비자 주의에 기반한 경제가 탄생하기를 바란다. 중국은 수출로 성장했고, 저축률이 높다. 수출지향국가에서 내수지향 국가가 될 것이다. (2009 제주 하계 포럼=오동희 기자 ㅣ 2009/08/01)

손요 "중국산도 질 좋은 먹거리 많다"

KBS '미녀들의 수다'에 출연, 인기를 끌고 있는 중국 출신 방송인 손요가 최근 케이블TV XTM의 시사 버라이어티 '도와주십쇼Show' 제작진과의 인터뷰에서 국내 유입 중국산 제품에 대해 솔직한 의견을 밝혔다. 21일 방송될 '도와주십쇼' 추석특집 '메이드 인 차이나' 편에서 손요는 원격토론에 참가했다. 여기서 손요는 중국산 모조품이 세계 경제를 흔들고 있다는 것에 대해 어떻게 생각하느냐는 질문에 "중국에서 짝퉁 제품이 만들어지는 이유가 있다"며 "중국 인구가 14억 명에 이르다 보니 저소득층을 위해 짝퉁 제품도 나오는 거다"고 응답했다. 손요는 또 "중국 식품이 안 좋다는 뉴스를 많이 접한다. 중국산이지만 질 좋은 먹거리도 많다. 좋은 제품을 많이 수입하면 중국에 대한 이미지도 개선될 것이다"며 "'중국산 제품은 저질에 가짜다'라는 한국인의 편견이 안타깝다"고 덧붙였다.(조이뉴스24=문용성 기자ㅣ2007/09/20)

고품질 보이차 합리적 가격에 공급

지유명차(대표 이용범, www.gutea.co.kr)는 중국 운남성의 보이차 생산업체인 '운남남간봉황타차창(이하 남간차창)'과의 보이차 공급계약 1주년을 기념해 '0809남간봉황타차창-지유남간기념병차'(이하 지유남간기념병차)를 한정 생산한다. 남간차창은 우수한 품질의 차엽 사용과 전통 생산방식을 고수해 높은 품질의 보이차를 생산하는 운남성의 대표

보이차 생산업체로 이곳에서 생산된 보이차는 우리나라 보이차 애호가들 사이에서도 높은 인기를 얻고 있다. 지유명차는 남간차창과의 공급계약으로 신뢰할 수 있는 고품질 보이차를 보다 합리적인 가격에 안정적으로 국내에 공급할 수 있게 됐다. 공급계약 1주년을 기념, 사전 주문제작 방식으로 생산될 '지유남간기념병차'는 중국 운남 보이차 전통 생산지역인 핑징鳳景지역의 무량산 내업종 차엽으로 선봉기법으로 제작된다. 보이차는 세월을 두고 발효가 진행되는 후발효차로 시간이 지남에 따라 가격이 상승해 재테크 차원에서 높은 소장가치를 지니고 있다. 지유남간기념병차는 오는 7월 27일까지 지유명차 본점 및 전국 각 지점에서 사전 주문을 받아 11월에 출고될 예정이다. 1통(350g 병차x7개) 또는 1세트(5통) 단위로 주문할 수 있으며, 소비자가는 1통 35만원, 1세트 150만원. (프라임경제=박광선기자ㅣ2009/07/03)

中, 10월 화성 탐사선 발사

중국은 유인우주선과 달탐사선 발사 성공에 이어 예정대로 오는 10월 처음으로 화성 탐사에 나선다. 중-러 합동화성탐사 부총설계사인 천창야陳昌亞박사는 5일 관영 신화통신 자매지인 국제선구도보國際先驅導報와의 인터뷰에서 오는 10월 중국 최초의 화성 탐사선인 잉휘螢火.반딧불 1호를 러시아 로켓에 실어 발사할 계획이라고 확인했다. 길이 75㎝, 폭 60㎝, 높이 60㎝에 무게가 110㎏인 잉휘 1호는 발사후 11개월간에 걸쳐 3.5억㎞의 거리를 비행해 오는 2010년 8월29일 화성에 도착할 계획이다. 상하이위성공정연구소에 제작한 잉휘 1호는 지난 5월 28일 열린 제3회 상하이上海 항공 박람회에서 첫 선을 보였다. 잉휘1호는 화성 도착후 화성 궤도를 돌면서 화성에 물이 있는지의 여부와 생명의 흔적을 찾는 데 주력하고 탐사 결과를 영상으로 지구에 전송할 계획이다. 한편 중국

은 작년 10월 자국 최초로 우주유영에 성공한 우주선 '선저우神舟 7호'를 발사한 데 이어 2012년까지 선저우 8~10호를 잇달아 쏘아 올릴 계획이다.(연합뉴스=조성대 특파원 | 2009/06/06)

　학교에서 만난 동민이를 보면서 의식적으로 조선족이라는 말보다는 재중교포라는 말을 쓰면서 우리 스스로 의식개혁을 이루어가야 한다는 생각을 하게 되었습니다. 조선족이라는 말은 중국이 연변 등에 거주하는 재중동포를 소수민족으로 지칭하면서 쓰는 말입니다. 이제 더 이상 부정적인 이미지로 재중교포 개개인을 판단하지 말고, 그들을 한 사람의 존엄한 개인으로 있는 그대로의 모습으로 이해해 나갔으면 좋겠습니다.
　재중교포는 그리 멀리 있지 않습니다. 우리나라에 이주해온 다문화가정 중에서 중국국적을 가진 사람들 중 상당수가 재중교포입니다. 이들의 억양을 듣고서 개그의 소재로 삼는 자세는 우리 스스로 문화적 야만성을 드러내는 것이고, 천박함을 드러내는 것입니다. 최근 저는 우리나라 근현대사를 살펴보면서 재중교포들이 형성된 아픔을 조금은 알게 되었습니다. 사실 우리가 잘 아는 윤동주 시인도 따지고 보면 재중교포입니다. 일제강점기에 일제의 만행에 견디기 못해 만주로 떠난 교포들이 오늘의 재중교포입니다. 민족의 아픔을 생각해보면 절대로 우리는 재중교포를 폄하하거나 무시해서는 안 됩니다. 오늘날 연변조선족 자치구에서는 윤동주를 자랑스러운 문학가로 추앙하면서 연구하기도 합니다. 우리의 사고를 지배하는 언어를 반성하고 개선해나가는 노력이야말로 나를 넘어 우리를 이루는 성숙한 자세의 시작일 것입니다.

진정한
역사의식

미국의 대통령 중에서 우리에게도 잘 알려진 인물이 아브라함 링컨입니다. 그는 오랜 세월이 흐른 지금까지도 미국은 물론 우리나라에서도 존경받는 대통령으로 사람들의 기억 속에 자리 잡고 있습니다. 도대체 링컨이 어떻기에 그는 이처럼 존경받는 대통령으로 기억되고 있을까요? 그가 이룬 노예해방은 미국의 역사에서 결코 빼놓을 수 없는 업적입니다. 그로 인해 그는 암살을 당하기까지 했으니 그의 정의실천이야말로 그 누구도 흉내 낼 수 없는 일이었습니다. 이 일이 얼마나 위대한 일인지는 그에 대한 위인전기서가 아주 많은 것으로도 쉽게 이해할 수 있습니다. 그러나 그의 실제적인 역사적 사실을 추적해보면 우리가 알고 있는 것과 다른 부분이 드러납니다. 이는 EBS TV에서 만든 〈지식채널〉 '두 명의 대통령'이라는 것으로 방송된 적이 있습니다.

역사적으로 밝혀진 사실은 이러합니다. 그는 평소 흑인 노예들의 비인간적인 삶을 보고 안타깝게 여겼습니다. 그들이 인간답게 살게 되기를 바랐습니다. 그런 그가 남부와 북부가 갈등을 겪는 상황에서, 북부의 지지로 대통령에 당선되었습니다. 그는 자신의 지지 세력인 북부가 유리하도록 관세를 대폭 올리는 정책을 펼쳤습니다. 그러니 공업위주의 북부는 유리하지만 농업위주의 남부는 불리할 수밖에 없었습니다. 그는 시정을 요구하는 남부를 묵살하였습니다. 이에 남부의 반발이 극심해지면서 1861년 남북전쟁이 발발하였습니다. 전쟁은 그의 생각과는 달리 남부군의 우세로 진행되었습니다. 이러다간 북부군이 패배할 수 있었습니다. 이런 때에 그는 뜻밖의 정책을 발표했습니다. 이 정책이 바로 '노예해방선언'이었습니다. 실제로 노예해방선언은 남북전쟁 이전이 아니라 1863년이었습니다. 그는 오래전부터 관심 갖던 노예들을 해방시키는 선언을 하였습니다. 그러나 당시는 전쟁 중이었습니다. 선언만으로 노예가 해방될 수는 없었고 더욱이 남부군의 승리로 북부군의 지지를 받는 그가 실각한다면 노예해방은 실효를 거둘 수가 없는 정책일 수밖에 없었습니다.

　노예는 공업중심인 북부보다는 농업중심인 남부에 많았습니다. 그러니 그의 노예해방선언은 단순히 그가 지닌 숭고한 박애博愛정신에서만이 아닙니다. 그의 정치적 의도와 목적이 분명히 내재된 것이었습니다. 노예해방으로 노예들도 당당하게 군 입대가 가능해졌습니다. 이에 북부군의 백인장병들이 반대하면서 탈영을 하기도 하였습니다만 그 숫자는 적었습니다. 대신에 남부군의 흑인장병들이 찬성하면서 탈영을 하는 숫자가 많았습니다. 그로 인해 북부군에서 탈영한 백인장병의 빈자리에 흑인장병들을 채울 수 있었습니다. 남부군의 흑인장병들이 탈영해서 북부군으로 자원입대하다보니 남부군은 막대한 손실을 입었습니다. 흑인장병들은 죽기 살기로 전쟁에 임했습니다. 그 이유는 이 전쟁이 처음엔 관세정책에 따른 남부와 북부의 입장 차에 따른 것이 큰 이유였으나 흑인장병들 입장에게는 자신들과 자신들의 후손이 해방되느냐, 아니냐를 결정짓는 중요한 것이었기 때문이었습니다. 남부군에서 탈영한 흑인병사들은 남부군의 약점을 누구보다 잘 알았고, 용맹하였습니다.

그는 절묘한 순간에 결정적인 정책 하나로 전세를 순식간에 바꿔놓을 수 있었습니다. 그 결과 그의 북부군이 승리하였습니다. 이처럼 링컨은 노예해방을 바란 사람이었지만 그렇다고 노예해방을 위해 남북전쟁을 일으킨 것은 결코 아닙니다. 분명히 그의 이익과 정치적인 입장이 내재된 걸과였습니다. 그러니 이를 종합적으로 이해해서 그를 존경하더라도 제대로 알고 해야 합니다. 그저 어린 시절 읽던 위인전기에 나오는 내용처럼 그를 존경한다면 존경하면 할수록 진짜 그가 아닌, 우리가 필요에 의해서 만든, 가공되고 미화된 모습으로 진짜가 아닌 가짜일 수 있습니다. 그렇다면 이것이 바람직한 것일까요? 아닙니다. 정말로 우리가 그를 존경한다면 그가 살았던 그 때 그 사건의 진실을 알아야합니다. 그래서 그를 이해하면서 그 때 우리라면 어떻게 했을까를 생각해봐야합니다.

어린 시절 읽었던 위인전기 수준을 넘어서는 역사적인 지식과 안목에서 읽는 역사이해가 중요합니다. 이런 안목은 수동적이고 주입식 역사교육으로는 불가능합니다. 비판적이고 종합적인 사고가 허용되고 다양한 논의가 가능한 열린 결론의 역사교육에서 가능합니다. 정해진 정답을 찾는 것이 중요한 게 아니라, 그것을 찾아가는 과정과 자발적인 동기가 중요합니다.

지나치게 링컨의 노예해방이라는 박애정신만을 바라보고, 그가 지닌 지역적 편파성과 정치적인 입장은 잘 알려져 있지 않고, 알려고도 하지 않는 것은 문제입니다. 분명 그는 결과적으로 위대한 일을 해낸 사람입니다. 그러나 그것이 순수한 동기에서만은 아님을 알아야합니다. 사람은 그 누구도 완전하지 않고, 순수하지 않습니다. 그 나름의 이익과 입장이 있습니다. 이를 포장하는 명분이 있습니다. 이렇게 포장된 명분을 벗겨낸 인간적인 모습들을 바라보는 것이야말로 우리가 역사를 제대로 이해하는 길입니다. 이 길에서 우리는 오늘 이 시대에서도 제2, 제3의 링컨을 찾아볼 수 있습니다. 겉으로 드러나는 이들의 구호나 업적만이 아닌, 그 이면의 진실을 바라보는 눈을 지닐 수 있습니다. 그리고 우리 자신의 양면성도 바라볼 수 있습니다.

제가 참 좋아하는 시로 세계 제2차 대전 당시 독일 나치에 저항하며 행동하는 신학자로 몸부림치다가 젊은 나이에 죽은 디트리히 본회퍼(1906-1945)가 쓴 옥중시를 떠올려봅니다. 그는 "나는 누구인가"란 시에서 자신의 양면성에 고뇌하며 절규했습니다. 이것이 우리의 모습입니다. 때로는 가면으로 감춘 우리의 허세와 욕망이 벗겨질까 두려워 더욱 꽁꽁 겹겹이 포장하기도 하는 우리네 삶의 모습입니다. 이를 알고, 이를 인정하는 것이 진정한 역사의식일 것입니다.

나는 누구인가?

남들은 종종 내게 말하기를
감방에서 나오는 나의 모습이
어찌나 침착하고 명랑하고 확고한지
마치 성에서 나오는 영주 같다는데

나는 누구인가?
남들은 종종 내게 말하기를
간수들과 대화하는 내 모습이
어찌나 자유롭고 사근사근하고 밝은지
마치 내가 명령하는 것 같다는데

나는 누구인가?

남들은 종종 내게 말하기를

불행한 나날을 견디는 내 모습이

어찌나 한결같고 벙글거리고 당당한지

늘 승리하는 사람 같다는데

남들이 말하는 내가 참 나인가?

나 스스로 아는 내가 참 나인가?

새장에 갇힌 새처럼 불안하고 그립고 병약한 나

목 졸린 사람처럼 숨 쉬려고 버둥거리는 나

빛깔과 꽃, 새소리에 주리고

따스한 말과 인정에 목말라하는 나

방자함과 사소한 모욕에도 치를 떠는 나

좋은 일을 학수고대하며 서성거리는 나

멀리 있는 벗의 신변을 무력하게 걱정하는 나

기도에도, 생각에도, 일에도 지쳐 멍한 나

풀이 죽어 작별을 준비하는 나인데

나는 누구인가?

이것이 나인가? 저것이 나인가?

오늘은 이 사람이고 내일은 저 사람인가?

둘 다인가?

사람들 앞에서는 허세를 부리고,

자신 앞에서는 천박하게 우는소리 잘하는 겁쟁이인가?

내 속에 남아 있는 것은

이미 거둔 승리 앞에서 꽁무니를 빼는 패잔병 같은가?

나는 누구인가?
으스스한 물음이 나를 조롱합니다.
내가 누구인지
당신은 아시오니
나는 당신의 것입니다.
오, 하나님!

세월호 참사에
답이 없는 국가

온 국민을 판타지 로맨스의 세계로 몰라 넣은 드라마가 있었습니다. 〈태양의 후예〉(KBS2 2016.02. 24~2016.04.14) 열풍에 수많은 여성들이 '심쿵심장이 쿵쾅 쿵쾅거린다는 뜻'하였을 정도였습니다. 제가 재직하는 학교에서는 이 드라마를 보지 않고는 대화에 낄 수 없을 정도로 인기였습니다. 이는 초등학교 6학년인 딸아이도 마찬가지였습니다. 친구들 사이에서는 이 드라마에 나오는 주인공들에 대한 이야기로 '송송 커플송중기-송혜교', '구원 커플진구-김지원'이라는 말들을 한다고 하면서 이 드라마를 안보면 친구들 사이에서 따돌림을 당한다고 하였습니다. 그러다보니 집에 TV가 없어서 본방을 보기 힘든 데도 방법을 강구해낸 결과 인터넷을 이용하면서까지 저와 딸은 이 드라마를 봤습니다. 아내는 무슨 남자가 드라마에 빠져 사느냐고, 초등학생이 드라마 보느라 늦게 자면 안 된다고 하는데도 저희 부녀는 사회생활을 원활히 하려면 어쩔 수 없다면서 아내의 핀잔에도 아랑곳하지 않았습니다. 이 드라마가 방영되는 날 다음날마다 제가 재직하는 학교 선생님 한 분은 남자주인공 송중기의 말투로 말끝마다 "~말입니다"하는 말을 하셔서 다들 웃으면서 드라마 이야기를 하면서 즐거워하곤 하였습니다. 이를 본 어느 선생님은 직장 분위기를 좋게 했다고 송중기에게 감사패를 줘야한다고 하시기도 하였습니다.

제가 봐도 매회 잘생긴 남녀 주인공이 귀엽고 사랑스러운 달달 멘트를 쏟아내는데 어쩜 그렇게 멋지게 보이는 지 감탄을 금치 못하곤 하였습니다. 같이 보는 딸아이가 "아빠도 엄마랑 연애할 때 저랬어."하고 묻는데 그저 웃을 뿐, 말도 못했습니다. 사실 그 어떤 남자가 송중기처럼 멋진 외모에, 멋진 액션을 보이면서 여자 친구가 심쿵하게 하는 말을 할 수 있을까 싶었습니다. 송중기에게 질투를 하자니 어이없고 부러워하자니 씁쓸하고 뭐 그러면서도 재밌게 본 기억이 납니다. 아마 뭇 여성들은 이른바 송송 커플이 보여준 특유의 '오글거림' 멘트를 보면서 민망하다가도 "사과할까요?", "고백할까요?"라는 쫄깃한 대사에 많이들 설레였을 것 같습니다. 그러나 이처럼 농담과 진담 사이를 아슬아슬하게 오가며 여성들의 마음을 흔들던 이 로맨틱한 드라마가 작가의 의도이든 아니든 군인정신이 투철한 주인공 덕분에 애국심, 충성, 희생 등의 감정을 부각시키며 '국가의 역할'에 대해 묻곤 하였습니다. 이런 이유로 베트남에서는 이 드라마를 방영하려는 것에 한국군을 미화시킴에 반대하는 목소리가 나왔다는 보도를 본 기억이 납니다.

이 드라마에서 이런 부분의 클라이맥스가 있었습니다. 청와대 안보수석이 외교적 마찰을 우려해 갱단에 납치된 여주인공의 구출작전을 보류하였습니다. 위험에 직면한 여자친구송혜교를 구해야 하는 군인 신분의 남자친구송중기는 "개인의 죽음에 무감각한 국가라면 문제가 생기면 어때, 국가가 뭔데, 국민의 안전과 생명을 최우선으로 하는 게 국가"라고 정부에 일침을 가했습니다.

뒤이은 장면은 더 환상적입니다. 특전사 사령관강신일은 자신이 모든 책임을 지겠다고 나섰습니다. 이 말은 자신이 평생을 쌓아올린 특진사 사령관직을 내놓을 수 있다는 말이었습니다. 안보수석은 이를 묵살하면서 대놓고 비난하였습니다. 안보수석은 개인의 안전보다 국익이 먼저임을 강조하였습니다. 안보수석보다 직위가 낮은 특전사 사령관은 제대로 반박도 못하고 말았습니다.

이런 상황을 종료시킨 사람은 다름 아닌 대통령이었습니다. 긴급하고 난감한 상황을 보고 받은 대통령은 특전사 사령관을 편들면서 이런 말을 하였습니다. "인질은 무사하니 되었습니다. 그게 최우선입니다. 문제는 정치와 외교이니, 그럼 그건 제 책임입니다. 모든 책임은 제가 집니다. 국민을 무사히 구해주셔서 고맙습니다. 단 한 명의 부상자 없이 돌아와준 것도 고맙습니다."라고 진심을 전했습니다. 대통령은 특전사 사령관에게 일어서서 깊이 허리를 숙여 인사까지 하였습니다. 그 순간 안보수석의 얼굴은 일그러졌고, 특전사 사령관은 이런 대통령을 모시는 것에 대해 감동한 모습이었습니다. 저는 이 순간 가슴 깊이 밀려오는 감동에 마음이 참 훈훈해짐을 느꼈습니다. 한 편의 아름다운 동화 같은 이야기입니다. 그래서 이 드라마는 '리얼' 판타지입니다. 모두가 꿈꾸는 현실과 다른 세상입니다.

지난 4월 16일은 세월호 참사 2주기였습니다. 300여 명의 희생자들이 있었고 아직도 9명은 시신조차 찾지 못했습니다. 유가족들은 2년째 "진실을 밝히고 안전 사회를 만들겠다"고 목소리를 내지만 송중기 같은 멋진 사람도, 특전사사령관과 같이 책임지겠다고 하는 사람도 보이지 않습니다. 더욱이 국민의 안전을 책임지는 그래서 자신이 어려움에 직면해도 그건 자신의 몫이라고 하는 대통령은 더더욱 없습니다. 국가는 여전히 진상규명에 무관심하고 책임자도 물론 없습니다. 책임지는 사람은 현실이 아닌 드라마에서나 가능한 것인가 봅니다. 문득 이런 생각마저 들었습니다. 어쩌면 〈태양의 후예〉에 나오는 국가와 제가 사는 지금 이 나라는 다른 나라인가 봅니다. 오직 '개인의 죽음에 무감각한 국가'만 남아있습니다.

　사회 심리학적 용어 중에 '원인귀속causal attribution'이라는 말이 있습니다. 모든 사건에는 원인이 있다는 뜻입니다. 사람들은 문제가 생기면 그것에 대한 원인을 찾으려 노력하지만 사건의 사실과는 상관없는 곳에서 원인을 찾고 스스로를 비하하며 후회하기도 합니다. 또 어떤 사람은 원인을 이웃이나 다른 사람에게 귀속시켜 증오하거나 원망하기도 합니다. 오늘 우리의 국가는 모든 주권은 국민에게서 나온다는 대한민국 헌법정신을 망각한 것만 같습니다. 지금도 떠오릅니다. 세월호 참사의 모든 책임을 청해진 해운의 실제 소유주로 지목된 유병언에게 다 뒤집어씌우고 국가는 그 책임에서 발을 뺀 그 때 그 모습을······.

이세돌과
알파고의 대결

2016년 3월 이세돌 9단과 구글의 딥마인드에서 개발한 바둑 소프트웨어이자 슈퍼컴퓨터 인공지능AI 바둑 프로그램 알파고AlphaGo*의 '세기의 대국' 우리나라에서 열렸습니다. AI는 '사람처럼 생각하고 학습할 수 있는 기술'을 말합니다. 인간과 기계의 대결이어서 세계의 이목이 집중된 한판이었습니다. 인간과 슈퍼컴퓨터의 대결이라는 이름이 붙여진 방송에 많은 사람들이 관심을 가졌습니다. 그러한 상황 속에서 사람들은 어느새 이세돌 9단에게 '인간 대표'라는 무거운 짐을 지게 했습니다. 사실상 한 번도 겨뤄보지 못한 상대와 바둑을 둬야 하는 이세돌 9단에게 그런 기대는 무척 혹독하게 다가왔을 것입니다. 그는 홀로 슈퍼컴퓨터와 싸웠고 매 경기가 끝난 후 외로운 복기**를 했습니다. 이를 지켜보는 사람들은 "인간이 기계를 어떻게 이기냐"는 반응의 사람들과 "아직은 인간이 기계보다 앞선다."는 반응의 사람들로 갈렸

---

* 구글 딥 마인드Deep Mind가 개발한 인공지능 바둑 프로그램입니다. 알파고Alphago의 고 Go는 바둑을 뜻합니다. 딥 마인드는 구글이 2014년 인수한 인공지능 관련기업으로 2010년 영국에서 설립되었으며 머신러닝 등의 기술을 사용해 학습 알고리즘을 만듭니다.
** 복기復棋/復碁는 바둑을 다 둔 후, 그 경과를 검토하기 위해 처음부터 다시 그 순서대로 벌여 놓는 것을 말합니다.

습니다. 동시에 이세돌 9단을 그저 한 명의 인간으로 보는 사람들이 있는가 하면, '슈퍼컴퓨터에 대적하는 인간 대표'로 생각하는 사람들도 있었습니다.

첫 대국에서 이세돌 9단은 충격적인 패배를 했습니다. 이세돌 9단의 첫 패배 후 사람들은 그를 격려하기도 하고 체념을 하기도 했지만, 그만은 묵묵히 복기하며 다음 대국을 준비했습니다. 두 번째 대국도 마찬가지였습니다. 알파고의 경기 스타일을 제대로 파악하지 못한 이세돌 9단은 탐색전과 같은 자세로 대국에 임했습니다. 평소와는 다른 스타일로 이곳저곳을 두며 알파고의 허점을 찾기 위해 노력했지만 그는 한 번 더 고배苦杯를 마시고 말았습니다. 이세돌 9단은 3국에서조차 패배를 하며, 3연패의 늪에 빠져 사실상 패배가 확정됐습니다. 그러나 이후의 기자회견에서 "4 · 5국을 지켜봐 주세요."라고 당부하며 꼭 한 판은 이기겠다고 했습니다. 그러나 이미 일부에서는 한 판도 못 이기고 끝나는 것이 아니냐는 말이 나올 정도였습니다.

그런 와중에도 이세돌 9단은 "인간이 진 것이 아니다. 이세돌이 진 것이다."고 말했습니다. 그리고는 부끄러움 섞인 표정으로 밤을 새우며 후배 기사들과 복기와 토론을 했습니다. 그 후 4국에서 백돌을 잡은 이세돌 9단은 78수 째에 '묘수'를 두어 알파고를 흔들어 놓았습니다. 이후 알파고는 알 수 없는 수를 놓으며 스스로 무너졌고, 결국 이세돌 9단은 180수만에 알파고의 항복을 받아냈습니다. 모두가 불가능하다고 생각했던 것에 도전한 인간의 승리였습니다.

승리 이후 이세돌 9단은 기쁜 기색을 감추지 않고 밝게 웃으며 "제가 한 번 이기고 이렇게 축하를 받은 것은 처음이네요."라고 말했습니다. 조금은 쑥스러운 듯 웃는 그의 모습은 그 어느 때보다도 인간적이었습니다. 총 1천202개의 CPU(인간의 뇌에 해당함)와 176개의 GPU, 1천 개의 서버를 활용하는 '알사범'에게는 존재하지 않는 것이기에 그의 그 웃음이 더욱 빛났습니다. 이어 이세돌 9단은 "알파고가 흑돌을 잡았을 때 비교적 약한 모습을 보이는 것 같다."며 "특히 자신이 예상했던 것과는 다른 수가 나왔을 때 버그 수준으로 상황 대처 능력이 떨어지는 것 같다."라고 말했습니다. 이는 이세돌 9단이 세 번의 대국 만에 알파고의 허점을 알아냈다는 것을 뜻합니다. 예상치 못한 알파고의 패배에 충격을 받은 듯 4국이 끝난 후에 딥마인드사는 한 번의 업데이트를 더 거치고 5국에 나섰습니다. 많은 사람이 다시 희망을 품고 이세돌 9단을 응원했으나, 시간 안배에 실패한 이세돌 9단은 후반부에 시간에 쫓기며 280수만에 패하고 말았습니다.

1997년도에 이미 세계에서 가장 체스를 잘 두는 인간이 기계에게 졌습니다. 그 후로 인류에게는 10의 170 제곱에 이른다는 경우의 수를 가진 바둑에 희망을 걸었습니다. 그러나 1분 남짓한 시간에 십만 번의 수 읽기가 가능한 알파고가 나타났습니다. 그런 '기계'를 상대로 '인간' 이세돌 9단은 잘 싸워줬습니다. 우리는 한 번의 승리보다도 완벽을 추구하기 위해 외로운 복기를 하는 이세돌 9단의 모습에 감동했습니다. 그는 마지막 경기 후에 이런 말을 했습니다. "인간이 진 것이 아니라 이세돌이 진 것일 뿐입니다."

바둑 천재와 기계의 대결에서 인간 대표는 1승 4패로 지고 말았습니다. 이 역사적인 대국이 끝난 뒤, 한국 기원은 알파고에게 프로기사의 가장 높은 등급인 명예 9단을 수여했습니다. 이 사건으로 우리는 아직도 그 충격에서 제대로 헤어 나오지 못하고 있습니다. 김성룡 9단은 "이제 인간이 인공지능을 한 판이라도 이기면 다행인 시대가 왔다."며 인간의 완패를 깨끗하게 시인했습니다. 똑똑한 알파고의 승리는 찜찜함을 넘어 이런저런 우려의 목소리를 만들기도 했습니다. 과학과 기술의 빠른 진화에, 앞으로 달라질 인류의 미래가 걱정스럽습니다. 이미 기계에게 일자리를 빼앗겨 눈물짓고 있는 사람들도 많지만, 이제 전문인들의 자리까지 흔들리고 있으니 걱정이 앞섭니다.

대형 로펌의 한 관계자가 한 말입니다. "오늘 우리 변호사들의 최대 관심사는 이세돌의 패배였습니다. 다들 '이제 우린 어떻게 하냐'는 얘기만 했습니다." 변호사가 어떤 직업인가요? 사건을 해결하기 위해 좋은 판례, 유리한 판례를 찾는 게 급선무입니다. 그런데 사건 정보를 입력하면 적절한 판례를 찾아 주는 인공지능이 이미 개발되고 있으니, 변호사들의 일자리가 걱정되지 않을 수 없습니다. 기계에게 일자리를 빼앗길 사람들이 변호사뿐만이 아닙니다. 이처럼 기계로 인해 인간이 위기에 봉착하게 되는 모습은 아주 오래전에 실제로 벌어진 역사적인 사건을 떠올리게 합니다.

19세기 초 영국에서 일어난 사회운동입니다. 1811년 말경 노팅엄 근처에서 시작되어 이듬해에 요크셔, 랭커셔, 더비셔, 레스터셔 등으로 퍼졌습니다. 저임금에 시달리던 영국의 직물 노동자들이 공장에 불을 지르고 기계를 파괴한 사건이 '러다이트 운동Luddite Movement'으로 일명 '기계파괴 운동'이라고도 합니다.

러다이트 운동은 영국에서 시작된 산업혁명과도 연관이 있습니다. 방직 작업의 기계화로 대량생산이 가능해지면서 많은 숙련공이 일자리를 잃고 실업자가 되었기 때문입니다. 공장에서는 숙련공 대신 적은 임금을 줄 수 있는 비숙련공을 고용했으며 직물공장 노동자들의 임금은 계속 하락했습니다. 반면 식료품 등의 물가는 계속 상승하면서 많은 노동자가 빈곤과 굶주림에 시달렸습니다.

영국 정부가 1799년 제정한 '단결금지법'도 노동자의 빈곤에 영향을 미쳤습니다. 단결금지법은 노동조합의 결성을 금지하는 법안입니다. 단결금지법으로 인해 노동자들은 단체교섭권을 가질 수 없었으며 임금협상을 위한 파업 등을 진행하지 못했습니다. 결국, 저임금과 빈곤에 시달리던 직물 노동자들이 기계를 파괴하기 시작하면서 러다이트 운동이 시작되었습니다.

러다이트Luddite라는 이름은 전설적 인물인 '네드 러드Ned Ludd'에서 유래했습니다. 그는 소년 시절인 1770년 후반 2대의 방적기를 파괴한 것으로 알려진 인물입니다. 실존인물인지 가공인물인지는 알 수 없으나 기계를 파괴하던 노동자들은 그의 이름을 자주 언급했으며 로빈 후드에 비유하는 등 영웅으로 여겼습니다. 노동자들은 자신들을 '러드Ludd'라 부르기 시작했으며 그들의 지도자는 '러드 왕', '러드 장군'이라 불렸습니다. '러다이트' 즉 '러드들'은 보통 밤에 가면을 쓰고 움직였으며 공장을 습격하고 불을 질렀습니다.

이들은 사람에게는 폭력을 행사하지 않았으므로 종종 지원을 받기도 했습니다. 다만 공장을 운영하는 고용주들과는 적대적 관계가 형성되었습니다. 1812년 러다이트에게 위협을 받았던 호스폴이라는 고용주는 한 무리의 러다이트를 사살했으며, 나중에 이에 대한 앙갚음으로 살해당했습니다.

리버풀 백작 2세 로버트 뱅크스 젱킨슨 내각은 러다이트를 혹독하게 진압했으며 1813년 요크에서 열린 집단재판에서는 많은 사람이 교수형을 받거나 유배되었습니다. 나폴레옹 전쟁에 따른 불황 때문에 1816년에도 비슷한 폭동이 일어났으나 강경 진압과 경기회복으로 곧 끝이 났습니다.

설마 오늘날 러다이트 운동과 같은 일이 일어나지야 않겠지만 기계의 발달이 우리 인간의 삶에 편리함을 주지만 모든 일에 빛이 있으면 그림자도 있듯이 편리함에 못지않게 인간의 삶을 위협하는 것도 사실입니다.

이것이 편리함 이상으로 우리 삶에 심각한 양상으로 드러난다면 큰 사회 문제가 될 것입니다. 아주 오래전 러다이트 운동이 산업혁명에 따른 육체노동자의 일자리를 뺏는 양상이었다면 알파고와 같은 인공지능은 전문가를 포함한 모든 인간의 일자리를 뺏는 위협적인 존재가 될 것입니다.

최근 휴대전화 기술은 나날이 발전합니다. 급속하게 진화하는 휴대전화로 인한 편리함도 있지만, 그 폐해도 적지 않습니다. 이에 대해 우려하는 목소리들도 많습니다. 인간의 편리한 소통을 위해 만든 휴대전화가 오히려 소통을 가로막고 있고, 인간을 기계에 의존하는 기계없이 못 사는 존재로 만들어 결국 기계의 노예로 전락할 지도 모릅니다.

물론 이건 휴대전화의 잘못이 아니라 인간의 잘못입니다만 돈이 목적인 기업의 상술을 멈추게 할 재주나 힘은 그 누구도 없습니다. 과학과 기술 문명의 발전이 가져다주는 앞날이 걱정스럽습니다. 이 글을 쓰는 저도 딱히 이를 어떻게 해결해야할지 특별한 방안이나 대안이 있는 것은 아닙니다. 다만 저는 이세돌과 알파고의 대국에서 하나 깨달은 것이 있습니다. 바둑에서 9단은 최고의 경지에 이른 사람을 말합니다. 이세돌은 바둑 천재로 불리는 사람입니다. 그런 그의 천재성은 일반인들에게는 부러움의 대상이었고, 범접할 수 없는 경지입니다. 그러니 바둑계에서 이세돌은 신의 경지에 이른 사람입니다. 그의 위상과 그의 영향력은 이루 말할 수 없습니다. 그런 그에게 패배를 안겨다주는 존재가 있었습니다. 그것은 인간인 만든 기계였습니다.

알파고는 그야말로 수퍼 컴퓨터로 최고의 지능을 자랑했습니다. 당당하게 인간 천재에게 도전장을 내는 자신감이 있었습니다. 그러나 이세돌은 3연패를 당하면서까지 포기하지 않고 복기를 거듭한 결과 알파고의 허점을 찾아냈고 그 결과 4국에서 알파고를 이겼습니다. 물론 알파고가

4승 1패의 성적을 거뒀으니 알파고가 이세돌을 확실히 이겼습니다. 그러나 완승은 아닙니다. 만일 이세돌이 알파고에 대해서 더 연구해서 재대결을 한다면 결과는 달라질 수 있습니다. 또한 다른 바둑기사와 대결한다면 결과는 달라질 수도 있습니다. 제가 말씀드리고자 하는 바는 이처럼 천재로서 신의 경지에 이른 사람이나 수퍼컴퓨터라고 해도 완전하시는 않다는 것입니다. 저는 이게 참 좋습니다. 그러기에 이세돌이나 알파고는 자만에 빠지지 않을 수 있고, 더 노력할 수 있습니다. 마찬가지로 상대방이 완전무결하지 않기에 우리는 그 어떤 존재에 대해서도 포기하지 않고 도전할 수 있습니다. 이세돌과 알파고가 이러할진대 하물며 우리 일반 사람들이야 당연히 자만에 빠지지 않고, 포기하지 않을 수 있습니다.

인공지능이 인류 최고의 전문가를 꺾는 순간 사람들은 전율을 느꼈습니다. 알파고와 이세돌의 대국을 통한 가장 충격적인 것은 머잖아 인류혁명이 일어날 것이며, 인간의 범주가 새롭게 규정되어야 할 상황이 온다는 점입니다. 즉, 인간과 기계의 경계가 점점 좁혀지면서 신체는 물론 인지의 영역까지도 인공지능으로 대체가능할 지도 모릅니다. 최근 일본에서는 인공지능이 쓴 소설 두 편이 문학상 예심을 통과하기도 했습니다. 분명 앞으로도 인간의 학문이 발전하고, 기계의 발달은 하루가 다르게 발달할 것입니다만 그렇습니다.

인간이 인간다움은 눈에 보이고 효율성으로 평가받는 기능만이 아닙니다. 이세돌이나 알파고가 우수한 기능적 측면은 있으나 좋은 성품을 지닌 존재라거나 숭고한 정신세계를 담보한 존재는 아닙니다. 무기력감과 우울함이 겹쳐 '인공지능 포비아'***조짐도 보이지만 인간이 인간다

*** 포비아Phobia는 어떠한 상황 또는 대상을 지나치게 두려워하거나 혐오하는 것을 가리키는 말로, '병적인 공포증 또는 혐오증'을 의미합니다. 포비아를 가진 사람은 두려

울 수 있는 방법을 최대한 모색해야 합니다. 인간에게는 신체와 인지 능력뿐 아니라 '정신적인 영역'이 있습니다. 아무리 인간의 지능이 뛰어나고 문명이 발달하고 기계가 발달해도 이것들이 보이지 않는 인간의 정신세계나 종교적인 영역을 넘어설 수는 없습니다.

움의 상황 또는 대상이 해를 끼치지 않는다는 것을 알면서도 강박적으로 그 상황 또는 대상을 두려워하고 필사적으로 피하려고 하며, 일상적인 생활이 불가능할 정도의 증상을 나타냅니다. 광장공포증, 대인공포증, 고소공포증, 폐쇄공포증 등이 포비아에 해당합니다.

인공지능과
공존하는 세상

요즘 이세돌 9단과 구글의 인공지능AI 알파
고의 바둑대결에서 알파고의 승리로 인공지능에 대한 기대와 걱정이 많
아졌습니다. 이미 인공지능은 우리 주변 곳곳에 깊숙이 파고들었습니다.
반복되는 단순 업무뿐만 아니라 많은 양의 데이터를 빠르게 계산·분
석·추론하는 지식노동의 일부 영역에도 많이 활용되고 있습니다. 예컨
대 언론만 해도 AP, 로이터 등 글로벌 뉴스 통신사들이 인공지능을 이용
해 스포츠·금융 등에 관한 속보와 단신 기사를 작성하고 있습니다.

미국 LA타임즈는 지진 정보를 자동 수집하는 퀘이크봇을 통해 실시간
으로 기사를 쓰고 있습니다. IBM 인공지능 왓슨은 세계 최고 권위 MD앤
더슨 암센터에서 사용되고 있는데, 진단 정확도가 82.6%에 달합니다.
왓슨이 탑재된 로봇 변호사 로스는 음성을 인식해 판례와 승소 확률 등
을 알려주고 있습니다. 미국 법률 자문회사 로스인텔리전스는 왓슨을
기반으로 한 대화형 법률서비스를 제공하고 있습니다. 골드만삭스는 금
융 분석 인공지능 프로그램 켄쇼를 도입했습니다. 이처럼 인공지능은
인간만이 할 수 있다고 자부했던 언론, 의료, 법조, 금융 등 전문 영역의
일들도 하고 있습니다. 이 외에 자율주행과 무인택배, 호텔 카운터 등

인공지능이 인간을 대체하는 영역은 점차 넓어지고 있습니다.

2016년 1월 4차 산업혁명을 주제로 열린 제46차 세계경제포럼에선 인공지능과 로봇공학, 사물인터넷IoT, 자율주행차, 3D 프린팅 등으로 2020년까지 전 세계에서 일자리 510만 개가 사라질 것이란 전망이 나왔습니다. 또한 2016년 1월 발표된 '유엔 미래보고서 2045'는 30년 후 인공지능이 인간을 대신할 직업군으로 의사, 변호사, 기자, 통·번역가, 세무사, 회계사, 감사, 재무 설계사, 금융 컨설턴트 등을 꼽았습니다. 이에 반해 인간을 직접 만나거나 감성·창의성·직관이 필요한 업무는 인공지능이 대체할 수 없는 영역으로 분류되고 있습니다.

한편 인공지능의 진화와 인간 삶의 변화에 대한 전망도 나눠집니다. 인간의 삶을 더 윤택하게 해 줄 것이란 기대가 있는 반면, 진화를 거듭한 인공지능이 인류를 위협할 것이란 우려도 있습니다. 또한 기술과 정보를 가진 사람과 못 가진 사람 사이에 극심한 격차가 생길 것이라는 예측도 나오고 있습니다. 격차를 결정짓는 것이 자본인데, 자본이 많은 기업이 인공지능 기술을 독점해 세계를 장악할 수도 있다는 것입니다.

그러나 칼을 강도가 사용하면 흉기가 되지만, 요리사가 사용하면 음식을 만드는 착한 도구가 되는 것처럼, 인공지능도 사람들이 어떠한 마음을 갖고 사용하는가에 따라 인류에 재앙이 될 수도 있고, 희망이 될 수도 있습니다. 따라서 인공지능에 대한 막연한 공포나 비관론에 빠질 필요는 없습니다. 국가적으로는 인공지능 연구개발에 박차를 가하면서, 인공지능의 활용 범위와 책임 문제, 윤리적 문제 등에 대해 논의를 시작해야 합니다. 또한 인공지능과 인간을 구별하는 특징인 마음을 잘 다스리면서 인공지능과 공존하는 미래를 준비해야 합니다.

이미 우리 삶의 전반에 걸쳐 많은 인공지능이 존재하고 있습니다. 인공지능이란 인간의 학습능력과 추론능력, 지각능력, 자연언어의 이해능력 등을 컴퓨터 프로그램으로 실현한 기술을 뜻합니다. 우리에게 길을 알려주는 내비게이션부터 시작해, 일정한 온도가 되면 작동하는 냉·난방기기 등이 여기에 해당합니다. 우리의 삶을 빠르고 편리하게 해주는 수많은 인공지능 기계들, 빠른 속도로 변해가는 세상의 중심에는 인공지능 기술이 있습니다.

우리 삶에 깊숙이 침투한 인공지능은 그만큼 우리 삶을 많이 변화시키고 있습니다. 이미 많은 것이 변했고, 앞으로 더 많은 것이 변할 것입니다. 이런 세상 속에서 인간은 어떤 행동을 취해야 할까요? 로봇이나 인공지능과 대결할 필요는 없습니다. 대신 앞으로 인공지능의 발달이 우리의 삶을 어떻게 변화시킬지 생각해보고, 새로운 정보를 받아들이려고 하는 적극적이고 수용적인 태도가 무엇보다도 중요합니다. 인공지능과 인간이 적대적인 관계가 될 것이라면 개발하지 않는 편이 좋지만, 이미 활성화되고 있어 개발을 막는 것은 사실상 불가능합니다. 그렇기에 인공지능이 인간에게 어떻게 더 도움이 될지를 생각하고, 인공지능을 개발하는 공학자들이 인간만이 할 수 있는 직업을 창출하고 찾아야 합니다.

우리는 인공지능과 경쟁하는 것이 아닌, 더불어 살아야 하는 시대를 향해 가고 있습니다. 기계가 인간을 지배하지는 않을까 걱정하는 것보다 앞으로 어떤 자세로 살아야 하고, 어떤 일을 해야 할지 고민해보는 시간을 가져야 하지 않을까요?

소유냐 존재냐,
존재냐 관계냐?

에리히 프롬은 그의 명저名著『To Have or To Be소유냐 존재냐』에서 인간존재에 대한 깊은 성찰보다는 물질소유를 통하여 행복을 추구하는 서양문명에 대해 냉철한 비판을 가했습니다. '나는 누구이며, 어디에서 왔고, 어디를 향해 가고 있는가'라는 주제의 명화名畵를 남긴 고갱의 메시지도 같은 맥락입니다. 동양은 예로부터 개인의 존재보다는 인간관계를 중요시해왔습니다. 특히 조선시대부터 유교적 사회관이 깊게 자리 잡은 우리나라는 삼강오륜三綱五倫처럼 사람 사이의 역할을 우선시했습니다. 군주와 신하, 부모와 자식, 남편과 아내 등 지켜야 할 예절을 우선 실천해서 동방예의지국이 된 것입니다.

인간관계의 패러다임은 크게 4가지가 있습니다. 승/승, 승/패, 패/승, 패/패가 그것입니다. 이러한 가치관의 판단기준이 되는 것이 용기와 배려입니다. 용기란 상대방에게 자신의 생각과 감정을 말할 수 있는 능력이고, 배려는 상대방의 생각과 감정을 깊게 읽어 줄 수 있는 역량을 말합니다. 승/승의 가치관을 가진 사람은 시의 적절하게 용기와 배려를 충분하게 표현할 수 있습니다. 하지만 승/패의 생각이 굳어진 사람은 용기는 많지만 배려는 적습니다. 이러한 사람은 독불장군이나 심하면 독재자가 될 수 있습니다. 패/승의 인생관은 양보가 미덕이라는 생각으로 자신을 희생시키는 사람으로 뒤에 가서는 후회하면서 자신을 학대합니다. 패/패의 패러다임은 말할 것도 없이 너 죽고 나 죽자는 식의 극도로 황폐화된 가치관을 말합니다.

공자에게 하루는 제자가 질문을 했습니다. "스승님! 어떤 사람이 가장 훌륭한 인간관계를 하는 사람입니까?" 묻고 대답하기의 달인達人인 공자가 즉답을 할 리가 없습니다. "너는 어떤 사람이라고 생각하느냐?" 이에 제자는 "모든 사람으로부터 좋은 사람으로 칭찬받은 사람이라고 생각합니다." 라고 하니 공자는 "그 사람 훌륭한 사람 아닌데……." 이에 제자가 "그러면 모든 사람으로부터 나쁜 사람이라고 평가받는 사람이 훌륭한 사람인가요?" 라고 물으니 "그 사람도 아니지. 세상에는 선한 사람과 악한 사람이 있지. 착한 사람으로부터는 좋은 사람이라는 칭찬을 받고, 악한 사람으로부터는 나쁜 사람이라고 평가받는 그 사람이 참으로 훌륭한 사람이다."라고 했습니다.

승/승win/win, 자기 이익, 타인 이익은 인간관계의 최고 덕목입니다. 이는 모든 사람으로부터 인정과 칭찬을 구걸하는 것과는 다릅니다. 게다가 험난한 시대를 살아가는 우리는 혹독한 평가와 무한경쟁의 환경을 탓하며 상대방을 눌러야 살아남는다는 승/패의 무의식에 사로잡혀 있습니다. 승/승으로 가기 위해서는 오히려 잠시 동안의 패/승 기간이 필요합니다. 가난해도 행복했던 우리의 지난 시절 모습입니다. 다정다감한 정으로 콩한 쪽도 나눠먹는 인심 좋은 동네가 우리가 지닌 공동체성입니다.

살면서 이웃을 먼저 배려하면 어떨까요? 이런 배려의 삶으로 자신의 말과 느낌을 표현하는 용기도 필요합니다. 때로는 말하지 않으면 알지 못하고 본의 아닌 오해가 생깁니다. 무엇보다 상대방이 어떤 사람인지 구별하는 지혜로 적절한 말과 행동으로 상대방을 존중하는 예의로 인간관계를 맺어가야 합니다.

'우분트'라는 말이 있습니다. 한 인류학자가 아프리카 부족의 아이들에게 게임을 제안했는데, 앞에 있는 나무 밑에 과일이 가득 담긴 바구니를 두고, 제일 먼저 달려가는 사람에게 과일 바구니를 상으로 주겠다고 한 것입니다. 그러자 아이들은 "출발"소리에 모두 함께 손을 잡고 달려가서 모두 상을 받았습니다.

한 명이 다 가질 수도 있었는데 왜 그렇게 함께 달렸느냐고 묻자, 아이들은 "우분트, 다른 사람이 모두 슬픈데 어떻게 한 명만 행복할 수 있어요?" 라고 말했다고 합니다. '우분트'는 코사족의 말로 '나는 곧 우리'라는 뜻이라고 합니다. 나만 잘되는 것이 아니라 너와 내가 함께, 우리 모두가 행복한 세상이 되도록 해야 합니다. 여기에는 너와 내가 따로 없습니다. 서로 사랑하며 협력해서 가고 싶고, 오고 싶고, 머물고 싶은 공동체가 되도록 힘써야합니다. 너와 내가 하나 되어 손에 손잡고 함께 움직일 때 아름다운 삶의 결실을 맺을 수 있습니다. 〈맹자 공손추 하〉에 나오는 이야기입니다.

"맹자가 말하기를, 시일과 간지 같은 천시가 땅의 이로움만 같지 못하고 땅의 이로움은 사람의 화목함만 못하니라. 3리의 성과 7리의 외성을 포위해서 공격해도 이루지 못하니 대개 포위하고 공격함에 있어서는 반드시 천시와 어울리도록 했을 터이지만, 그러면서도 이기지 못하는 것은 천시가 땅의 이로움만 같지 못하기 때문이다. 성이 높지 않은 것이 아니며, 못이 깊지 않은 것이 아니며, 병기가 굳고 예리하지 못함이 아니며 군량이 많지 않은 것이 아니지만 성을 버리고 떠나가는 경우가 있으니 이것은 땅의 이로움이 사람의 화합만 같지 못하기 때문이니라. 도리에 맞게 하는 사람은 도와주는 사람이 많고 도리에 어긋나게 하는 사람은 도와주는 사람이 적은 법이다. 도와주는 사람이 적어지는 극단에 이르러서는 친척도 배반하게 되고 도와줌이 많아지는 극단에는 온 천하 사람이 순종하게 되는 것이다."

가장 큰 적은 외부에서 밀려오는 것이 아니라, 내부의 갈등과 불화와 분열이라고 합니다. 같은 의미로 가장 큰 힘은 외부에서 주는 제도와 재정과 인력이 아니라 내부의 화합과 단결과 하나 됨입니다. 서로 양보하고 배려하고 협력하는 힘은 공동체를 든든히 서 가게하고, 활력을 불러 옵니다. 오늘 우리 시대가 지향할 가치는 나만의 행복을 위한 소유가 아니고 존재도 아니고 관계를 통한 상생相生입니다.

경쟁과
협력의 조화

우리가 사는 현대사회를 가리켜 '무한경쟁의 사회'라고 말합니다. 잘 아는 것처럼 대학입학경쟁은 세계가 놀랄 정도로 치열하고, 청년취업문제도 심각한 수준입니다. 또한 구조조정에서 살아남기와 성과급 평가도 치열한 게 현실입니다. 비교적 경쟁에서 자유롭던 교육계도 이제는 진급과 성과급으로 경쟁을 당연시하는 상황입니다. 우리 사회가 사회주의가 아닌 자본주의, 자유경쟁사회이다 보니 경쟁은 불가피합니다. 또한 경쟁을 통해 발전을 촉진하고, 능력에 따라 차등 배분함으로써 열정을 유도할 수 있어 공정성을 기할 수 있습니다.

그러나 경쟁이 지나치다 보면 과도한 스트레스를 가져오게 되어 각종 질병을 초래하기도 합니다. 이런 시대에 공동체성이나 협력이 가능해질지 우려되는 현실입니다. 개인주의가 지나치면 이기주의가 되고, 경쟁이 지나치면 인간성이 파괴되는 무서운 사회가 초래되고 말 것입니다. 나만 있고 우리가 없는 사회, 너 죽고 나 살자는 경쟁사회는 결국 자신도 죽게 할 뿐입니다. 그러기에 우리의 교육은 개인의 성실을 강조하는 교육에 힘써야하지만 거기에 반드시 공동체성과 협력을 담아내야합니다.

우리가 살아가는 방식에는 네 가지가 있습니다. 이 네 가지는 "나도 승리하고 너도 승리하기", "나는 승리하고 너는 패배하기", "나는 패배하고 너는 승리하기", "나도 패배하고 너도 패배하기" 입니다. 이 중에서 가장 바람직한 방식은 나도 승리하고 너도 승리하는 이른바 "윈윈 전략" 입니다. 윈윈 전략을 위한 바람직한 교육의 하나는 "협동학습"을 잘 운영하는 것입니다.

협동학습의 바람직한 운영 방식은 "멤버 간 협조" 및 "그룹 간 경쟁"입니다. 멤버 간에 윈윈win-win전략을 구사하는 것입니다. 그러기 위해서는 멤버 간 상호 협조가 중요합니다. 이를 위해서는 원활한 협조를 위해 상호 소통이 중요합니다. "소통이 안 되면 두통이 생긴다."는 말이 있습니다. 소통이 안 되면 상대방을 오해하게 되고 추측은 또 다른 오해를 가져와 갈등이 생기게 됩니다. 그러나 소통을 원활히 하게 되면 머리가 맑아집니다. 일의 능률도 오르게 됩니다. 더욱이 지식정보사회에서는 상호 소통이 매우 중요합니다. 정보교류가 엄청난 재산입니다. 소통을 기반으로 멤버 간 협조가 이루어지면 즐겁게 일할 수 있고, 건강도 좋아집니다. 어차피 해야 할 일을 축제처럼 즐기면서 할 수도 있습니다.

소통의 중요성은 여러 가지 사례에서 발견됩니다. 인터넷 검색 사이트에서 막강한 경쟁력을 가진 것이 "구글"입니다. 구글의 막강한 위력 앞에서 "야후"는 한국에서 밀려났습니다. 하지만 "다음"이나 "네이버"는 잘 버티고 있습니다. 이런 이유 중 하나는 소통의 위력威力입니다. "다음"이나 "네이버"에서는 댓글을 올리며 반응하게 합니다. 상호작용의 소통이 중요합니다. 이는 검색 기능과 인간적인 것의 조화입니다.

세상에는 정답이 없는 것이 너무나도 많습니다. 그러나 생각해보면 정답이 있습니다. 정답은 무엇일까요? 정답이 무엇인가를 고민하며 소통하면서 찾아가는 과정 자체가 정답입니다. 가만히 앉아서 생각만 하지 말고, 뛰면서 소통하고 무엇인가 찾아가야 합니다. 걷는 사람은 뛸 수 있지만 눕는 사람은 일어서기가 어렵습니다. 경쟁이 불가피하지만 협력과 조화를 모색하는 지혜가 필요합니다. 진흙 속에서 연꽃이 피고, 쓰레기더미에서도 장미가 피고, 척박한 아스팔트에서도 들꽃은 어김없이 피듯이 무한경쟁사회에서도 더불어 함께 살아가는 삶의 기쁨을 기대할 수 있습니다. 여기에 우리의 관심과 다짐이 절실합니다.

미디어와
관계 맺기

평소 게으른 성격 탓도 있지만, 어릴 적부터 오늘은 의미 있는 하루를 보내야겠다고 다짐할 때마다 항상 TV 앞에서 무너지곤 했습니다. 잠깐의 휴식을 위해, 밥을 먹으면서 심심함을 달래기 위해 TV 앞에 앉는 순간 하루는 사라지고 맙니다. TV 앞에서 저는 그 속에 개입되지 않고 편안히 다른 사람들의 삶을 관조할 수 있어 마냥 달콤했습니다. 어떻게 보면 잠깐 투명 인간이 되는 것 같기도 합니다. 저는 그들을 보지만 그들은 저를 볼 수도 없고, 알 수도 없습니다. 이른바 대학입시에 찌든 고등학생시절 매일 영문독해에, 수학풀이에 지치고, 분주한 직장생활의 스트레스로 지쳐가던 나날 속에서 아무 생각없이 가만히 있을 수 있는 건 축복이었습니다. 그러나 한 번 빠져들면 헤어 나올 수 없는 것이 문제였습니다. 개인 의지의 차이도 있지만 TV라는 미디어의 특성이 그러합니다.

마셜 맥루한은 『미디어의 이해』에서 미디어를 그 특성에 따라 핫미디어와 쿨미디어로 구분해서 설명합니다. 여기서 그가 말하는 뜨겁고 차가움은 절대적인 의미가 아니라 상대적 의미입니다. 사진과 만화를 예로 들면 사진은 더 촘촘하고 생동감 있게 형상形象을 전달해 만화보다 뜨거우니 핫한 미디어입니다. 만화는 캐릭터의 특성을 살리기 위해 실제 모습에서 많은 부분을 생략하고 변화시키기 때문입니다. 쿨한 미디어는 생략된 부분을 수용자가 받아들이면서 채워나가기 때문에 쉽게 지칩니다. 글로만 이뤄진 책을 읽는 것보다는 만화가, 그보다는 영상을 보는 것이 훨씬 편한 것처럼 말입니다. TV는 다른 미디어에 비해 수용자가 개입할 여지가 적은 핫미디어입니다. 글을 읽듯이 머릿속으로 글자를 인식하고 상상할 필요 없이 영상을 통해 상을 한 번에 보여주기 때문입니다. 사람들은 미디어의 특성보다는 대부분 미디어의 편안함, 편리성만 바라봅니다. 미디어 자체의 특성이 자신과 어떤 방식으로 관계를 맺는지 깊이 생각하지 않습니다.

수년전, 끊임없이 영상이 이어지는 TV에서 벗어나기 위해 과감하게 집에서 TV를 없앴습니다. 처음엔 저나 가족 모두 마치 금단현상처럼 어찌할 바를 몰랐습니다. 그러다가 다시금 TV를 구입하자는 생각에 이르렀으나 이내 마음을 다잡고 견딘 결과 이제는 마치 처음부터 TV가 없었던 것처럼, 큰 불편 없이 살고 있습니다.

퇴근 후 귀가하자마자 습관적으로 TV를 보던 것에서 벗어났습니다. 이게 가능할까 싶었는데 몇 년째 TV없이 살다보니 이제는 오히려 TV의 뜨거움이 답답하게 느껴지기도 합니다. 그래도 현대인으로 TV를 외면할 수는 없어 스스로 선택해서 영상물을 시청하는 스마트폰과 컴퓨터를 애용하기는 합니다. 이렇게 해서 남게 된 시간은 선물처럼 주어졌습니다. 이 시간에 책을 읽기도 하고 가족 간에 이야기꽃을 피웁니다. 음악을 듣는 여유도 생기고, 창가에 깃든 화단의 꽃과 나무도 보고, 가족과 산책을 즐길 수도 있습니다.

요즘은 또 다른 방해꾼이 있어 고민이기는 합니다. 손바닥만 한 녀석이 애인처럼 하루 종일 제 곁에 꼭 붙어 다닙니다. 앞으로는 이 녀석과의 관계도 진지하게 설정해야할 것 같습니다. TV와는 이별을 통해 생활을 윤택하게 만들었지만 스마트폰은 양상이 다릅니다. 이 녀석은 일상에서 통화, 문자, 카톡, 음악듣기, 인터넷, TV, 내비게이션까지 떼려야 뗄 수 없는 신체의 일부가 되어버렸습니다. 스마트폰을 떼어내기엔 TV보다 훨씬 어려울 것 같습니다. 오죽하면 스마트폰의 이용시간을 줄이기 위해 어플까지 만들어졌을 정도입니다. 어떻게든 미디어를 잘 다뤄야하는 시대입니다.

다행인 것은 스마트폰은 TV보다는 상대적으로 덜 뜨겁고 차가움도 있어 좋습니다. 스마트폰은 영상, 음성, 글, 그림까지 뜨거움과 차가움이 혼재된 요술 상자입니다. 미래에는 스마트폰보다 더 좋은 기기들이 우리 곁에 다가올 지도 모릅니다. 이에 따라 우리 몸과 더 가까이 결합될 미디어들이 쇄도할 것입니다. 이제 우리에게 새로운 미디어와의 관계는 매우 중요한 과제입니다. 막연히 받아들이기엔 미디어의 영향은 무시무시합니다. 우리는 미디어와 어떻게 밀당밀고 당기기을 할 것인지를 진지하게 고민해봐야 합니다.

문득 TV나 스마트폰이라는 미디어에 편향된 자신을 바라봅니다. 분주한 일상, 빠름이 미덕인 현실에서 신문과 잡지와 책과 같은 인쇄물이 주는 매력을 생각해봅니다. 전자시대에 굴하지 않고 공존하면서, 아주 오랜 세월 자신의 존재를 드러낸 종이 뭉치들의 힘은 어디에 있을까 하는 생각을 해보았습니다. 저도 급변하는 세상에서 묵묵히 자신의 빛깔과 향기를 잃지 않고 자기 몫을 감당해야겠다는 생각을 해보았습니다.

헬조선,
기성세대의 책임입니다

분명 쉽지 않은 것이 사실입니다. 요즘 대학생들은 학과 공부에, 아르바이트를 겸하면서 밤낮으로 스펙을 쌓지만 정작 취업은 바늘구멍에 견줄 만큼 어렵습니다. 취업을 한들 팍팍한 경제 환경에 예전처럼 가정을 꾸리기도 만만치 않습니다. 우리 사회는 언젠가부터 평생직장이라는 말이 희귀해졌습니다. 이른바 비정규직, 계약직이라는 말이 일상이 되었습니다. 그러니 삶의 여건이 장기적인 계획에 따라 안정을 향유할 수 없습니다. 나라 전체의 불안한 경제구조로 인해 결혼도, 내 집 마련도, 자녀를 키우는 것도 혼자 힘으로는 감당이 안 되는 사회구조가 됐습니다. 그래서 얼마 전부터 젊은이들 사이에 '헬조선'이라는 단어가 유행하고 있습니다. 자신이 사는 나라를 지옥에 비유한 끔찍한 표현입니다. 이 말이 유행할 정도이니 가슴 아픈 현실입니다. 우리사회가 뭐가 문제이기에 이토록 미래를 책임질 청년이 꿈과 희망이 아닌 절망과 좌절로 세상을 바라보게 된 것인지 안타깝습니다. 무엇을 어디서부터 이를 해결해 나가야 하는 건지 답답하기도 합니다. 제발 하루속히 헬조선의 현실을 해소해나갔으면 좋겠습니다. 이 일에 정치권과 경제계 등 우리 사회를 구성하는 모든 이들이 지혜를 모았으면 좋겠습니다. 이 일은 반드시 이루어가야 할 시급한 과제입니다. 여기엔 너와 내가 따로 없습니다. 저와 같은 기성세대 모두가 함께해 나가야 할 책임이요, 사명입니다.

그런데 문득 '왜 우리나라만 헬조선일까?'하는 의문이 듭니다. 객관적인 수치만을 놓고 비교하면 청년들의 어려움이 우리나라만의 일은 결코 아닙니다. 선진국에서는 이미 1980년대 오일쇼크를 기점으로 1~2%대의 저성장 기조가 안착했습니다. 대학 졸업 후 직장을 얻기 전까지 대부분 아르바이트를 해서 먹고 삽니다. 또한 서구사회의 부모는 자녀에 대한 경제적인 지원에 있어서 우리나라 부모와 달리 냉정한 편입니다. 서구사회의 젊은이들 역시 만만치 않은 미래를 헤쳐 나가느라 힘겨워하고 있습니다. 그런데도 그들은 '헬조선'과 같이 끔찍한 단어를 통해 사회를 저주하거나 집단으로 비관하지는 않습니다.

객관적으로는 똑같은 상황이라 할지라도 사람은 각자의 배경에 따라 주관적으로 각기 다르게 받아들이기 마련입니다. 우리나라 청년들은 어려서부터 치열한 경쟁을 전제로 한 교육을 받았습니다. 학교에서부터 사람을 승자와 패자로 나누어 칭찬하고 외면합니다. 그리고 사회적인 기대를 충족시킨 사람은 성공한 사람으로 인정하지만 그렇지 못한 사람은 낙오자가 낙인찍혀버리고 맙니다.

우리나라에서처럼 끊임없이 경쟁하고 서로를 비교하는 문화에서 내가 아닌 사회구조적 요인으로 인해 낙오자가 됐다면, 그 좌절감이 더욱 크게 다가올 수밖에 없습니다. 세계 어느 나라에서보다 우리나라 청년들이 더 크게 좌절하는 이유입니다. 우리 사회의 가치관이 정신적으로 미숙한 것도 문제입니다. 그 단적인 가치관이 바로 매우 물질지향적이라는 사실입니다. 우리는 사람의 가치를 직장, 소득, 거주지와 같은 물질적 기준에 의해 평가하려는 경향이 강합니다. 이 같은 물질적인 가치관은 외형적인 성공을 이루지 못한 젊은이들을 쉽사리 좌절하게 합니다.

이제 우리는 청년들에게 올바른 가치관을 심어주어야 합니다. 그렇다고 일방적으로 청년들에게 자신의 가치관을 설득하려고 하는 것은 금물입니다. "내가 젊었을 때에는 더 어려웠어."식의 논조로 접근한다면 "꼰대" 취급을 받거나 기피 대상이 될 것입니다.

중요한 것은 시간이 걸리더라도 우리가 먼저 말만이 아니라 삶으로 참된 사람의 의미를 일깨워주는 공동체적인 가치관을 실천함으로써 문화를 바꿔가는 것입니다. 기성세대의 물질적 가치관과 이에 기반을 둔 문화가 헬조선이라는 말을 만들었음을 잊지 말아야합니다.

코끼리다리만지기와
문화성숙

노인이 한 사내의 눈을 붕대로 감고 코끼리를 만져보게 했습니다. 노인은 "코끼리의 생김새는 어떠한가?"라고 물어보니, 사내는 "커다란 기둥을 보는 것 같습니다."고 대답했습니다. 노인은 붕대를 풀어주며 코끼리의 진짜 모습을 보게 했습니다. 사내는 자기가 만진 대상(세상)이 일부분이었음을 깨달으며 이야기는 끝이 납니다. 고전설화 '코끼리 이야기'는 보고 느끼는 것만으로 사물의 전체를 정확히 알아보기 어렵다는 것을 우의寓意적으로 일깨워 주고 있습니다. '코끼리 이야기'는 보고 느끼는 것만으로 사물의 일체를 정확히 알기 어렵다는 것을 말합니다. 그렇습니다. 오늘 우리가 사는 이 시대는 자기문화만이 아닌 다양한 문화적 공유와 혼합이 일상화된 사회입니다. 그러므로 우리문화라는 말 안에 이미 다양함이 내재되어 있고 공존과 상생과 이해가 필연적일 것입니다.

국제화 시대, 글로벌화 시대로 함축되는 오늘날, 세계 어느 곳에서든지 문화가 다른 사람들과의 만남이 일상화되었습니다. 더욱이 인터넷이 생활의 일부가 되어버린 사회에서 장소의 이동이 전제되지 않더라도 다양한 문화를 접하는 것은 아주 자연스러운 현상입니다. 이처럼 삶의 현장과 심지어 가상공간에서조차 빈번하게 발생하는 다문화적인 조건 만남은 개인적 영역에서뿐만 아니라, 직업적 맥락에서 그 중요성을 더해가고 있습니다. 오늘날 우리 우리나라의 상황을 살펴보더라도 고도의 산업화 과정에서 발생한 급격한 사회 변화 현상들로 이농離農과 이주여성移住女性의 증가, 외국인 노동자의 유입 등으로 인해 다른 문화의 사람들과 함께 살고 있습니다. 아직까지 우리 사회를 엄밀한 의미에서 '다문화사회'라고 규정하기 어렵지만 많은 사람들이 다문화사회로 체감하고 있습니다. 서로 다른 문화의 사람들, 혹은 두 개의 다른 문화가 만나 관계를 형성할 때, 이 둘 사이에는 의사소통이 이루어집니다. 이를 일컬어 '다양한 문화 사이의 의사소통'이라고 합니다. 다시 말하면 어떤 환경에서든지 개인이든 집단이든 개인적 교제이든 비즈니스의 만남이든 접촉하는 대상이 서로 다른 문화에 속해 있고, 그 대상 각자가 서로 '다르다는 것', 즉 서로 간에 '낯선 것'을 체험한다는 것을 의식하게 되면 이것이 다양한 문화 사이의 의사소통이 됩니다.

이러한 다양한 문화 사이의 의사소통에서 우선적으로 나타나는 것이 '문화 차이'입니다. 같은 문화 속에서 살고 있는 사람들 간의 만남에서는 두드러지지 않는 문화에 대한 의식이 다른 문화적 만남에서는 금방 드러나게 됩니다. 그렇기 때문에 다양한 문화 사이의 의사소통에서 우선적으로 살펴봐야 하는 것이 문화입니다. 그러나 문화가 무엇인지에 대한 정의는 수없이 많으며, 관점에 따라 차이가 있기 때문에 정의를 내리기란 결코 쉽지 않습니다. 그렇기 때문에 문화에 대해 말할 때, 많은 경우 문화가 지니는 공통의 속성을 이야기합니다. 문화의 속성은 보편적인 것이라고 할 수 있기 때문입니다. 반면 문화가 화두話頭가 되거나 주제가 되는 상황은 대개 문화의 속성이 문제가 되는 것이 아니라 다양하게 드러나는 개별 문화들의 만남입니다. 즉, 문화 차이가 문제가 됩니다.

문화적 차이를 '국가문화' 관점에서 바라보고 설명한 호프스테드 Hofstede의 연구는 국가 간의 문화 비교 연구에서 많이 사용되고 있습니다. 국가에 따라 서로 다른 가치관에서 기인하는 국가문화 차원은 국가라는 특정 집단에서 나타나는 문화적 특성을 드러냅니다. 호프스테드가 제시한 차원은 초기 연구에서 나타난 네 가지 차원에 지속적인 연구를 통해 덧붙여진 두 가지 차원이 합쳐져 여섯 가지이며, 이들은 각각 문화 차원 지수로 제시됩니다.

1. 평등문화 대 불평등문화Power Distance
2. 개인주의 대 집단주의Individualism vs Collectivism
3. 남성성 대 여성성Masculinity vs Femininity
4. 회피문화 대 수용문화Uncertainty Avoidance
5. 장기 지향성 대 단기 지향성Long-Term vs Short-Term Orientation
6. 관용 대 규제Indulgence vs Restraint

권력거리란 한 사회 안에서 어떤 개인이나 조직에 권력이 불평등하게 분산되어 있는 사실을 받아들이는 정도를 의미합니다. 권력의 간격이 큰 사회에서 나타나는 키워드는 위계질서와 권위주의입니다. 권력의 정도 차이가 작은 집단에서는 큰 집단에 비해 평등문화가 있다고 볼 수 있습니다. 개인주의 대 집단주의는 개인들 간에 관계가 느슨한지 밀접한지를 나타내는 차원입니다. 한 사회 안에서 개인주의 지수가 높으면 '나'라는 정체성이 확연하여 개인을 존중하는 독립적인 자유와 자기만족도가 중요하게 나타납니다. 반면 개인주의 지수가 낮은 사회에서는 '우리' 집단과 외부 집단 사이의 구별이 엄격한 사회구조를 보입니다. 남성성 대 여성성이라는 대비는 남성과 여성의 역할 구분과 관련이 있으며, 사회적 성 역할이 극대화된 사회가 남성주의 문화로 드러나며, 상대적으로 여성주의 문화는 그 성의 역할 구분이 작은 사회에서 나타납니다.

불확실성의 회피라는 차원은 예측할 수 없는 상황에 부딪힐 때 나타나는 회피의 정도를 말합니다. 회피의 정도가 높은 문화권에서는 사람들이 조직 또는 사회생활에서 안전을 추구하고, 위험을 감수하는 것을 피하며 또한 실패를 두려워하고 변화에 저항합니다. 다시 말해 구조화된 안정성을 원합니다. 이 문화에서 나타나는 의사소통 방식 또한 조심스럽습니다. 반면 이러한 불확실성을 잘 수용하는 문화에서는 불확실하고 모호한 상황에 처하더라도 이에 맞서 대처하려는 자세를 보입니다. 이런 상황에서 나오는 스트레스를 극복하는 자세 또한 적극적이며 언어 사용은 회피의 정도가 높은 문화권에 비해 명확한 표현을 사용합니다.

앞의 네 가지 차원이 서구 중심적인 가치관에 기초한 조사라는 비판이 있습니다. 이를 보완하기 위한 연구조사로 덧붙여진 차원이 장기지향성 대 단기지향성으로 나타났습니다. 장기지향사회는 미래지향적, 단기지향사회는 현실지향사회로 특징지을 수 있습니다. 미래를 중시하는 사회는 미래를 위해 인내심을 가지고 투자하거나 저축하며, 느린 결과에도 참을성이 있습니다. 현실지향사회는 현재를 중시하며 전통을 존중하기 때문에 과거도 중요하게 여깁니다. 또한 빠른 결과를 기대하며, 현재의 안정적 삶이 최우선입니다. 국가문화 차원을 규명하는 데 있어 호프스테드와 동료 연구자인 민코프Minkov의 연구 결과로부터 최근에 덧붙여진 차원인 관용 대 규제는 사회활동 영역에서 사람들이 느끼는 욕망 충족과 관련된 행복감이 키워드입니다. 여기서 말하는 욕망의 충족이란 인간 욕망 일반의 충족이 아니라, 삶을 즐기기와 재미있게 지내기와 관련이 있습니다.

사람들이 얽매인 속박에서 벗어나 자신의 욕구를 실현하는 것을 허용하는 문화를 관용문화 집단, 반대로 자신의 감정, 기분, 욕심을 억제함으로써 사회적 욕구 충족을 강하게 제어하는 사회를 규제문화 집단이라 할 수 있습니다. 국가수준에서 행복감에 대한 변수는 '삶에 대한 통제 지각'과 개인적 가치로서의 '여가의 중요성'입니다.

지구촌 한가족 세계에서 여러 나라 사람들과의 교류는 이미 보편화되었습니다. 이렇게 일반화된 국제 교류에서 일차적으로 언어가 문제인 것은 주지의 사실입니다. 그러나 언어적인 소통이 제대로 이루어진다 하더라도 문화적인 차이로 인한 소통의 어려움은 언제, 어디서든지 충분하다는 것 또한 경험하고 있습니다. 국가에 따른 문화 차이를 드러내는 호프스테드Hofstede 연구는 문화 차이로 나타날 수 있는 의사소통의 어려움을 극복하는 데 필요한 문화 지식의 하나입니다. 그러나 한편으로 "문화란 의사소통이며, 의사소통이 문화이다"라고 주장하는 홀Hall의 입장에서 본다면 문화야말로 의사소통을 형성하는 본질이라고까지 말할 수 있습니다.

국가, 언어, 문화가 서로 다른 사람들이 면대면 상황에서 포괄적인 의미의 언어적 상호작용을 하는 것을 다양한 문화 사이의 의사소통으로 정의한다면 이런 상황은 아주 단순하게 다음 몇 가지 것을 포함할 수 있습니다.

- 서로 다른 언어를 사용하는 나라에서 온 사람들 중 한쪽의 모국어로 하는 의사소통
- 서로 다른 언어와 나라의 사람들 사이에 어느 쪽의 모국어도 아닌 서로의 공용어로 이루어지는 의사소통
- 같은 나라이지만 다른 언어를 사용하는 사람들 사이의 한쪽 언어를 사용하는 의사소통

첫 번째 경우로 상정해 볼 수 있는 것은 특정 언어 공동체 안으로 유입된 사람과 그 언어 공동체의 모국어 화자 사이에 이루어지는 의사소통이 가장 일반적이며, 이주민이나 여행자의 경우를 들 수 있습니다. 오늘날 경제적 영역의 글로벌화가 이루어진 사회에서 일반적으로 나타나는 국제적 사업 파트너 간의 의사소통이 대표적인 두 번째 상황일 것입니다. 세 번째 상황은 국적은 일치하지만 한 나라에 다양한 문화가 존재하는 경우입니다. 예를 들어 인도나 2차 세계대전 이후의 유고슬라비아나 그 지역의 현재 상황 등입니다. 이런 다양한 상황에서 각 나라 또는 각 집단의 문화가 직·간접적으로 관계됩니다. 이때 문화란 이 상황이 전개되는 곳의 문화일 수 있고, 의사소통 참여자들의 고유문화일 수도 있습니다. 또한 그 어느 쪽 문화도 전면에 드러나지 않는 새로운 상황이 이루어지는 것일 수도 있습니다. 즉, 서로 다른 문화의 만남에서 이들 문화 상호 간에서 생성되는 '상호문화Inter-Culture'로 나타날 수 있습니다. 이 상호문화의 영역이 바로 다양한 문화 사이의 의사소통이 이루어지는 장場입니다.

다양한 문화 사이의 의사소통이 이루어지는 곳에는 '자기 것'과 '낯선 것'이 존재할 뿐만 아니라, 제3의 것이 나타나게 됩니다. 문화의 관점에서 보면, '고유문화'와 '이방문화' 그리고 '문화교차상황'이 나타납니다. 이런 교차상황과 관련된 제3의 것으로 '상호문화'가 생겨난다고 볼 수 있습니다. 이 상호문화는 고유문화와 이방문화가 서로 영향을 끼칠 수 있는 제3의 '사이문화' 또는 '틈새문화'라고 할 수 있습니다. 이 사이 또는 틈새문화를 형성하는 문화교차상황은 전혀 낯설었던 것이 자기 안에 중요한 것으로 여겨질 때, 다시 말해 낯선 것과 자기 것 사이에 관계를 맺게 되면 나타난다고 볼 수 있습니다. 고유문화와 이방문화가 접촉하면서 생기는 이 중간지대는 다양한 문화 사이의 상호행위에 있어서 때로는 위협적으로, 때로는 고무적으로 작용할 수 있는 불분명하고 애매한 틈새라고 할 수 있습니다. 즉, 그에 대해서 아는 것이 너무 적으면, 그 특성이나 성격에 대해서 제대로 이해하기 어렵다는 것입니다. 따라서 다양한 문화 사이의 의사소통을 하는 사람들은 소통 파트너의 문화뿐만 아니라, 자기문화에 대한 충분한 지식도 있어야 하며, 이 두 문화가 만나서 이루어지는 상호문화 행위도 할 수 있어야 합니다. 다시 말해 상호문화는 문화교차상황에서 저절로 생성되는 것이 아니라 다양한 문화 의사소통 파트너들이 만들어 내는 역동적인 '새로운' 문화라고 할 수 있습니다. 이는 다양한 문화 사이의 의사소통 파트너들이 하는 상호 행위Interaction로써 이루어집니다. 이 상호문화는 '역동성', '상대성', '상호 행위성'이라는 특징으로 설명할 수 있습니다.

상호 행위의 장에서 이루어지는 다양한 문화 사이의 의사소통이 성공적으로 이루어지기 위해서는 다양한 문화 사이의 의사소통 능력이 필연적으로 요구됩니다. '문화 다양성 수용과 이해와 활용능력'에 영향을 주는 가장 핵심은 인지적인 차원, 감성적인 차원, 의사소통 행위 차원의 능력입니다. 인지적 능력이란 이문화적 지식으로서 문화들 간의 공통점과 차이점을 아는 지식, 문화의 복잡성 및 복합성을 이해하는 데 기여합니다. 이런 문화적 의식으로 말할 수 있는 감성적인 능력이란 자신이 처한 문화적 상황을 꿰뚫어 볼 수 있는 문제들이 문화적인 차원임을 인식하는 데 필요한 문화적 감수성입니다. 문화적 감수성은 감정이입, 개방성, 관용, 인내 등을 통해 강화될 수 있습니다. 이문화적 행위 능력을 추구하는 행동적 차원에서 본 능력은 문화적 배경이 다른 사람과 효율적으로 상호작용할 수 있는 능력을 말합니다. 이는 문화적 차이로 인한 문제와 갈등을 극복하거나 처음부터 피할 수 있는 능력이라고 설명할 수 있습니다. 다시 말해 그때그때 주어진 문화적 행동양식에 자신의 행동을 맞추는 것입니다.

이와 같은 문화 능력을 개발하고 향상시키기 위해서는 필연적으로 교육이 필요합니다. 이러한 교육 또한 다양한 방법으로 이루어질 수 있기는 하지만 중요한 것은 세계시민으로 살아갈 수 있는 자질을 갖추기 위해 공적인 교육기관에서 기본 교육으로 정착하는 일일 것입니다.

미국 TV토크쇼 중 가장 인기 있고 영향력 있다는 '오프라 윈프리쇼'에서는 언젠가 집중적으로 마리아 슈라이버라는 아동문학가가 쓴 『티미는 왜 저래?what' s wrong with timmy?』라는 책을 소개했습니다. 한 시간에 걸쳐 예화를 들어가며 윈프리가 소개한 이 책은 케이트라는 여덟 살짜리 소녀가 이웃에 새로 이사 온 소년이 혼자 공놀이를 하고 있는 것을 보고 "엄마, 쟤는 왜 저래?"라는 질문을 하는 데서 시작합니다. 다운증후군으로 정신지체아인 티미가 공놀이를 하는 모습이나 부정확한 발음으로 천천히 말하는 품이 여느 아이와 달랐기 때문입니다.

엄마는 케이트를 티미에게 데리고 가서 소개하고, 티미도 '너와 하나도 다르게 없는 아이'라는 것을 가르칩니다. "네가 산수문제를 풀 때 어려워하듯이 티미는 무엇인가 배우는 데 조금 더 시간이 걸릴 뿐이란다." 엄마의 말을 이해한 케이트는 티미와 인사를 나누고 함께 농구를 하며 놀자고 제안합니다. 자연스럽게 다른 친구들도 가담해 모두 함께 어울리게 된다는 이야기입니다.

이 이야기는 딱히 특별한 것도 없고 시선을 사로잡는 특별한 사건도 없어 보입니다. 더욱이 새롭거나 재미있을 것 같지 않은 진부한 도덕적인 이야기같습니다. 아마 영향력 있는 토크쇼에서 이 책을 다룬 것은 교육적인 목적이었을 것입니다. 직접 출연한 작가 슈라이버는 아이들에게 '올바르게 생각하는 법'으로 장애를 가진 친구도 공포나 놀림 또는 동정의 대상이 아닌 자신들과 똑같은 인간임을 가르치기 위해 이 책을 썼다고 했습니다.

토크쇼 중에 윈프리는 팀 설리반이라는 시각장애인 사업가와의 인터뷰를 인용했습니다. 설리반은 절망과 자괴감에 빠졌던 자기의 인생을 바꾸어 놓은 말로 단 세 단어를 말했습니다. 어렸을 때 혼자 놀고 있는 그에게 옆집 아이가 한 말입니다. "같이 놀래?" 그 말이야말로 자신도 다른 사람과 똑같은 인간임을 인정해 주고 살아갈 수 있는 용기를 주는 말이었다고 했습니다. "같이 놀래?"는 모든 아이들이 서로 '다름'을 극복하고 함께 하나가 되어 '같이 놀 수 있는' 세상을 만드는 멋진 말입니다. 성숙한 사회로, 더불어 함께 사는 세상을 만드는 일은 힘 있는 사람들만이 아니라 우리 모두가 할 수 있습니다. 우리 삶 속에서 나와 다른 사람들을 이상하다고, 틀렸다고 생각하지 말고 다름을 존중하고 이해하고 같이 노는 것입니다.

문화이해가
요청되는 시대랍니다

사람들이 자기가 살던 곳에서만 계속 살았던 시절에는 다른 문화를 이해할 필요가 없었습니다. 자신과 다른 모습으로 살아가는 사람들이 있다는 사실 자체를 상상하기 어려웠기 때문입니다. 그러던 중 이민족의 침입이나 항해航海의 표류 등의 이유로 다른 문화를 가진 사람들을 만나게 되었을 때의 충격은 상상을 초월한 것이었습니다. 사람들은 그들을 자신과 같은 사람이라고는 차마 생각하지 못하고 신적神的인 존재 혹은 괴물怪物이라 여겼습니다.

고대 신화에 보면 사람이면서 동시에 사람이 아닌, 존재들이 많이 등장하는 이유가 이와 연관된 것이기도 합니다. 이러한 신화적 존재들은 당시 사람들이 자신과 다른 사람들을 이해하기 위해서 노력했던 결과로, 그 첫 번째 해답은 '그들은 사람이 아니다'라는 것이었습니다. 예를 들면, 그리스 신화의 반인반마半人半馬 종족인 켄타우로스는 해양민족이었던 그리스인들이 처음 만난 기마민족의 이미지일 가능성이 큽니다.

우리나라의 경우에서도 『삼국유사』의 '처용설화'를 보면, 처용은 '동해 용왕의 아들'로서 신비로운 능력을 가진 것으로 묘사되고 있습니다. 그런데 문 밖에 붙여 역신疫神의 침입을 막았다는 그림을 바탕으로 만든 처용탈의 모습을 보면 처용의 외모는 아랍문화권의 얼굴과 흡사합니다. 당시 이슬람 세계와 신라의 교류가 있었다는 기록을 참조하면 신라인들이 처음 접한 아랍인들을 사람이 아닌 신비로운 존재로 봤을 가능성이 있습니다.

이는 중세 이후도 크게 다르지 않습니다. 동양은 중국의 경우가 대표적인데 중국인들은 천하의 중심을 자신들이라 생각하고 자신들이 살고 있는 곳을 중국中國이라 불렀습니다. 그리고 다른 지역의 사람들은 모두 오랑캐(이민족을 비하하는 말)로 여겼는데, 자신들의 동쪽에 사는 오랑캐는 동이東夷, 서쪽에 사는 오랑캐는 서융西戎, 남쪽에 사는 오랑캐는 남만南蠻, 북쪽에 사는 오랑캐는 북적北狄이라는 말은 이런 중국인들의 세계관을 잘 보여주는 근거입니다. 이런 중국인의 시각에서 보면 우리나라는 동이족입니다.

이러한 시각은 중국에만 국한되지 않습니다. 우리나라도 문화적 우월감을 바탕으로 서양 제국들을 오랑캐라 무시하고 쇄국정책을 펼쳤으며, 일본 역시 1853년 미국 페리 제독이 이끌고 온 군함의 위세에 눌려 개항할 때까지 쇄국을 유지해왔습니다. 이렇듯 동양의 역사에서는 다른 문화를 이해하기 위한 관점의 변화가 그리 두드러지지 않습니다.

그러면 서양은 우리와는 달리 신화적인 세계의 편협함을 벗어난 성숙한 문화의식이 있었을까요? 이를 좀 더 깊이 살펴보겠습니다. 미국이 세계사에 등장하기 이전까지의 서양, 즉 유럽은 세계에서 상대적으로 협소한 지역이었습니다. 좁은 지역에서 많은 사람들이 경쟁하다보니 새로운 부와 기회를 찾아 다른 지역에 진출하려는 시도 역시 많아질 수밖에 없었습니다. 예로부터 로마 제국의 확장이나 중세 초기의 십자군 전쟁, 15세기 경 지리상의 발견과 대항해시대로 일컬어지는 초기 식민지시대, 그리고 19~20세기의 제국주의 시대는 모두 이러한 경쟁의 산물입니다. 그러면서 서양인들은 다른 문화를 가진 사람들을 많이 접하게 되었습니다.

그러면서 이들이 지닌 반응은 첫째로 "인간이 아니다Non-human being"라는 것이었습니다. 서양인들이 다른 문화의 사람들을 접하고 처음 생각한 것은 저들을 자신들과 같은 사람이라고 하기에는 너무나 다르다는 것이었습니다. 서양인들은 이 상황이 당황스러웠고 이들의 존재에 대한 설명을 할 필요가 제기되었습니다. 일단 상대방을 무엇이라 정의하게 되면 그 정의에 의해서 상대방과의 관계가 형성되는데, 상대방을 사람이라고 정의내리는 것과 사람이 아니라고 정의내리는 것에 따른 관계양상은 상당히 다를 수밖에 없습니다. 일단 어떤 존재가 사람이 아니라면 '그것'을 죽이든, 잡아다가 짐승처럼 부리든 문제가 되지 않습니다. 이는 우리가 고릴라를 잡아 동물원에 집어넣고 구경하는 것에 대해 전혀 죄책감을 느끼지 않는 것과 같습니다. 그래서 서양인들이 다른 사람들을 '인간이 아니다Non-human being'라고 정의내린 후부터 노예사냥이 시작되고, 그들에 대한 착취가 정당화되기 시작했습니다.

물론 고대에도 다른 문화를 가진 이들을 인간이 아닌 존재로 여겼습니다. 하지만 고대의 문화교류는 쌍방의 문화적 수준이 크게 차이나지 않았고, 또한 교류의 양 자체가 제한되어 있었으므로 선先주민들이 다른 문화를 가진 이들과 '관계'를 맺는 단계까지는 도달하기 어려웠습니다. 그러므로 고대의 이민족들은 단지 '다름'에 초점이 맞추어져 있었으나 시간이 흘러 문화간 수준차이가 커지고 교류가 빈번해지면서 다른 문화를 가진 이민족은 점차 미개인을 의미하게 되었습니다. 하나의 예로 '다른 언어를 쓰는 사람들'이라는 뜻의 그리스어 barbaroe는 후대로 가면서 '야만인'이라는 뜻을 더하게 되었습니다.

둘째로 다원발생론poly genist theory입니다. 시간이 지남에 따라 그들과 어떤 방식이든지 관계를 맺게 되고 점차 상대방을 이해하게 되면서 "이들은 사람은 사람이다"라는 결론에 도달하게 되었습니다. 그러다가 결정적으로 그들이 사람이라는 것을 인정할 수밖에 없었던 계기는 이민족 노예에서 인간 아이가 태어나는 것을 보게 된 것입니다. 인간의 아이가 태어나기 위해서는 그들이 자신들과 같은 인간일 수밖에 없다는 결론입니다. 따라서 서양인들은 그들이 괴물이나 동물이 아니라 생물학적으로 사람이라는 쪽으로 정의를 바꾸게 되었습니다.

그러나 다른 문화를 가진 사람들이 자신들과 같은 인간이라고 받아들이기에는 이해가 안 되는 것들이 너무 많았습니다. 생소한 의식주며 낯선 풍습들. 그들을 서양인 자신들과 동급의 인간으로 받아들이기에는 거부감이 들 수밖에 없었던 것입니다. 여기에서 비롯된 설명이 인간은 단일한 종이 아니라 여러 종이 있을 거라는 생각polygenism: 다원발생설입니다. 인류의 조상은 하나가 아니라 다양한 조상에서부터 발생되었다는 것입니다. 서양인 자신들의 조상과 저 미개한 야만인들의 조상이 같을 리가 없다는 생각이 이러한 이론을 만들어 낸 것입니다.

이러한 과정은 간단해 보이지만 대단히 어렵게 발전된 설명체계입니다. 중세 유럽인들의 사고를 지배하고 있던 것은 기독교적 세계관이었습니다. 기독교의 설명에 의하면 인류는 아담과 하와라고 하는 최초의 남녀로부터 출발합니다. 그러므로 중세 유럽인들은 기본적으로 단일발생설monogenism을 유지하고 있었습니다. 그러한 상황에서 인류의 또 다른 기원이 존재한다는 설명체계가 출현했다는 사실은 당대의 사람들이 자신들과 다른 사람들을 같은 인간으로 받아들이는 것을 얼마나 곤혹스러워 했는지를 잘 보여줍니다.

셋째로 타락설Degeneration theory입니다. 그 이후에 다시 여러 가지 증거들이 축적되어 단지 종種이 다르다는 설명으로는 더 이상 현실을 이해하는 것이 어려워지자, 그들이 자신들(서양인)과 같은 종이라는 사실까지도 받아들이게 되었습니다. 그럼에도 그들을 자신들과 완전히 같은 존재로 받아들이기에는 여전히 불편함을 느꼈고, 그래서 등장한 설명이 타락설입니다. 다른 문화를 가진 이민족들은 서양인들과 종은 같지만 타락한 인간들이라는 것입니다. 이러한 설명의 배경에도 기독교적 세계관의 영향이 존재합니다.

사람들은 누구나 죄를 짓고 살아가지만 서양인들은 기독교를 믿음으로써 죄를 씻을 수 있는데, 다른 사람들은 그렇지 못하기 때문에 타락한 상태로 살아가고 있다는 것입니다. 즉 이민족의 다른 가치관, 풍습, 생활 습관들은 타락의 증거로 해석됩니다. 그러므로 타락한 인간들이기 때문에 그들을 노예로 쓰는 것은 문제 될 것이 없다는 식으로 서양인들은 자신들의 행동을 정당화했습니다.

당시에는 서구 강국들이 식민지를 만들기 위해 세계 여러 곳으로 많이 진출하던 시기였습니다. 이 시기가 바로 이른바 대항해시대입니다. 이 시기에 타락설은 유럽인들의 행보에 중요한 근거를 제공해 주었습니다. 이제는 같은 종이지만 세계 곳곳의 타락한 형제자매들을 구원해서 자신들과 같은 상태로 만들어 줘야 한다는 것입니다. 이런 사명감을 가진 사람들이 바로 선교사missionary들이었습니다. 선교사는 사명mission을 다하는 사람이라는 뜻인데 이민족들에게 기독교를 전파해서 그들을 타락한 상태에서 구원하는 것이 자신들의 사명이라 생각했기 때문입니다. 이런 배경에서 선교사들은 본인들의 의사와는 별개로 서구 제국주의의 첨병尖兵 역할을 하게 되었습니다. 스페인 및 포르투갈의 식민지였던 남미 대부분의 나라들이 가톨릭을 국교로 하고 있는 것도 같은 이유에서입니다.

이런 양상이 근대近代에 이르러서는 진화론적 관점으로 전환되었습니다. 이를 좀 더 구체적으로 살펴보면 다음과 같습니다. 먼저, 자연과학적 사고의 대두입니다. 현상을 설명하고자 하는 이론들은 당대의 가치와 세계관에 근거했을 때에 비로소 타당할 수 있습니다. 다원발생론과 타락설은 중세 서양의 기독교적 세계관에서 도출된 설명체계로 시대가 변화함에 따라 이러한 설명의 타당성에도 의문이 생길 수밖에 없었습니다.

이런 의문을 족발한 대표적인 사건은 "지리상의 발견"입니다. 그 이전의 사람들은 지구는 평평하기 때문에 그 끝에 가면 낭떠러지가 있어 떨어져 죽는다고 생각했습니다. 다음의 지도는 당시의 지리에 대한 인식을 잘 보여줍니다. 아시아, 유럽, 아프리카의 세 개의 대륙과 그 사이의 T모양의 바다(흑해, 지중해, 홍해), 그들을 O모양으로 둘러싼 대양을 나타낸 이 지도는 TO 지도라 불리며 중세의 기독교적 세계관에 근거해 작성된 것입니다.

그러나 15세기 경, 대항해시대로 일컬어지는 식민지 경쟁의 산물로 유럽에 알려지지 않았던 세계의 곳곳이 드러나면서 TO 지도로 대변되는 기존의 지리 관념은 대폭 수정되기에 이릅니다. 지구는 평평하지 않고 둥글며, 세계에는 아시아, 유럽, 아프리카 외에도 다른 대륙들이 존재한다는 것을 믿을 수밖에 없는 시대가 열린 것입니다. 콜롬부스가 이미 오래전부터 있었고, 그곳에서 오랫동안 살고 있는 사람들이 있었던 '발견'한 아메리카 대륙을 서양인의 시각에서 지칭한 '신대륙'이라 부르는 이유가 여기에 있습니다.

종교적 교리에 의해서 영향을 받았던 기존의 세계관이 지속적으로 축적되는 과학적 근거들에 의해 도전받게 되면서 중세 유럽인들의 사고와 가치를 지배했던 신학적 사고는 차츰 자연과학적 사고에 그 자리를 내어주게 되었습니다.

이런 흐름을 더욱 촉진시켰던 사건은 "산업혁명"입니다. 지리상의 발견은 유럽 여러 나라들에게 신대륙의 막대한 부를 안겼고, 그들은 그 부를 바탕으로 더욱 큰 부를 생산하고 소비할 시스템을 구축했는데 이것이 바로 산업혁명입니다. 산업혁명과 과학의 발전을 통해서 인간이 인간을 바라보는 새로운 틀이 나타납니다. 바로 진화론Evolutionism입니다.

약육강식, 적자생존의 논리로 생물의 진화를 설명하는 진화론은 인간이 다른 인간을 설명하는 데에도 새로운 설명체계를 제공했습니다. 예를 들면 '저 사람들은 왜 우리와는 다른 모습으로 살아갈까?'라는 의문에 진화가 덜 되어서 그렇다는 답을 제공한 것입니다. 또한 이런 생각들이 전 세계로 뻗어 나가면서 생물학뿐만 아니라 인문학 및 사회과학 등 모든 곳에서 인간이 자기 자신과 이웃과 역사를 바라보는 큰 시각에 변화가 일어났습니다.

다윈의 생물학적 진화 개념을 문화 혹은 사회에 적용한 것은 스펜서 Herbert Spencer입니다. 간단히 말해, "사회와 문화는 저차원에서 고차원으로 진화한다."는 스펜서의 해석은 인류학을 비롯한 당대의 사회과학에 많은 영향을 미쳐 20세기 초까지 문화와 사회의 변화를 설명하는 유력한 이론으로 대접받았습니다. 문화진화론은 문화의 차이를 '인종'에 돌리는 인종론과 함께 제국주의의 강력한 이론적 근거로 활용되기도 했습니다.

지리상의 발견 이후 유럽 열강들의 식민지 경쟁은 그 열기를 더해갔습니다. 산업혁명 이후 발달한 과학기술과 군사력은 그들로 하여금 더 많은 식민지를 개척하고 효과적으로 관리할 수 있게 해 주었고, 그러한 모습이 하나의 나라가 많은 제후국을 거느린 '제국'과 같다고 해서 이 시기를 제국주의 시대라고 합니다.

문화진화론은 서구 열강들의 식민지가 된 나라의 사람들을 '덜 진화된 사람들'이라 정의내림으로써 그들이 자신들의 '도움을 받아' 뒤처진 진화의 과정을 완성해야 한다는 논리를 발전했습니다. 즉, 그들이 식민지가 된 이유는 그들 자신의 능력이 모자라서이고 자신들은 오직 그들이 빨리 '진화해서 인간답게 살도록' 도와줄 뿐이라는 것입니다. 조선을 강제 병합한 일본 제국주의자들의 논리도 이와 동일합니다.

이런 진화론적 사고의 문제를 살펴보면 다음과 같습니다. 진화론적 사고는 근대 지식체계의 곳곳에 영향을 미쳤습니다. 인문사회과학 계통에서 진화론적 사고를 가장 많이 받아들인 학문이 오늘날 인기를 끌고 있는 심리학입니다. 심리학 중에서도 이른바 발달이라는 이름이 붙은 분야는 거의가 진화론의 영향을 받았다고 볼 수 있습니다. 진화는 학문과 시대에 따라서 명칭이 달라지는데 심리학에서는 발달development이라는 개념을 사용합니다. 성격발달, 인지발달 등 표현은 발달이지만 발달의 전 단계는 진화가 덜 되었다는 것을, 발달의 후 단계는 진화가 많이 이루어졌다는 것을 의미합니다.

문제는 이런 진화론적 사고가 모든 진화의 가장 상위 위계를 차지하는 것은 서구 유럽 사람들이라는 생각을 은연중에 포함하고 있다는 것입니다. 사람들은 자신의 문화가 가장 우수한 것이라는 편향적 사고를 갖기 마련인데 이를 자민족 중심주의ethnocentrism라 고 합니다. 헤로도토스가 말했듯이 자민족 중심주의 자체는 어디에나 있을 수 있습니다. 그런데, 이런 자기민족중심주의가 제국주의 시대의 패권을 차지했던 유럽인들에게서 발현되면서 결국 각기 다른 문화들을 진화론적 위계로 설명하기에 이른 것입니다.

진화론적 위계에는 유럽인들의 자민족 중심주의, 즉 유럽중심주의 Eurocentrism가 반영되어 있습니다. 유럽인들은 다른 사람들의 삶의 모습들을 자신들과 비교해서 순서를 매겨나갔는데 자신들과 비슷할수록 많이 진화한 것이고, 자신들과 많이 다를수록 진화가 덜 된 것으로 이해했습니다. 문화의 다양성을 진화의 위계로 나누었다는 것, 그리고 그 진화의 단계를 유럽 중심으로 설정했다는 것, 이것이 바로 진화론적 사고가 갖는 가장 큰 단점입니다.

모든 현상을 발달이나 진보, 진화 등의 개념으로 설명하게 되면 거기에 맞춰 단계를 나누어야 합니다. 즉 가장 진화가 잘 된 상태가 어떤 것이라는 가정이 있어야 한다는 뜻입니다. 그 다음에 거기에 도달하기 위해서는 또 어떤 단계들을 거쳐야 되는가? 이런 것들을 결정할 필요가 있습니다. 그런데 이 과정에서 유럽인들이 진화의 정점에 자리하게 되었다는 것입니다. 자연스럽게 유럽인이 아닌 다른 사람들은 진화의 하위에 위치하게 된 것입니다.

결혼제도의 예를 들면, 유럽인들은 최소한 법적으로는 일부일처제를 유지하고 있습니다. 그런데 다른 문화는 일부다처제, 일처다부제 등의 제도를 갖고 있고, 심지어 어느 문화에는 아예 결혼이라는 제도 없이 혼음混淫으로 자손을 번식시키고 있었습니다. 이들을 진화론적으로 이해하게 되면 일부일처제가 가장 진화된 것이고 혼음을 하는 사람들이 가장 덜 진화한 것입니다. 그리고 혼음을 하는 사람들이 좀 더 진화하면 일처다부제나 일부다처제로 발전할 것이고, 다시 조금 더 진화하면 일부일처제를 갖게 될 것이라는 식의 생각을 가지게 되는 것입니다.

이러한 사고의 문제는 다른 사람들을 다른 방식으로 이해할 수 있는 가능성을 좁힌다는 것입니다. 에를 들어 일부다처제를 히는 아랍문화권의 사람들을 보게 되면, 이 사람들이 뭔가 진화가 덜 되었기 때문에 이런 덜 발달된 결혼제도를 갖고 있다는 생각이 듭니다. 몇 명씩의 아내를 두는 아랍의 남성들은 성욕에 눈이 어두운 짐승으로, 그러한 삶을 당연하게 받아들이는 아랍의 여성들은 '진정한 여자로서의 삶'을 모르고 살아가는 불쌍한 사람들로 이해하게 되는 것입니다. 그러나 그들이 우리에 비해 덜 진화했다는 증거는 충분하지 않습니다. 결혼제도의 차이는 문화의 차이일 뿐입니다.

그러나 진화론적 사고로 문화를 바라보게 되면, 진화가 덜 된 열등한 문화에 살고 있는 '불쌍한 사람들'을 도와줘야 한다는 생각으로 발전하게 됩니다. 문화의 차이란 곧 진화의 차이로 귀결됩니다. 진화란 엄청난 시간이 지나야 이루어지는 것이기도 합니다. 그러한 진화의 과정을 지켜보기에는 계속 그렇게 살아가야 하는 사람들이 불쌍하다고 생각하게 됩니다. 그래서 진화의 과정을 촉진해 주려는 사람들이 나오게 되는데 이 사람들 중에 선교사missionary들이 있습니다. 중세시대에도 타락설을 바탕으로 많은 선교사들이 식민지로 향했으나, 이 시기에는 진화론적 사고가 선교사들의 사상적 배경이 되었습니다. 진화론의 시대에 선교사로 대표되는 진화한 서양인들의 의무는 단지 이교도들에게 특정한 종교를 전해야겠다는 의무뿐만 아니라 진화의 단계에서 뒤쳐져 불행한 삶을 살고 있는 이들을 빨리 진화시켜 줘야하는 의무를 포함합니다. 『정글북』의 저자이며 노벨문학상을 수상한 키플링이 '야만인을 문명화할 의무를 진 백인'의 우월성을 노래한 시 '백인들의 무거운 짐'은 이러한 인식에서 나온 작품입니다.

제국주의 시대에 새로운 식민지를 개척할 때는 그곳의 풍습과 문화를 이해해서 식민통치를 쉽게 하기 위한 인류학anthropology 학자들이 먼저 투입되고, 그 다음으로 선교사와 교사, 그리고 의사들이 들어가는데 이들의 목적은 식민지의 전통적 가치관을 신속히 자신들의 것으로 바꾸기 위함이었습니다. 종교는 사람들의 신념체계이고, 교육은 삶을 유지, 전승하기 위한 체계이며, 의학이란 자연과 사물의 원리에 대한 인식체계라 할 수 있습니다. 이들에 의해 식민지의 기존 문화는 말살되거나 전통적 가치의 혼란을 초래하게 되었던 것입니다.

〈문화진화론의 도식〉

서구(유럽, 미국)	비서구(그 외 지역, 한국포함)
선진	후진
중심	주변
정상	비정상
성숙	미성숙
발달	미발달
이성	비이성(감성)
합리	비합리
아름다움	추함

이것이 식민지 역사를 가지고 있는 모든 나라에서 있었던 일입니다. 그러나 이들 선교사, 교사, 의사 등은 불쌍한 식민지 사람들을 위해 목숨을 아끼지 않았는데, 그럴 수 있었던 이유가 바로 진화론적 사고에 있습니다. 물론, 제국주의 시대의 선교사들과 교사, 의사들의 노력으로 해당 지역은 발달한 교육과 의료시스템을 비롯한 문명의 혜택을 입은 것이 사실입니다. 그러나 그렇다고 해서 제국주의가 식민지 사람들에게 축복이었다고 말하기는 어렵습니다.

제국주의 시대에 식민지였던 많은 나라들은 현재에도 여전히 정치, 경제, 문화적으로 자신들을 식민지로 만들었던 나라들에게 종속되어 있습니다. 열강들의 논리에 따라 위도와 경도로 국경선이 그어진 아프리카와 중동의 여러 나라들은 지금도 민족적·종교적 갈등에 시달리고 있으며, 강제로 이식된 유럽식 제도와 문화는 맞지 않은 옷을 입은 것처럼 전통사회와의 융화에 어려움을 겪고 있습니다. 불안한 정치 상황을 틈탄 군인들의 쿠데타가 이어지며 경제적 종속과 부정부패의 악순환이 계속됩니다. 이들이 겪고 있는 문제들이 단지 그들의 능력 부족에서 기인한다고 보기는 어렵습니다.

진화론적 시각은 우리가 우리 자신을 바라볼 때도 작용하고 있습니다. 동아시아의 황인종이면서 식민지 역사를 가지고 있는 우리나라는 근대화 과정을 거치면서 진화론적 가치관을 깊게 내재화했습니다. 즉, '나라를 빼앗긴 이유는 우리가 힘이 없어서이고 나라를 되찾고 강한 나라가 되기 위해서는 서양의 선진국들을 본받아야 한다.'는 논리입니다. 이 과정에서 서양 제국들을 정점으로 하는 기존의 진화론적 위계는 당연하게 받아들여졌고 한국적인 것들은 후진적이고 버려야 할 무엇으로 인식되었습니다. 이는 세계 여러 나라(문화)에 대한 인식에서 기본적으로 다음과 같은 〈문화진화론적인 도식〉을 따르게 됨을 의미합니다.

현재도 진화론적 도식의 영향은 뿌리가 깊습니다. 우리 주변에서 흔히 볼 수 있는 다른 인종에 대한 이중적인 태도에서 이러한 영향을 쉽게 발견할 수 있습니다. 그러나 세계가 점점 더 가까워질수록 이러한 방식의 이해는 한계를 지닙니다. 우리가 우리 자신부터 바로 보기 어렵습니다. 이미 존재하는 서양의 기준에 빗대어 항상 모자라거나 부족한 우리가 보일 뿐입니다. 우리나라보다 덜 진화한 것으로 여겨지는 다른 나라들에 대해서는 말할 것도 없습니다. 이런 상태에서 우리 자신이나 다른 이들을 제대로 이해하고 상호작용하는 것은 불가능합니다. 즉, 진화론적 시각은 인간 이해를 가로막는 커다란 장애물로 작용하고 있습니다. 따라서 인간을 이해하는, 문화를 바라보는 새로운 시각이 필요합니다. 우리의 가치들이 다른 이들의 것보다 옳다는 근거는 무엇인가요? 예를 들어, 일부일처제가 일부다처제보다 옳다는 증거는 무엇인가요? 나 자신이 일부일처제를 가진 곳에서 태어나서 그것이 옳다고 배워왔다는 것, 즉 내가 그렇게 문화화enculturation되었다는 사실 외에 일부일처제가 옳다는 타당한 이유는 발견하기 어렵습니다. 사실, 전 세계의 문화 중에는 일부일처제보다 일처다부제, 일부다처제를 가진 곳이 훨씬 더 많습니다. 다만 세계에서 주도권을 가진 나라들이 일부일처제를 채택하고 있기 때문에 그것이 옳다는 가치가 널리 퍼지게 된 것 뿐입니다. 내가 하고 있는 것이기 때문에 옳다는 생각은 그것이 어디에서 기인한 것이든 배타적이 될 수밖에 없습니다.

현재도 수없이 많은 전통문화와 외래문화가 충돌하고 있고, 그로 인해 가족 간에 갈등을 겪고 있는 집이 대단히 많습니다. 대표적으로 외래 종교인 기독교가 조상에 대한 제사를 배타적으로 정의를 내리고 있기 때문에 갈등의 원인이 되고 있습니다. 제사지내는 것이 왜 나쁜가요? 나쁘다고 보게끔 교육을 받았기 때문에 그런 것일 수 있습니다. 반면 다른 한쪽에서는 왜 목숨을 걸고 제사를 지내야하는가요? 그건 제사를 지내야 되는 게 당연한 것이라고 생각하게 만드는 교육을 받았기 때문입니다. 이것이 문화적 가치이고 신념이며 문화화의 결과입니다.

우리는 우리의 가치와 신념이 절대적이라고 생각하기 쉽습니다. 이는 한국인뿐만 아니라 온 인류에 있어서 공통적입니다. 인간이 지구상에 살게 된 이후로 언제나 그래왔습니다. 하지만 지금은 그러한 삶의 환경이 바뀌었습니다. 다른 사람들을 이해하지 못하면 살아갈 수 없는 세상이 되어 버렸습니다. 그렇기 때문에 우리는 다른 방식으로 문화를 바라봐야합니다. 현대現代는 문화상대주의의 시대로 지칭할 수 있습니다. 먼저 문화상대주의의 대두입니다. 문화진화론의 가장 큰 한계는 그것을 밑받침해줄 수 있는 증거가 불충분하다는 것입니다. 다시 말해, 진화의 하위단계로 여겨지는 사회가 진화 과정을 거치게 되면 그 다음 단계로 진행한다는 근거를 발견하기 힘듭니다. 따라서 보다 구체적인 증거를 갖고 사회(문화)의 변화를 설명하는 이론이 요구되기에 이르렀습니다.

새로운 시각은 미국의 인류학에서 비롯되었습니다. 미국은 나라 안에 다양한 민족과 문화가 있다는 특징 때문에 일찍이 인류학에 관심을 기울였습니다. 그 대표적인 학자가 보아스Franz Boas입니다. 그는 이전까지의 유럽 인류학을 충분한 자료 없이 이론을 구축하는 이른바 '안락의자 인류학'이라 비판하며, 다른 문화에서 살아가는 이들의 생생한 모습을 현장에서 보고, 듣고, 체험하고, 기록하는 현장연구field study 중심의 인류학을 제창했습니다. 이런 방법으로 아메리칸 인디언에 대한 현장연구들이 많이 수행되었는데 그 결과 중요한 발견을 하게 되었습니다. 즉, 밖에서 보면 다 비슷해 보이지만 안에 들어가서 관찰을 해 보니 같은 아메리칸 인디언이라고 하더라도 종족에 따라서 각자 상당히 독특한 문화를 가지고 살아가고 있었다는 것입니다. 그 결과, 보아스는 "각 문화는 환경과의 관계나 이주경험, 인접한 다른 문화로부터의 차용 등 나름의 고유한 역사가 쌓여 형성되는 것이므로 단순히 진화도식으로는 설명할 수 없다"고 주장했습니다. 진화론의 관점에서 벗어나 역사라고 하는 개념으로 문화적 다양성을 설명하고자 한 것입니다.

보아스의 이러한 관점을 "역사적 국소주의historical particularism"라고 합니다. 여기에는 가치라는 개념이 들어가서는 안 됩니다. 좋고 나쁨, 옳고 그름의 가치는 각자가 가지고 있는 역사적인 배경에서만 의미 있는 것이기 때문입니다. 우리문화 또한 서양의 어떤 나라의 모습에 도달하기 위한 진화의 한 단계가 아니라 우리의 5천년 역사 속에서 나름의 의미를 지니고 발전해 온 삶의 방식입니다. 다른 역사와 문화적인 배경을 가지고 있는 사람들은 서로 다른 방식으로 살아가는 것이 당연합니다.

역사적 국소주의에 의해 세계의 다양한 문화들이 진화라는 단일선상의 단계 속에서 이해되는 것이 아니라 자신들만의 절차 중에서 발달한 것이라는 생각이 받아들여지게 되었습니다. 즉, 보아스의 역사적 국소주의로부터 문화상대주의의 전제가 등장하게 된 것입니다. 그러나 보아스나 그의 제자들이 문화상대주의라는 용어를 처음 사용한 것은 아닙니다. 최초로 문화상대주의를 비중 있게 다룬 이는 해스코비스Herskovits입니다. 해스코비스에 따르면, 문화상대주의의 원리는 "판단은 경험에서 비롯되며 경험은 그 사람이 받은 문화화를 바탕으로 해석된다."는 것입니다. 문화화enculturation는 인간이 자신의 문화를 배워 익숙해지는 과정입니다. 즉, 인간은 태어나서 자란 문화를 체화하고 그에 따라 자신의 경험의 의미를 이해하기 때문에, 인간의 모든 행위에는 그 사람이 나고 자란 문화가 반영되어 있다는 생각이 문화상대주의의 근본 원리입니다. 그러므로 문화상대주의는 각 사회가 그 구성원의 생활을 이끌기 위해 만들어낸 가치를 인정하고, 모든 관습에 존재하는 존엄과, 자신의 것과는 다른 전통을 관용할 필요성을 강조하는 철학입니다.

그렇다면, 문화상대주의는 언제나 옳은 것일까요? 이제까지의 다른 관점들이 그러했듯이 문화상대주의 역시 현실을 설명하기 위한 하나의 이론일 뿐입니다. 이 이론이 지금의 현실을 설명하는 데 가장 적합한 것처럼 보여도 언제까지나 그러하리라는 보장은 없습니다. 현실이 변화해 감에 따라 또 다른 설명체계가 등장할 것이라는 사실은 의심할 여지가 없습니다. 문화상대주의는 진화론적 문화관에 대한 반발로 등장해서 현대인류학 및 문화심리학의 기본적 관점으로 받아들여지고 있습니다. 진화론이 문화를 단선적 진화단계에 근거해서 줄 세웠다면 문화상대주의는 다원주의를 표방합니다. 즉, 다양한 모습의 문화들은 진화의 단계에 존재하는 것이 아니라 각기 다른 기원을 가지고 발달한 모습이라는 것입니다.

문화상대주의는 이러한 전제 하에 철저히 상대적인 관점에서 타문화를 바라보고자 합니다. 하지만 문화상대주의에 대한 비판 역시 존재합니다. 인도에서 남편이 죽으면 그 미망인을 산 채로 화장火葬하는 풍습인 사티Sati or Suttee나 아프리카에서 여성 생식기의 일부를 절제하는 여성할례와 같은 문화도 문화상대주의의 이름으로 존중해야 할까요?

일본의 남획으로 멸종위기에 처한 고래들도 일본의 전통 음식문화이기 때문에 인정할 수밖에 없을까요?

문화상대주의적 관점을 고수하자니 기본적 인권의 보장과 환경 보호라는 인류 보편적 가치가 흔들리고, 그러한 가치를 적극적으로 구현하려면 제3자들이 다른 문화에 개입해야 하는 상황이 발생합니다. 이러한 경우에는 어떤 가치에 따라야 할까요? 또 하나의 비판은 다문화 사회에 대한 회의에서 출발합니다. 제국주의 시대를 거치면서, 또 제국주의 시대가 종결된 이후에도 식민지 출신의 많은 이민자들이 일자리와 기회를 찾아 서구 여러 나라들로 이주했습니다. 2차 대전 후, 전쟁으로 피폐해진 산업기반의 복구와 본격화된 산업화로 인해 값싼 노동력이 필요했던 서구 열강들은 처음에는 이들을 환영했습니다. 이런 흐름에서 이론적 배경이 된 것이 문화상대주의였습니다. 식민지 출신의 이민자들은 더 이상 노예가 아닌 동등한 지위의 친구로서 서구에 받아들여졌습니다. 지금 막 다문화 사회의 초입에 들어선 우리사회에서도 미국과 유럽의 이러한 다문화정책을 모델로 삼고 있습니다. 하지만 그 이후로 수십 년의 세월이 지나 이민자들과 그 자손들의 수가 늘어나면서 유럽 국가들의 시민들과 일자리를 경쟁해야 하는 상황에 이르렀고, 지속적인 이주인구의 유입은 그러한 상황을 더욱 악화시켰습니다. 유럽의 경제상황이 급격히 나빠진 최근 몇 년간, 유럽에서는 문화상대주의와 다문화정책에 의문을 표하는 이들이 증가하고 있습니다.

다양한 문화들이 성공적으로 공존하는 듯 보였던 유럽의 여러 나라에서 반다문화를 기치로 내세운 시위와 폭동이 이어지고 있습니다. 프랑스와 독일 등지에서는 이슬람 여성들의 히잡 착용 금지 법안이 통과되었고, 미국에서도 중남미에서 이주한 이민자들에 대한 복지를 줄이자는 목소리가 나오는 등 다문화의 공존을 주장했던 서구에서는 반反다문화의 움직임제노포비아이 점차 공론화되는 중입니다.

서구의 제노포비아는 주류사회가 갖는 다문화 이민족 이민자들에 대한 일종의 공포증으로 해석될 수 있습니다. 주류사회의 구성원들이 식민지 출신의 이민자들과 한정된 자원을 두고 경쟁하게 되면서 상대적 박탈감을 느끼게 되고 이들에 대한 거부감이 다른 문화, 다른 인종에 대한 적대적 태도로 이어지는 것입니다. 우리나라에도 같은 이유로 다문화화를 반대하는 이들이 점차 늘어가고 있습니다. 우리는 이런 현상을 어떻게 이해해야 할 것인가요? 다문화는 우리가 절대적으로 추구해야 할 가치일까요? 이런 문제들은 쉽게 대답하기 어려운 것들입니다. 그리고 문화상대주의는 이런 질문들에 만족할만한 답을 내놓지 못하고 있는 상황입니다.

변화하는 현실은 늘 새로운 설명체계를 요구해왔습니다. 그것을 찾아내고 현실을 이해하기 위해서는 문화를 공부해야합니다. 앞서 살펴본 문화관의 변화 과정은 앞으로의 변화를 예측하고 현실을 이해할 수 있는 보다 적합한 설명체계를 찾는 데 많은 도움이 될 것입니다.

4

죽음을 기억하는
삶의 지혜

잘 쉬는 것이
최상의 경쟁력이랍니다

복잡한 도시문명 속에 사는 현대인들의 삶은 어쩌면 잔뜩 감긴 자명종의 태엽과도 같습니다. 생존경쟁사회 속에서 더 짧은 시간에 더 많은 것을 성취하기 위해 쉼 없이 뛰는, 피곤하고 병적인 삶의 모습이 아닐 수 없습니다. 어느덧 쫓고 쫓기며, 숨을 헐떡이며 사는 삶이 일상이 되어 버렸습니다. 어쩌면 이런 바쁜 삶의 패턴에 우리 모두가 중독돼 버렸는지 모르겠습니다.

아치발드 하트Archibald Hart는 이런 증상을 '아드레날린 중독현상'이라고 명명했습니다. 아드레날린이라는 화학물질은 위급한 상황에 민첩하게 대처할 수 있도록 사람을 긴장시킬 때만 나와야 정상입니다. 그런데 현대인들은 평소에도 지나치게 긴장된 삶을 살기 때문에 아드레날린이 펑펑 쏟아져 나온다는 것입니다. 이렇게 되면 몸은 극도로 산성화되고, 면역성은 극히 저하됩니다. 몸은 계속 찌뿌듯하고 뻐근하게 느껴집니다.

살아있는 모든 생물은 휴식을 취해야 합니다. 사람도 예외일 수 없습니다. 태어나서 노년에 이르기까지 휴식은 삶의 중요한 부분입니다. 최근 연구에 따르면, 불충분한 휴식이 의사 결정, 안전 그리고 인간 상호간의 의사소통 기술의 질을 저하시키며, 대뇌 전두엽의 기능적 능력의 심각한 저하를 가져온다고 합니다. 피곤한 사람은 흡연, 음주, 혹은 과식과 같은 자기 파괴적인 습관으로 인해 곤란을 겪게 됩니다.

하루의 시작은 그런대로 잘해 나가지만, 피곤함이 자리 잡게 되는 하루의 마무리 시간에는 지고 맙니다. 스왠선은 무리한 스트레스에 중독되어 살다 보면 산소 부족과 긴장 때문에 몸의 근육들이 마침내 비틀어지고 조여드는 현상이 일어난다고 말했습니다. 이런 증상을 '톨크Torgue'현상이라고 부릅니다.

사회적으로 급증하는 이혼율, 부부가 주중에 떨어져 살아야 하는 현실, 부부가 맞벌이를 해야 하는 현실, 실직과 입시지옥, 교통 체증 등의 현상들은 긴장을 더욱 조장하고 있습니다. 해결하자니 너무 큰 문제들이라서 직면하기보다는 회피하려는 생각부터 들지 모릅니다. 직면해야 하는 일을 미루거나 우회 또는 부정하는 겁쟁이가 되기 쉽습니다. 이렇게 되면 우리는 더 심각한 '톨크' 현상을 불러일으키는 '위기 인생', 그 자체가 되고 맙니다.

세포를 쉬지 못하게 할 때 양성 종양이 악성 종양이 됩니다. 충분히 쉬게 할 때 양성 종양이 악성 종양으로 변하는 것을 막을 수 있을 뿐 아니라 악성 종양도 양성 종양으로, 양성 종양도 건강한 세포로 변화시킬 수 있습니다. 최근 한 연구에서는 밤에 일하는 간호사가 낮에 일하는 간호사보다 유방암 발병 확률이 3~4배 높다고 합니다.

어른들에게도 아이들에게도 쉼은 필요합니다. 왜곡된 생태시계를 회복해야 건강한 사회를 만들어갈 수 있습니다. 요즘 우리나라 청소년들의 생활을 보면 온종일 제대로 햇볕을 쬐지 못하고 있습니다. 새벽같이 일어나 정신없이 학교로 달려갑니다. 제가 학교 다닐 때와는 달리 학교 체육시간이 적습니다. 그러다보니 한낮에도 교실 안에만 있어야합니다. 학교를 마치면 학교에서 진행하는 이른바 방과후학교를 하거나 학원으로 가야 하기 때문에 운동장에 남아 있는 아이들이 없습니다. 밤늦게야 파김치가 되어 집으로 돌아옵니다. 체중은 늘었지만 체력은 형편없이 떨어질 수밖에 없습니다. '체력은 국력', '건강한 신체에 건강한 정신'이 라는 말은 구호일 뿐, 현실과는 동떨어진 개념이 되어버렸습니다.

미래의 주역인 청소년들이 햇볕을 다시 쬘 수 있도록 교육정책을 재수정해야 합니다. 쉬는 토요일에는 자연을 벗 삼아 생명을 회복하기 위한 전인교육 프로그램을 가져야 합니다. 부모들은 자녀들을 공부로만 내몰지 말고 생태계의 은총을 누릴 수 있도록 해야 합니다. 따사로운 햇볕 아래서 대화를 나누고 산책을 하며, 밭에서 함께 하는 일을 할 수 있다면 자녀들이 건전한 가치관과 건강한 육체를 얻게 될 것입니다. 떡을 달라는 자녀에게 뱀을 줄 부모가 어디 있겠습니까? 유방암을 유산으로 자녀들에게 물려주고 싶은 부모가 어디 있겠습니까? 그러나 현실은 그렇게 돌아가고 있으니 안타까울 뿐입니다.

달팽이의 지혜와
정신 차림의 삶

눈코 뜰 새 없이 바쁘게 사는 건, 도시나 농촌이나 매 한가지인가 봅니다. 모르는 이는 제가 농촌의 작은 학교에 재직하니 도시권의 큰 학교에 비해 비교적 여유 있는 줄 알고 부러워합니다. 잘 아는 지인知人은 제게 성씨가 한가韓家이다 보니 한가閑暇롭게 사는 것 같다고 우스갯소리도 건넸습니다. 물론 틀린 말은 아닙니다. 아무래도 도시에 비해 농촌이, 규모가 큰 학교에 비해 작은 학교가 덜 바쁘긴 합니다.

그러나 꼭 그렇지만은 않습니다. 농촌 작은 학교에서 재직하지만 그런대로 괜스레 바쁘게 살고 있습니다. 어느 땐 생각지도 않은 일이 주어지기도 하고, 자청해서 일을 만들기도 하다 보니 바쁜 일상으로 정신없곤 합니다. 거기에 교회 일과 이런 저런 일로 관계 맺은 일들로 분주합니다. 그리고 집에선 어린 자녀가 넷이다 보니 아이들과 놀아주느라 정신없습니다. 이런 제게 농촌 작은 곳이고 성씨가 한가이니 한가하겠다는 말은 빈정대는 말이 아니라 좀 여유 있게 좀 살라는 간접말하기 충언忠言임을 잘 압니다.

그런데 사실 어느 순간, '내가 뭘 위해서 이렇게 바쁘게 사는 건가?' 싶은 때가 있습니다. 물론 개인적인 출세나 이익을 탐해서 바쁜 건 아니고 보람과 성취감으로 흡족해하기도 하고 공동체에 유익을 주는 존재인 것 같아 흐뭇하기는 합니다. 그러나 제 마음 깊숙한 곳에서는 농촌 작은 곳에 머무는 초라함이 싫어서 발버둥 치는 건 아닌지, 일중독은 아닌지를 스스로 묻곤 합니다.

오늘도 분주하게 한꺼번에 여러 가지 일을 해대는 삶이었습니다. 그러다 머리가 무거워 도저히 일의 진척이 없기에 머리를 식힐 겸 잠시 바깥바람을 쐴 요량으로 주변의 작은 숲길을 걷게 되었습니다. 그래도 제가 사는 곳이 농촌이라 마음만 먹으면 주변에 숲도 있고, 산도 있어서 좋습니다. 언제든 마음만 먹으면 쉽게 올 수 있는 숲길을 참으로 오랜만에 와보았습니다. 하기야 얼마 전, 학교 아이들을 인솔해서 와 보았지만 그것은 출장비 받고 아이들의 안전을 책임져야 하는 인솔교사라는 공적인 것이었기에 마음에 여유가 없었습니다. 그러다보니 제 눈과 귀와 손과 발은 숲의 매력을 만끽할 여유가 없었습니다. 그런데 오늘 혼자서 거니는 숲길은 고요해서 좋았습니다. 시간에 쫓기지도 않았고 누가 저를 쳐다보지도 않으니 자유로웠습니다. 숲 속에서 저는 목사도, 교사도 그 무엇도 아닌 그냥 한가한 사람이었습니다. 이런 저를 보고 한가로이 여유를 만끽한다고 부러워하든 말든, 직장이 없이 시간 때우는 것으로 오해를 하든 말든 상관없었습니다. 오늘은 정말 자연을 만끽하는 자유혼이었습니다. 혼자서 가쁘게 거닐다 문득 달팽이를 보았습니다. 신기하고 놀라웠습니다. 달팽이는 저를 본 것인지 있는 힘을 다해 도주하듯 달려갔지만 그 걸음이 아무리 빨라도 제 시야를 벗어날 수는 없었습니다. 달팽이를 보니 '저게 내 모습인가'하는 생각에 달팽이에게 감정이입이 되어 버렸습니다.

자기 등에 언제나 껍질을 얹고 다니는 게 여러 가지로 생각할 거리를 던져주었습니다. 느리고, 작고, 힘없는 이 녀석에겐 그래도 등에 업고 다니는 이 껍질이 유일한 피신처요 집일 것입니다. 실제로 달팽이는 자신의 껍질을 짐이나 부담이 아니라 피신처요, 집으로 만들기 위해서 각고刻苦의 노력을 합니다. 달팽이는 섬세한 구조의 껍질을 겹겹의 소용돌이 모양으로 키우고 나면 껍질을 만드는 활동을 줄이거나 아예 중단합니다. 소용돌이를 한 번 더 하게 되면 껍질의 크기와 무게는 엄청나게 증가해 버립니다. 이렇게 되면 달팽이에게 껍질은 피난처와 안식처가 아니라, 짐이자 부담이 되어 버립니다. 달팽이의 자유는 제한되고, 그의 삶은 껍질의 크기와 무게에서 오는 어려움을 극복하는 일에 쓰이고 마는 결과가 되는 것입니다.

이러한 달팽이의 지혜와는 달리 우리네 삶과 사회는 계속해서 껍질을 확대해나가는 방향으로만 달려가는 것 같습니다. 부흥, 성장, 발전, 부양, 개발, 확산, 부흥, 승진, 진급, 효과, 성과 등 우리에게 너무나 익숙한 이런 구호는 끊임없이 껍질의 크기를 키우자는 말과 같습니다. 이런 말의 위장된 형태로 혁신, 진보, 창조, 개혁이라는 말도 따지고 보면 같은 말입니다. 껍질의 크기가 달팽이의 삶을 달팽이답게 하고, 안정되게 하는 것이 아니듯, 경제성장과 경기부양 등이 우리네 삶을 풍요롭게 하는 것이 아니기도 합니다. 더구나 성장에서 오는 이득은 소수의 몇몇 사람들에게 돌아가고, 성장 때문에 짊어져야 할 부담과 짐은 다수의 사람들에게 돌아가는 현실이기도 합니다. 그럴싸한 혁신, 개혁이라는 것도 실상은 조직의 활성화와 효율을 통한 성장을 위해 개인을 옭아매는 고도의 술책인 경우도 있습니다. 결국 이럴 때 개인의 행복추구권은 무제한 유보되고 조직의 이익을 위해 전력질주하기를 강요합니다. 이 경우 멸사봉공滅私奉公이 미덕이 됩니다. 이런 고도의 쥐어짜기는 민주적이고 진보적이라는 조직이나 고등종교를 표방하는 종교공동체에서 드러나곤 합니다. 늦었지만 지금이라도 우리네 삶의 경제, 정치, 사회, 구조, 관계를 심각하게 그리고 근원적으로 의문을 제기해봐야 합니다.

경제와 상당히 깊이 연결되어 있는 에너지 문제도 비슷합니다. 세계 어느 나라와 비교해도 우리나라의 전기 생산과 소비가 적지 않습니다. 가장 더운 여름날 며칠의 낮 시간대의 전력 소비만 적절히 분배하고 조정한다면 실제로 우리에게 전기가 모자라지 않습니다. 설령 조금 부족하더라도 다양한 방식의 전력 생산을 고민할 수 있을 것입니다. 그런데도 온갖 위험과 불안을 안고 핵발전소를 등에 업고 살아야 할까요? 이것 역시 마찬가지로 혜택은 수도권과 소수의 부자들에게, 껍질의 부담과 무게는 지역과 다수의 가난한 사람들이 짊어질 수밖에 없습니다.

최근 논란을 빚고 있는 사드THAAD · 고고도미사일방어체계 배치도 그렇습니다. 정부는 북한의 핵미사일과 대량 살상 미사일을 방어하기에 필수적이라고 강변합니다. 이것은 최우선과제인 국가안보의 문제이니만큼 무조건 정부의 지시에 따르라는 것입니다. 이미 사드배치를 기정사실화하고 배치할 지역까지 정해놓고는 대화하겠다고, 국민을 최우선으로 하는 국가적 사명으로 부득이한 경유라고 강조합니다. 그러나 잘 생각해보면 정말 그런가 하는 의문을 갖게 합니다. 이런 결정이 너무도 즉흥적이고, 갑작스러운 느낌입니다. 그토록 중차대하고 국민의 안녕을 위한 것이라면 국민과 소통하면서 국민의 힘을 모으기 위한 소통에 더 힘을 기울여야했습니다. 사드만 배치하면 북한의 대량 살상 미사일에서 안심해도 되는 것일까요? 그저 정부가 하는 대로 아무 생각없이 따르면 되는 것일까요? 여기에 반대하면 국가안보에 발목 잡는 반국가행위인 것일까요? 그렇다면 정부는 사드 배치 없이 지금까지는 어떻게 북한을 방어했는지, 또는 사드가 있으면 앞으로 한반도에 평화가 찾아온다고 확신하는지에 대한 답을 해야 할 것입니다. 우리가 잘 아는 바와 같이 이미 남북한이 가지고 있는 무기와 군사력만으로도 한반도가 초토화되기엔 충분하고도 넘칠 지경입니다. 사실 우리나라엔 주한 미군이 수만 명에 이르고 알게 모르게 주한미군이 소지한 무기는 무시무시한 화력을 발휘할 수 있는 것으로 알고 있습니다. 끊임없는 군비확산과 경쟁이 평화를 가져주지 않습니다. 그 큰 껍질을 또 누가 져야 할 것인지도 의문입니다. 실제적으로 과다한 군사비의 지출이 안전과 평화에 직결되는 것이라는 확신이 없으면, 그 군사비 지출은 우리 사회의 긴급한 필요로 돌려져야 합니다. 군사비는 가난한 사람들에게 돌아가야 할 몫을 빼앗는 것이기 때문입니다.

오늘날 우리 모두의 삶을, 특히 가난한 사람들의 삶을 힘겹게 하는 현실 경제와 에너지, 군사력 강화는 직접적으로 정책과 정치의 문제입니다. 그러니 이 문제를 해결하기 위해서 우리의 목소리를 모으고, 함께 행동하고, 더 많은 민주주의를 추구하는데 힘을 모아야합니다. 그러나 가장 근본적으로 우리가 짊어진 문제는 우리 중심적인 생각과 삶의 방식에서 흘러나오는 것이기도 합니다. 그러니 근본적으로는 우리 삶의 방식을 바꾸어야 합니다. 우리의 등에 놓인 이 껍질이 참으로 우리를 자유롭게 하는지, 아니면 우리의 삶을 제한하고 방해하는지에 대한 근본에서부터 질문해보아야 한다. 사람은 끊임없이 자신의 존재성을 질문하고, 숙고하는 존재입니다. 때로는 쓸데없는 생각꾸러미가, 말도 안 되는 감정의 소용돌이가 진정한 자기성을 찾는 지름길일 수도 있습니다.

오늘 문득 바쁜 일상에서 벗어나 존재의 본질을 개별 주체와 공존의 전체를 깊이 생각하다보니 어느새 시간이 흘러 이제는 현실로 되돌아가야만합니다. 어쩔 수 없는 달팽이는 오늘도 잰걸음을 재촉하면서 가쁜 숨을 몰아쉬면서 터벅터벅 주어진 역할놀이에 제 한 몸을 맡기려합니다. 언제인지는 몰라도 다시금 숲 속 작은 길에 올 것을 굳게 다짐해봅니다. 오늘 따라 노을의 아름다움이 함박웃음 짓게 합니다.

죽음을 기억하는
삶의 지혜

로마 시대에 큰 전쟁에서 승리한 장군의 개선식은 최고의 영예를 누리는 자리입니다. 그런데 개선식에는 주목을 끄는 장면이 하나 있습니다. 이 이 전차에 오른 개선장군이 환호하는 군중들의 열기 속에 당당히 행진할 때, 노예 한 사람이 장군의 뒤에 서서 '메멘토 모리Memento mori'를 계속 외칩니다. 이는 "너는 반드시 죽는다는 것을 기억하라."를 뜻하는 라틴어입니다. 로마제국 전쟁에 승리한 장군이라 할지라도 '그대 역시 유한한 인간임을 잊지 말라. 인간으로서 최고의 영예를 얻은 당신도 언젠가 죽을 운명이니 교만에 빠지지 말라.'는 경고였습니다.

기독교인이 아니더라도 들어본 이야기일 것입니다. 인류 최초의 인간인 아담이 선악을 알게 하는 나무열매를 먹고 난 이후, 하나님은 아담에게 이렇게 선언하였습니다. "너는 흙에서 나왔으니 흙으로 돌아갈 지니라." 이때부터 인간은 죽음이라는 두려운 존재와 마주하기 시작했습니다. 심리학자 어니스트 베커에 의하면, 인간은 영원히 살고자 하는 욕망을 담아 문명을 발전시켰다고 합니다. 굶어 죽지 않으려고 농업을 일으키고, 얼어 죽지 않기 위해 옷과 집을 만들고, 병들어 죽지 않기 위해

의학을 발전시켰습니다. 그러나 문명의 비약적인 발전에도 인간은 죽음을 피할 수 없었습니다. 죽음을 늦추기 위해 의학을 발전시켜도 수명을 100년 이상 넘기기가 쉽지 않았습니다. 죽음을 초연하게 받아들이려 인간의 심리를 연구했지만 죽음을 환영하며 기다리는 사람은 찾기 어렵습니다.

　살아있는 동안, 특별히 젊은 날에 죽음을 기억하며 살 수 있다는 것은 쉽지 않은 일입니다. 죽음을 기억하는 자세는 헛된 욕망이나 쾌락에 깊이 빠져들지 않게 합니다. 언젠가 죽는다는 것, 태어날 때는 순서가 있지만 죽을 때는 순서가 없다는 것은 만고불변萬古不變의 진리와도 같습니다. 죽음을 기억하면, 내가 지금 무엇을 해야 하는지 어느 때보다도 선명해집니다. 해야 할 일을 하는 데 있어 최선을 이끌어낼 수 있습니다. 죽음에 대해 자주 생각하다보면 역설적으로 가장 가치 있는 삶을 살고 싶은 열망이 일어납니다. 죽음을 자주 생각할수록, 삶의 가치를 깊이 깨닫게 됩니다. 고통도 기쁨으로, 작은 것도 큰 것으로 여길 수 있는 힘이 주어집니다. 죽음을 기억하며 오늘을 빛내는 사람은 그날에 편히 눈감을 수 있을 것입니다. 인간의 연약함과 한계를 깨닫는 것이야말로 헛된 욕심과 교만을 차단하고 진실하게 살아가는 지혜의 첫걸음일 것입니다.

지혜로운 노년기를 위한
좋은 습관

어느 시대나 그 시대를 반영하는 키워드가 있는 것 같습니다. 우리사회가 그런 대로 풍요를 구가하면서 2000년대 초반부터 한동안 '웰빙Well-being'이라는 말을 많이 사용했습니다. 이전 시대에는 먹고 살기조차 힘겨웠기에 보릿고개라는 말이 키워드였음을 생각하면 우리사회가 얼마나 살기 좋아졌는지 실감할 수 있습니다. 이 시대는 이전에 물질적 풍요를 추구하던 삶에서 보다 더 건강한 심신을 유지하는 것에 높은 가치를 두게 되었습니다. 이제는 식생활의 양보다는 질을 생각하고, 건강을 생각하는 분위기였습니다. 그 당시에 웰빙 바람이 불면서 식당마다 웰빙 식단임을 내세우며 홍보에 열을 올렸습니다. 의류나 침구류, 일상적인 생활용품에 이르기까지 웰빙 제품들이 선풍적인 인기를 끌기도 했습니다.

'웰빙Well-being'이라는 말을 많이 사용하면서 삶의 방식도 바뀌었습니다. 육류보다 생선이나 채소를 선호하는 쪽으로 변화하였습니다. 한 걸음 더 나아가 유기농과 친환경제품들을 선호하는 쪽으로 변화하였습니다.

그런데 언제부터인가 여기에 한 가지가 더 추가되는 키워드가 생겼습

3니다. 그것은 몸의 건강만이 아니라 마음의 건강을 소중히 여기게 된 것이었습니다. 그러면서 생긴 말이 '힐링Healing'입니다. 요즘은 어디를 가든지 힐링이라는 말을 쉽게 찾아볼 수 있습니다. 힐링캠프, 힐링여행, 힐링음악……. 지금은 힐링시대라고 해도 지나친 말이 아닐 만큼 힐링이라는 말이 친숙해졌습니다.

힐링이라는 말이 중요하게 다뤄진 것은 우리 사회가 몸의 건강뿐만 아니라 마음적인 건강도 생각하는 여유와 여건이 형성된 것이니 반가워할 일입니다만 여기엔 또 하나의 이유가 있기도 합니다. 현대인들이 치열한 경쟁사회 속에서 그 만큼 스트레스와 상처를 많이 받고 있기 때문에 힐링이 절실히 요청되기도 하는 시대이기도합니다. 그러니 우리 사회는 몸과 마음 모두에 치유가 필요한 시대입니다. 이 두 가지에 반드시 추가해야할 키워드가 하나 있습니다. 그것은 무엇일까요?

과학과 의학의 눈부신 발전으로 인간의 수명이 점차 늘어나고 있습니다. 우리 주변에서도 쉽게 찾아볼 수 있듯이 장수하는 노인들이 많아졌습니다. 이른바 100세 시대가 눈앞에 다가온 것입니다. 그런데 뭐가 문제일까요? 결국 몸과 마음의 건강유지를 잘한다고 해도 언젠가는 끝이 있습니다. 장수만세, 수명연장의 희망도 결국 죽음 앞에서는 어쩔 수 없습니다.

어느 노인학교 강사가 특강 중에 앞으로 1950년 6·25전쟁이후 출생한 사람들이 100세까지 살 확률이 50%에 이를 것이라는 말을 했습니다. 청중들의 반응은 기뻐하고 좋아하는 것이 아니었습니다. 뜻밖의 반응에 강사가 놀라서 물었습니다. "아니, 왜 기쁘지 않으십니까? 100세 시대를 사신다니까요……." 그러자 노인들이 이구동성 이렇게 말했습니다. "아이쿠, 징그러워, 아이쿠 무서워." 노인들이 이렇게 말한 이유는 그냥 오래 사는 것이 축복이 아니라 건강하게 오래 사는 것이 축복이라는 뜻이었습니다. 아파서 고생하고 치매로 정신없이 오래 사는 것은 축복이 아니라 재앙이라고 말했습니다.

그렇습니다. 몇 살까지 오래오래 사는 것도 중요하지만 더 중요한 것은 병치레하지 않고, 건강하게 살다 죽는 것입니다. 이것이 바로 웰-에이징Well-aging입니다. 웰-에이징을 우리말로 표현하자면 잘 늙어가는 것, 좋고 아름답게 나이 드는 것입니다. 이제는 바로 이 웰-에이징에 관심을 가져야합니다. 어떻게 나이를 들 것인가를 진지하게 고민해야합니다. 지금은 정신없이 바쁘게 일하고 있지만 언젠가 지금 하는 일을 그만둬야 할 때가옵니다. 나이 들어 시간이 많아질 때 무료하고 무의미하게 시간을 보내는 안타까운 노인의 모습이 아니라, 건강하고 가치 있는 일, 자기 실현과 보람된 일을 드러내는 삶을 위해 지금부터 준비해야 합니다.

나이 들어 퇴직하고 나니 해야 할 일도, 맡겨지는 일도 없습니다. 오라는 곳도, 갈 곳도 없습니다. 젊은 시절 그저 정신없이 돈벌이에 바빴고 출세에 눈이 멀어 거기에 몰입하느라 정작 자신이 누구인지, 자신이 무엇을 원하는지를 잘 모르고 살아온 것입니다. 또한 자신이 언젠가는 은퇴를 해야만 하고 길어진 노년기를 맞이해야한다는 사실을 제대로 생각지 않은 것입니다. 나름대로 즐길만한 취미생활도, 독서의 즐거움도, 봉사활동도 즐겨할 줄 모릅니다. 평소에 습관이 안 되었으니 독서를 하거나 음악과 미술 등을 즐기는 예술적 감응을 즐기는 생활이 익숙하지 않습니다. 노인들 중에는 그저 멍하니 창밖을 내다보고 앉아 있는 경우가 많습니다. 돈이 없어서가 문제가 아니라 무료한 하루하루가 문제입니다.

무엇이든지 좋은 습관을 갖는다는 것은 쉽지 않습니다. 그러나 한 번 좋은 습관이 형성되면 그것이 우리의 삶을 아름답게 만들어줍니다. 그러니 좋은 습관을 함양하는 일은 매우 중요합니다. 그러나 그 어떤 것도 어느 날 갑자기 되는 것은 아닙니다. 우리는 무엇이 유익한 것이고, 무엇이 좋은 것인지를 잘 알면서도 그것이 습관이 되지 않아 한두 번 시도하다 그만 둔 경험들이 많습니다. 사소한 습관들이 모여 인생을 만든다는 말이 있습니다. 사람에게 있어 습관은 단순히 반복하는 것 이상의 의미가 있습니다.

웰-에이징을 위해, 잘 늙어가고 아름답게 나이 들어가기 위해, 지금 우리에게 필요한 것은 좋은 습관을 형성하는 일입니다. 고요히 자신과의 만남의 시간을 갖는 것, 나보다 남을 높게 여기는 말과 행동의 습관을 갖는 것, 대화를 할 때 상대방의 입장을 생각해 보는 것, 성급하지 않게 한 번 더 생각해보는 신중한 자세를 갖는 것, 일주일에 한번이라도 나 자신을 위해서가 아니라 가족을 위해 시간을 내고 돈을 쓰는 것, 한 달에 한 번이라도 내 가족을 넘어서 이웃을 사랑하는 봉사활동을 펼치는 것 등을 습관화해보면 어떨까요?

100세 시대를 대비해서 노후자금을 준비하고, 인간관계를 넓히는 것보다 더 중요한 것은 바로 지금부터 좋은 습관을 몸에 길들이기 위한 작은 실천들이 아닐까 생각해 봅니다. 웰-에이징의 실천을 위해 가장 필요한 것은 지금 좋은 습관을 몸에 길들이는 일입니다. 노년에 필요한 것은 건강과 돈만이 아니라 좋은 습관일 것입니다.

웰-에이징과 짝을 이루는 키워드는 웰다잉Well-Dying입니다. 잘 사는 것과 함께 잘 죽는 것도 중요합니다. 삶에서 가장 중요한 단 하나의 문제가 있다면 무엇일까요? 역설적이게도 그건 죽음입니다. 삶이 의미 있는 것은 그 끝에 죽음이 있기 때문일 것입니다. "삶은 연기된 죽음에 불과합니다." 쇼펜하우어의 말입니다. 그러니까 결국 죽음의 손바닥 안에 삶이 있는 것입니다. 거꾸로 삶 속에는 언제나 죽음이 있습니다. 인간이 삶에 가장 충실해지는 것은 죽음을 구체적으로 실감할 때일 것입니다. 그래서 죽음을 앞둔 사람들이 남긴 이야기는 언제나 비범한 무게감으로 다가옵니다. 모든 일에 준비가 필요하듯이, 죽음도 준비가 필요합니다. 죽음을 생각하면 삶이 진지해집니다. 갑작스런 죽음이 아니라 준비된 죽음이면 당황함도 적거나 없습니다. 그에 따라 남겨질 유족들에게도 좋을 것입니다.

『빨간 무공훈장』을 쓴 스티븐 크레인은 자기 죽음의 순간을 마치 중계방송하듯이 다음과 같이 말했습니다. "우리 모두 언젠가는 넘게 마련인 경계선에 도달했을 때, 생각만큼 끔찍하지 않습니다. 좀 졸리고, 그리고 모든 게 무관심해집니다. 그냥 제가 지금 삶과 죽음 중 어느 세계에 있는가에 대한 몽롱한 의구심과 걱정, 그것뿐입니다."

19세기 미국 시인 에밀리 디킨슨은 "지금 들어가야겠습니다. 안개가 피어오르고 있습니다."고 말했습니다. 같은 시기 미국 작가 헨리데이비드 소로는 임종시 이모가 "죽기 전에 하나님과 회해하렴."하고 말하자 "제가 언제 하나님과 싸웠는데요?"하고 반문했습니다. 작가들의 유언(遺言) 중 가장 유명한 말은 괴테입니다. "좀 더 빛을……."

죽음을 준비하는 일로 유서쓰기, 유산정리하기, 영정사진 찍어두기, 장례절차 정해놓기는 물론이고 자신의 삶을 정리해두는 일도 하나하나 해두는 것도 좋습니다. 그러고 보니 지혜로운 준비와 대비는 삶의 모든 과정에서 꼭 필요한 일인가봅니다. 잘 사는 것도 중요하지만 마무리를 잘하는 것으로 잘 죽는 것도 중요합니다.

문득 깊은 감성으로 아름다운 삶으로 기억되는 문학가들의 웰다잉의 자세를 되새겨봅니다. 『빨간 무공훈장』을 쓴 스티븐 크레인은 자기 죽음의 순간을 마치 중계방송하듯이 다음과 같이 말했습니다. "우리 모두 언젠가는 넘게 마련인 경계선에 도달했을 때, 생각만큼 끔찍하지 않습니다. 좀 졸리고, 그리고 모든 게 무관심해집니다. 그냥 제가 지금 삶과 죽음 중 어느 세계에 있는가에 대한 몽롱한 의구심과 걱정, 그것뿐입니다."

19세기 미국 시인 에밀리 디킨슨은 "지금 들어가야겠습니다. 안개가 피어오르고 있습니다,"고 말했고, 마찬가지로 19세기 미국 작가 헨리데이비드 소로는 임종시 이모가 "죽기 전에 하나님과 회해해라"라고 말하자 "내가 언제 하나님과 싸웠는데?"하고 반문했습니다. 작가들의 유언 중 가장 유명한 말은 괴테의 "좀 더 빛을……."이라는 말일 것입니다. 아마도 버나드 쇼의 묘비명은 가장 인상 깊을 것입니다. 깊이 되새겨볼 만한 것 같습니다. "우물쭈물하다가 내 이리 될 줄 알았어." 누구나 맞이할 수밖에 없는 죽음 앞에 벌벌 떨며 두려워할 것이 아니라 미리 준비하고 맞이하면 어떨지요?

사랑의 만남,
겸손한 사귐으로

　　　　　　　　　　　　　　　　미치 앨봄이 쓴 『모리와 함께한 화요일』이
라는 책이 있습니다. 이 책의 저자는 1979년 미국 매사추세츠 주 월섬에
있는 브랜다이스대학을 졸업한 사람입니다. 미치는 분주한 직장생활 속
에서 자신의 모습을 잃어가는 것만 같았습니다. 수많은 사람을 만나고
사귐을 갖지만 마음 깊이 이야기를 나눌 사람이 없었습니다. 그는 아주
오래전 대학 시절을 떠올렸습니다. 그 때는 고민이 많은 시기였지만 그
를 알아주고 진심으로 사랑해주던 모리 슈워츠 교수가 있었습니다. 그는
대학을 다닐 때 모리 교수를 존경했습니다. 졸업할 때 그는 모리 교수에
게 가죽 가방을 선물하면서 앞으로 자주 찾아뵙겠다고 했는데 바쁘게
살다보니 그만 16년이 훌쩍 지나도록 연락조차 안하고 살았습니다. 그
는 모리 교수의 가르침도, 고운 추억도 모두 다 잃어버렸습니다. 젊은
날의 꿈도, 사랑도, 낭만도, 이상도 다 잃어버린 것만 같았습니다. 그저
정처 없이 표류하는 인생인 것만 같았습니다. 그는 문득 모리 교수를
그리워하면서 자신의 삶을 되돌아보았습니다.

　　그러던 어느날, 우연히 텔레비전 채널을 돌리다가 ABC TV의 테드 코
펠이 진행하는 '나이트 라인'이라는 토크쇼에서 모리 교수를 보게 되었

습니다. 이 프로를 통해 자신의 은사인 모리 교수가 루게릭병에 걸렸다는 것을 알게 되었습니다. 그는 더 이상 미룰 수는 없다고 여겨, 바쁜 일정 가운데서도 매주 화요일마다 시간을 정해놓고 모리 교수를 찾아갔습니다. 두 사람은 매주 화요일마다 만남을 이어갔습니다. 두 사람은 서로의 외로움을 달래주는 벗이 되었습니다. 그가 모리 교수와 화요일마다 만나다보니 어느새 그 횟수가 14번에 이르렀습니다. 이렇게 만나면서 있었던 일을 정리해서 쓴 글을 모아서 책으로 낸 것이 바로 『모리와 함께 한 화요일』입니다.

모리 교수는 사랑하는 제자가 찾아올 때마다 지금까지 자기가 연구했던 것들을 총정리한 핵심을 진솔하게 이야기해주었습니다. 제자는 그 내용을 적고, 주제별로 분류하고, 녹음까지 했습니다. 12째 방문했을 때 그는 모리 교수의 발가락을 마사지해 주었습니다. 모리 교수는 아주 흡족한 마음에 이렇게 말했습니다. "자네가 내 아들이었으면 좋겠네." 모리 교수는 14번째 찾아온 제자가 어찌나 고마운지 이렇게 말했습니다. "자네는 내 사랑하는 친구와 같네." 그러면서 이렇게 말을 이었습니다. "자네는 착한 영혼을 지녔네. 나는 자네를 사랑하네." 그리고 4일 후에 모리 교수는 세상을 떠났습니다.

그는 이제 더 이상 모리 교수를 만날 수가 없습니다. 매주 화요일마다 어김없이 찾아가서 반갑게 이야기 나누던 스승은 이제 없습니다. 그러나 그는 14번의 만남으로 충분했습니다. 그는 모리 교수와 만나면서 삶에 많은 변화가 일어났습니다. 그의 삶은 예전과는 달랐습니다. 이제는 다른 사람이 자신을 어떻게 볼 지, 무언가를 얻으려고 안간힘을 쓰던 마음에서 자유를 누렸습니다. 주어진 일에 감사와 기쁨으로 임하면서 만나는 사람들을 소중히 여겼습니다. 그는 여러 자선단체에서 활발하게 활동하면서, 모리 교수에게서 받은 사랑을 나눠주는 삶을 살고 있습니다. 그리고 자신의 재능을 발휘하는 집필 활동도 열심히 하고 있습니다.

모리 교수는 죽음에 직면해서 여러 가지 삶의 지혜를 터득하였고, 그것을 아낌없이 자신을 찾아온 제자에게 전해주었습니다. 죽음에 임박한 모리 교수의 가르침은 어디서도 들을 수 없는 삶의 깊이가 담긴 수업이었습니다. 두 사람의 사귐은 모리 교수가 죽음에 이르면 끝이 날 수밖에 없었습니다. 그렇기에 두 사람의 만남은 진지할 수밖에 없었고, 만남은 그 어떤 일보다 소중하고 중요했습니다. 이렇듯 만남에 정성을 쏟고, 진지하게 대화에 임한다면 만남을 통한 깨달음은 두 사람 모두에게 커다란 유익을 줄 것입니다.

오늘 우리의 가정과 학교와 사회는 구성원들 사이에서 이런 사귐이 있을까요? 그저 그런 만남이 아니라 그 어떤 것과도 바꿀 수 없는 소중한 사귐으로 말입니다. 우리가 만나는 사람들은 많지만 정작 이런 만남은 흔하지 않을 것입니다.

오늘 우리사회는 정치와 경제는 물론 사회 전반에 걸쳐 각종 분쟁과 송사로 인해 엄청난 갈등을 빚고 있습니다. 그로 인해 천문학적인 사회적 비용을 부담함으로써 사회 통합의 걸림돌이 되고 있습니다. 벤저민 프랭클린의 말입니다. "보통 사람들의 최대 결점은 자신이 다른 사람보다 낫다고 생각하는 것입니다." 자기만 옳다고 생각하는 독선과 교만은 결국 모든 인간관계를 깨고 사람들을 불행하게 만듭니다.

미치가 모리 교수를 떠올린 것은 모리 교수가 루게릭병에 걸려 앞으로 얼마 못 산다는 것도 있었지만 사실은 자신의 공허함이 컸기 때문이었습니다. 모리 교수도 저명한 대학의 사회학교수로 명성이 자자하던 그 시절은 다 지나가고 질병의 고통 속에서 삶을 마감해야만 하는 상황이었습니다. 모리 교수는 질병의 고통과 죽음에 직면한 공포 속에서 남모를 외로움으로 더 힘들었을지 모릅니다. 두 사람은 겸손하게 서로를 필요로 하였습니다. 서로를 그리워하고, 서로를 존중해주었습니다. 그러기에 그들은 스승과 제자, 노인과 젊은이, 병자와 사회인이라는 차이가 문제가 되지 않았습니다. 오히려 다름은 서로를 존중하는 귀중한 것이 되었습니다.

사람관계에서 가장 중요한 것은 이해理解하는 자세입니다. 이해의 영어 단어는 'Understand'입니다. 이 말은 '상대방의 아래에 서 있다'는 말로 자신을 낮추고, 상대방을 높이는 겸손을 잘 드러낸 말입니다. 이해의 한자성어는 '역지사지易地思之'입니다. 이 말은 '입장을 바꿔서 생각해 본다'는 뜻입니다. 즉, 자신의 생각과 감정과 의견과 입장이 먼저가 아니라 상대방을 우선하는 것입니다. 자신의 부족을 인정하고, 상대방을 필요로 하는 자기고백에서 이해가 가능합니다. 이런 이해에서 상대방을 존엄하게 여기는 겸손한 마음이 진심으로 우러나옵니다.

나무가 아무리 크더라도 한 그루만으로 온 천지를 뒤덮을 수는 없습니다. 아무리 빼어나게 멋진 나뭇가지라도 그것 하나만으로는 봄이 왔음을 알 수 없습니다. 온갖 꽃들이 만발해야 완연한 봄기운을 느끼듯, 서로 존중하고 상생하고 협력해서 우리가 속한 공동체를 사랑의 공동체로 만들어 가면 좋겠습니다. 이를 위해서 내가 먼저 부족함을 인정하고, 먼저 손 내밀고 다가가면 좋겠습니다.

진짜 바쁜 삶인가를
생각해 봅니다

요즘 "바쁘다"는 말을 입에 달고 사는 사람들이 많습니다. 입만 열면 "바쁘다"를 습관처럼 말하고, 전화로 하는 안부인사도 "요즘 바쁘시죠?"가 많을 정도입니다. 이는 말로만 그런 것이 아니라 실제로 바쁜 사람들이 많습니다. 아침부터 저녁까지 끝없이 밀려드는 업무에 시달리고 점심시간에도 허겁지겁 식사를 끝내야 하는 사람들 이야기를 듣게 됩니다. 그런데 이때 한 가지 질문을 던져봅니다.

"정말 바쁜가?"

가만히 생각해보면 많은 사람들이 바쁜 삶이 아니라 부산한 삶을 살고 있는 것 같습니다. 말로는 바쁘다고 하지만 실제로는 부산한 삶일 경우가 많습니다. 이 두 가지는 비슷한 말 같지만 분명히 다릅니다. 이 두 가지 삶이 어떻게 다른지는 생활 속의 관찰을 통해 발견할 수 있습니다.

먼저 부산한 삶을 사는 사람의 경우입니다. 약속시간 잡기는 그리 어렵지는 않은데 막상 시간을 정하고 찾아갔을 때 뭔가 어수선하고 대화에 집중하기 쉽지 않습니다. 서로 이야기를 이어가다가 스마트폰이 울리면 얼른 양해를 구하는 듯한 얼굴 표정을 지으면서 통화를 시작합니다. 그리고 통화가 끝난 다음 "아까 어디까지 이야기했었지요?"라며 어색한 표정을 짓기도 합니다. 결국 만나서 이야기하기로 했던 주제에 대한 논의를 제대로 하지 못하고, 다음에 또 만날 것을 기약하며 자리를 뜨게 되곤 합니다. 그때 들려오는 이야기는 "요즘 제가 바빠서 그런데 다음에는 조금 더 여유를 가지고 이야기를 나누지요."입니다.

반면에 한번 약속을 정하려면 쉽지 않고, 또 만나는 시간도 야박하게 "30분 이상은 어렵습니다."하고 요구하는 사람이 있습니다. 마치 분 단위로 시간을 쪼개서 사는 듯한 인상을 주기도 해서 '바쁘면 도대체 얼마나 바쁘기에 이러나' 싶은 생각이 들기도 합니다.

그런데 그렇게 어렵게 약속을 정해놓고 만나면 뜻밖에 편안한 얼굴을 한 사람이 나타날 때가 있습니다. 전혀 바쁘지 않은 듯 편안한 느낌을 주는 것은 물론 대화중에는 아마 꺼 둔 것인지 핸드폰도 울리지 않고, 그동안 나를 기다려 오기라도 한 듯 대화에 집중합니다. 이런 사람과는 30분 정도만 만나도 몇 년간 고민해 온 문제 해결의 실마리를 발견할 때도 있습니다. 이런 사람이야말로 자기 시간의 소중함을 알고 자신과 만나는 사람의 시간마저 귀하게 쓰고자 하는 진짜 바쁜 사람입니다.

그럼 바쁜 삶과 부산한 삶의 차이는 어디에서 오는 것일까요? 그것은 자기 삶의 중심을 어디에 두고 사는가에 따라 결정되는 것 같습니다. 즉, 자신만의 삶의 우선순위를 정하고 그에 따라 하루하루의 삶을 사는지, 아니면 그때그때 상황에 따라 부딪히는 대로 살아가는지 말입니다. 이 부분이 어떻게 정리되느냐에 따라 진짜 바쁘게 살아가거나 반대로 말로만 바쁘지 사실은 부산한 나날을 보내게 됩니다.

그러면 스스로 바쁘다고 생각하지만 실제로는 부산한 삶을 살아가게 되면 그 결과는 어떻게 될까요? 그것은 여러 가지로 나타나겠으나 가장 쉽게 관찰할 수 있는 모습은 집중해야 할 때 집중할 수 없는 것입니다.

예를 들어, 점심식사를 하러 가서 대화에 집중하지 못하고 계속 스마트 폰을 만지작거리거나, 회의 중에도 문자를 보내거나, 상대방의 이야기를 끝까지 듣기 힘들어 하는 것 등입니다.

어쩌면 우리는 바쁘게 살지 않으면 안 될 것 같은 일종의 강박증에 시달리는 것 같습니다. 또 그래야 남들 보기에도 좋고 뭔가 성취를 이루어내는 듯한 느낌을 갖게 되는 것만 같습니다. 그렇지만 그것이 앞서 말한 진짜 바쁜 삶이 아니라 부산한 삶이라면 본인은 물론 주변의 지인들까지 다 지치게 만들지 모릅니다.

반성하는 삶이면 좋겠습니다. 나는 하루를 보내며 오늘은 행복하게 살았는지 생각해봅니다. 슬픈 하루도 있고, 기쁜 하루도 있을 수 있지만 행복하려고 노력하는 편입니다. 뒤돌아보면서 후회하기보다는 '다시는 그러지 말자'고 반성하는 것이 좋습니다. 잘한 일은 스스로 칭찬하고 잘못한 일은 반성하며 그렇게 하루를 보냅니다. 그러면 다시 실수하지 않을 수 있고 나 자신에게 당당할 수 있지 않을까요? 늘 잘못한 일을 가슴 한구석에 담아 두는 것보다 스스로 반성하는 것이 멋이 있습니다. 반성하지 않는 삶은 살 가치가 없습니다.

사람은 누구나 불완전합니다. 누구나 살아가면서 실수를 저지르고 또 커다란 실패 앞에서 좌절하기도 합니다. 그러나 인생에서 실패와 좌절이 없다면, 우리의 인생은 무미건조하기 짝이 없을 것입니다. 드라마 속 주인공이 우여곡절을 겪으며 온갖 풍파를 헤쳐 나갈 때 비로소 재미가 있듯이 우리의 인생도 마찬가지일 것입니다. 살면서 실수를 저지르는 것을 당연시하지 말아야 합니다. 실수가 계속 반복된다면 그것은 실수라고 할 수 없고, 실패가 됩니다. 사람은 실수를 할 수 있지만 거기서부터 자기 자신에 대한 철저한 반성이 없다면 그 사람은 자신의 인생을 더 발전시켜 나갈 수 없을 것입니다. 비온 뒤에 땅이 굳어지는 것처럼 실수를 통해 우리는 더 굳건해질 수 있습니다. 문제는 우리가 흔히 저지를 수 있는 그 실수를 어떻게 줄이고 어떤 식으로 받아들이냐일 것입니다.

　오늘을 살면서 나 자신에게 질문을 해봅니다. '나는 요즘 바쁜 삶을 살고 있는가, 아니면 부산한 삶을 살고 있는가' 그리고 이런 생각해 봅니다. '오늘 나는 바쁘다는 핑계로 내게 소중한 사람들에게 충실하지 않은 것은 아닌가, 지금 이 순간 이 자리에서 최선을 다하면서 바쁘게 살고 있는가, 정말 중요한 것과 시급한 것을 챙겨가면서 살고 있는가'

긍정의
힘과 자세

알코올 중독자나 마약 중독자의 뇌에서 흔히 발견되는 '노르아드레날린'이 많이 분비되는 사람들은 자신이 하는 일에 열정이 없고, 미래지향적인 계획도 없다고 합니다. 이런 사람들은 부정적인 자존감으로 인해 매사에 자신감이 없는 무기력한 자세를 보입니다. 그러다보니 게으르고, 열정과 도전이 부족한 사람으로 보입니다. 그러니 이런 사람들은 이미 알코올 중독자나 마약 중독자에 준하는 실패자일지도 모릅니다.

저는 바쁘고 힘든 생활에, 지치고 우울한 생활에, 뜻한 바 일이 제대로 진행되지 않아 속이 상할 때 거울을 본 경험입니다. 거울 속에 비친 제 모습입니다. 눈에는 생기가 없어 보입니다. 웃음기 하나 없는 얼굴은 나이보다 더 늙어 보이는 것만 같습니다. 이럴 때는 마치 거울 속의 제가 저에게 이런 말을 던지는 것만 같습니다.

"네 눈에는 비전이 없어"
"넌, 승리를 향한 의지도 수단도 정열도 없어."

이런 소리가 듣기 싫어 피곤에 지친 몸을 침대에 던지듯 하고 나면 그 후로는 아무 생각이 들지 않습니다. 그러나 편안히 숙면의 기쁨을 맛보지는 못합니다. 잠이 들면 어린 시절 꿨던 부푼 기대감으로 흥겨웠던 상상이 가득한 꿈을 꾸지 않고, 근심과 걱정으로 잠을 이루지 못하거나 악몽을 꾸기도 합니다. 분명한 현실을 냉정한 시선으로 바라보면 저 자신이 한없이 초라하고 슬프게 보입니다. 그러던 어느 날 가만히 생각해보니 제가 뭘 하고 있나 싶었습니다. 분명 객관적인 현실이 그렇다고 해서, 다른 사람들의 평가나 시선이나 저를 둘러싼 사회 환경의 분위기가 그렇다고 해서 저 자신마저 저를 차갑게 바라봐서는 안 되는 것이 아닌가 싶었습니다.

사람의 뇌는 현실 속에서 이루어질 수 있는 것에 대한 상상과 실제 현실을 구분하지 못한다고 합니다. 즉, 뇌는 과거의 기억을 바꿔 사실이 아닌 것을 사실로 믿기도 하고, 같은 생각을 반복해서 하면 없는 것도 실제로 존재하는 사실로 받아들이기도 합니다. 그러므로 현실은 부정적이고 어렵더라도 긍정적이고 희망적인 자세로 상상하고 또 상상하면서 이를 믿으면 뇌는 이것이 사실로 여기게 됩니다. 이런 이야기가 긍정의 힘을 말하는 이들의 공통된 주장입니다.

그렇다면 정말로 생각하는 대로, 상상하는 대로, 꿈을 꾸는 것으로 꿈을 이룰 수 있을까요? 대답은 'Yes'입니다. 분명 앞에 말한 대로 꿈을 꾸는 것에서 시작되는 자기 확신과 자신감과 열정적인 마음이 꿈을 이루는 시작이요, 동력動力입니다. 꿈이 있는 사람과 꿈이 없는 사람의 미래는 분명히 다릅니다. 하버드대 연구팀이 자신의 꿈을 적어서 가지고 다니는 하버드대 학생들이 얼마나 되는지 조사한 결과, 전체의 3%로 나타났습니다. 연구팀은 이 3%의 사람들을 20년이 흐른 후 조사한 결과를 발표했습니다. 놀라운 사실은 이 3%의 재산이 나머지 97%의 재산보다 훨씬 더 많은 것으로 나타났습니다. 물론 재산이 많다고 성공이라고 단정할 수는 없습니다만 3%가 97%를 능가는 재산축적은 그만큼 자신의 역량을 발휘하고 영향력을 행사한다는 것으로 볼 수 있으니 우리에게 시사하는 바가 큽니다.

이처럼 구체적으로 꿈을 품고 사는 사람은 미래의 주인공이 될 수 있습니다. "눈앞에 있는 풀을 먹기만 하는 소는 소를 죽일 비전을 가진 늑대에게 이길 수 없다"는 말이 있습니다. 마음 속 열정과 자신감이 중요합니다. 성공하는 사람들은 열정적인 자세로 성실하고 적극적이고 진취적이며, 모든 일에 긍정적입니다. 성공적인 삶을 위해서는 큰 '꿈'을 가슴에 품어야합니다. 그 꿈을 이루어가는 과정에서 부딪치게 되는 자신의 '선택'과 '변화'에서 오는 시행착오나 실수나 실패에 연연하지 않고 의연하게 대응해야 합니다. 자신이 꿈꾸는 간절한 소망, 되고 싶은 미래의 모습을 현실감 있고 구체적으로 상상하고 그것을 마음에 그리고 확신하면서 이루려고 노력해야합니다. 반복적으로 '나는 할 수 있다'고 다짐하면 상상은 현실이 됩니다.

성공한 사람들은 자신에게 끊임없이 '왜', '무엇을', '어떻게'라는 질문을 던지며 그 답을 찾으려고 노력한 사람들입니다. 묻지 않으면 답은 없습니다. 진지한 물음 속에서 진지한 답을 찾으려는 열정과 끈기와 집념이 나옵니다. 물이 흘러가듯이, 시간이 흘러가듯이, 우리의 삶도 자연스럽게 그냥 그저 그렇게 흘려보내서는 안 됩니다. 목표를 이루기 위한 노력으로 자신에게 주어진 시간을 차근차근 채워가야 합니다. 하루하루의 삶을 살아가며 자신의 진정한 꿈을 실현하기 위해서는 '오늘'이라는 현재의 삶에서 '왜', '무엇을', '어떻게'에 대한 구체적인 목표를 세우고, 그에 따르는 선택과 변화에 대해 능동적으로 대처해야 합니다. 누구도 자신의 삶을 대신해 줄 수 없습니다.

'Vivid생생하게' 'Dream꿈꾸면' 'Realization현실이 된다'은 '꿈의 공식'을 오늘도 이루어가야 합니다. 내가 간절히 원하는 바가 현실로 이루어짐을 믿어야 합니다. 진지한 삶의 자세로 오늘을 살아갈 때 미래를 앞당겨 사는, 꿈을 현실로 만드는 창조적인 삶을 살 수 있습니다. 모든 순간이 꽃봉오리입니다. 오늘의 열정과 노력이 거름이 되어, 간절한 꿈은 잘 자라나 큰 열매를 맺을 것입니다.

그러나 여기서 그쳐서는 안 됩니다. 그저 꿈꾸고 상상하는 것만으로는 안 되고 꿈을 현실로 만드는 일에는 이것만으로는 안 됩니다. 이를 현실화할 실제적인 노력이 필요합니다. 실제로 수행할 노력, 노력, 노력이 있어야합니다. 남보다 치열하게 손과 발을 움직이고 힘을 모아야합니다. 그러면 무조건 긍정적인 자세로 열심히만 하면 성공할 수 있을까요? 그렇지 않습니다. 주어진 일에 필요적절하게 몰입하는 방법, 짜임새 있게 진행해나가는 지혜가 있어야합니다. 성공 조건 등을 미리 구상하고, 그것과 현재 나와의 간격을 확인한 후 그 간격을 좁혀 나가는 자기 관리와 조절 능력도 있어야 성공에 이를 수 있습니다.

또한 성공 못지않게 성숙한 마음가짐과 자세가 중요합니다. 학생들은 매년 매학기 다양한 시험을 치릅니다. 여러 가지 시험을 통해 성공의 기쁨이 주는 단맛과 실패의 슬픔이 주는 쓴맛을 경험하면서 더욱 성숙해집니다. 시험을 잘 보면 그것에서 자신감을 얻고, 성공의 방법을 터득해 나갑니다. 시험결과가 아쉬우면 거기서 자신을 돌아보면서 자신의 실력과 시험에 임한 자세를 점검하고 새롭게 다짐하면서 개선해 나가는 과정을 통해서 자기변혁의 기회를 얻습니다. 성공의 결과도 좋지만 꿈을 향해 달려가는 과정 하나하나에서 얻는 기쁨과 깨달음이 많습니다. 결과에 집착하고 승리만을 추구하기 보다는, 뭔가를 해나가는 그 과정 속에서 얻는 것이 많습니다.

문제를 풀어나갈 때, 답만 빠르게 찾으려 하면 오히려 답을 찾기 어려운 경우가 많습니다. 여러 번의 시험을 통해서 경험하듯이, 우리 삶에서도 해답만 빠르게 찾으려 하다보면 자신의 현주소를 망각하고 방황할 수 있습니다. 자신의 꿈과 미래를, 희망을 이뤄 가기 위해서는 끊임없이 자신에게 '왜', '무엇을', '어떻게'라는 질문을 던져야합니다. 왜냐하면, 아무런 준비 없이 문제를 풀다 보면 답이 잘 떠오르지 않는 것처럼, 자신의 삶에 대해 질문을 제대로 던지지 않으면 답을 제대로 찾을 수 없기 때문입니다.

열심히 꿈을 행해 달려가다가 어느 순간 '내가 지금 뭘 하고 있는 건가' 하는 회의감에 휩싸일 수 있습니다. 아무리 바빠도 나만의 시간을 갖고, 조용히 자신을 바라보면서 자신과의 대화를 지속적으로 해야 합니다. 내가 지금 꾸는 꿈이 바른 것인지, 내가 지금 제대로 하고 있는 것인지를 끊임없이 물어야합니다. 우리나라에서는 부자들의 부를 부러워하지만 존경하지는 않는 경향이 있습니다. 이는 부의 축적과 부의 나눔이 귀감이 될 만한 것이 아닌 경우가 많아서일 것입니다. 이것이 참 안타깝습니다. 열심히 일해서 돈을 벌고 그 돈으로 자아실현과 사회기여를 이루는 멋진 삶이면 얼마나 좋을까요? 그래서 개인의 성공이 사회의 성공으로 이어지면 얼마나 좋을까요? 제가 되새기는 이야기입니다. 경주 최부잣집의 300년을 이어온 부의 비밀입니다.

1. 과거를 보되 진사 이상 하지 마라. 이는 명예욕을 다스리며 전쟁에 휩말리지 않도록 하는 제도적인 장치입니다.
2. 재산을 만석 이상 모으지 마라. 소유욕을 다스리고 사회 환원을 힘쓰라는 원리입니다.
3. 과객을 후하게 대접하라. 사람 존중의 사상이 배어 있습니다.

4. 흉년기에는 땅을 사지 마라. 남이 어려운 시기에 그것을 이용하여 부를 쌓지 말라는 교훈으로 이웃과 동고동락의 의미를 가르쳐 줍니다.
5. 며느리들에겐 시집온 후 3년 동안 무명옷을 입혀라. 현장에서 경제를 주장하는 사람이 가져야 할 근검절약의 정신을 몸에 배게 하는 것입니다.
6. 사방 백 리 안에 굶어 죽는 사람이 없게 하라. 노블레스 오브리주의 실천을 강조한 것입니다. 권력과 부요함에는 반드시 책임과 의무가 따름을 고취시킨 것입니다.

위의 내용은 한 가문의 융성함이 절대로 그냥 되지 않았음을 알 수 있게 합니다. 우리의 삶에도, 우리 집에도 이와 같은 삶의 기준이 있어야 하지 않을까요?

너는 무엇이든
잘할 수 있어

우리나라의 방송매체를 뜨겁게 달구는 프로그램들은 형식과 구도에서 조금씩 다를 뿐 오디션이라는 명제아래 경쟁하는 프로그램들입니다. 마지막 단계까지 도달하기 위해서는 어제까지 마음을 나누고 서로를 격려하던 동료를 이겨야만 합니다.

우리는 이를 선의의 경쟁이라고 부릅니다. 그러나 자세히 그 내막을 들여다보면 선의의 경쟁이 되기 위해서는 상생의 발전이라는 대전제가 필요하고, 서로를 견제하지만 그 견제 방법이 정정당당해야 합니다. 그래야만 승자와 패자로 나뉘었을 때 패자는 그 결과를 겸허히 받아들이고 승자를 향해 진심으로 박수를 칠 수 있고, 승자는 결과로 기쁨을 누리고 끝까지 긴장하게 했던 패자를 진정으로 인정하고 감사할 수 있게 됩니다.

눈물을 흘리는 승자 앞에서 패자가 웃는 얼굴로 "여기까지 온 것만으로도 행복하다"고 말할 수 있고, 이런 멘트를 날리는 패자에게 승자는 "여기까지 올 수 있도록 옆에서 힘이 되어준 패자에게 감사하다"라고 말할 수 있습니다.

이런 선의의 경쟁 논리가 교육에도 적용되어, 한 교실에서 같은 추억을 만들며 생활하던 친구들이 서로의 발전을 위해 공부하는 것이라 세뇌를 시키고 있습니다. 그러나 교육은 선의의 경쟁이 아닙니다. 좀 더 정확하게 말한다면 악의건 선의건 교육은 경쟁 구도에 우리의 자녀들을 밀어넣는 것이 아닙니다. 왜냐하면 교육은 서로의 발전을 위하는 것이 아니라 자아를 올바르게 정립하고, 자존감을 회복해서 스스로 성장하고 성숙하도록 하는 것이기 때문입니다.

이런 개개인이 학교, 직장, 단체 등과 같은 사회에서 만나 어우러지며 살아가는 것이 일상이고 현실입니다. 그래서 교육은 외부에서 무언가를 개인에게 세뇌시키거나 지식을 집어넣는 것이 아니라 개인 내부에 잠재되어 있는 무언가를 외부로 끄집어내어 발휘하도록 돕는 것입니다.

요즘 가요계는 걸그룹이 대세입니다. 그 중에서도 강력한 안무와 무대구성 등 빼어난 실력으로 대중의 사랑을 받는 '마마무'라는 그룹이 있습니다. 최근 이들이 발매한 앨범에 이색적인 노래가 있습니다. '넌 IS 뭔들'이라는 곡입니다. 얼핏 제목만 보면 한글도 아니오, 영어도 아닌 이 이상한 조합의 노래가 대중의 귀를 사로잡았습니다. 도대체 노래 제목이 무슨 뜻인지 아리송하지만 제목의 뜻을 물어보니 '너는 무얼 하든 예쁘고, 괜찮다'는 뜻이라고 밝혔습니다. 간단한 외계어(?) 같은 제목에 의미를 아는 순간 기분이 좋아졌습니다. 우리의 자녀들이라면 뭔들 안 좋을까요? 조금 뒤처져도, 조금 느려도, 조금 성적이 떨어져도, 우리의 후세들이라면 뭐라도 좋아하는 자세가 우리나라의 교육에서 절실히 필요한 때입니다. "넌 is 뭔들 모든 게 넌 is 뭔들 완벽해" "너라면 뭔들 안 좋겠냐"가 마음에 깊게 새겨졌습니다.

한 때 유행했던 광고 카피처럼 '1등만 기억하는 더러운 사회'에서 벗어나려면 어떤 아이라도 모든 게 완벽하다고 믿고 가르치는 풍토가 어느때보다 소중한 가치로 여겨져야만 합니다. 반대로 우리의 자녀들이 옳지 않은 생각과 말, 행동을 보일 때에는 묵직하게 그리고 따끔하게 가르쳐야합니다. 그런데 가르치는 사람이 제도가 자녀들을 먼저 믿어주지 않은 상태에서는 진정한 가르침이 일어나지 않는다는 사실입니다.

자녀를 힘들게 하고 어렵게 하는 부모는 자녀를 학대하거나 방치하는 부모도 있지만 그렇지 않은 경우도 있습니다. 이런 경우 가만히 보면 자녀를 사랑함이 부모위주이고, 좀 지나친 경우입니다. 부모는 자녀에 대한 기대치가 높아 그 기대치를 자녀가 이룩해주기를 바람에 서두르고 강요합니다. 이런 경우 자녀는 부모에게 지나치게 의존하는 이른바 마마보이, 마마걸이 되거나 주눅 들어서 그저 시키는 대로 따라가는 수동적인 자세가 되거나 그것이 아니면 반발심에 부모와 갈등을 빚으면서 삐딱해지기도 합니다. 이런 경우의 공통점은 부모가 자녀를 자기 뜻대로 자기 경험대로 만들어가려는 것이 강하기 때문이고, 믿지 못하기 때문입니다. 자녀를 인격체로 보고 자녀의 삶을 인정해주는 자녀를 있는 그대로 바라봐주고 너그러운 마음으로 포용하고 지지하면 좋은 데 그게 어려운 가봅니다. 좀 더디더라도 마음에 좀 안 들더라도 부모의 시각에서 성급히 판단하지 말고 깊은 사랑으로 믿어주고 바라봐주고 지지해주면 자녀는 건강하게 자라납니다. 부모의 기대를 넘어서 더 멋지게 자라날 수도 있습니다. 자녀를 진심으로 사랑하는 마음으로 자녀를 믿어주는 부모의 마음을 기대해봅니다.

우리의 자녀들이라면 뭔들 완벽하다고, 뭔들 좋다고 먼저 믿는 것이 필수전제조건입니다. 이 전제조건이 확보된 후에 자녀들의 잘못을 꾸짖을 수도, 자녀들의 삐뚤어짐을 야단칠 수 있는 권리가 어른 된 부모 세대에게 있습니다. 자녀들을 통해 풍성한 교육의 결실을 바라는 부모라면 자녀들을 먼저 '넌 is 뭔들'이란 마음으로 믿어주어야 합니다. 그러면 자녀도 부모의 어떤 가르침에도 마음의 문을 활짝 열 것이 분명합니다.

자녀는 부모가 믿어주는 만큼 자란다는 말이 있습니다. 믿음은 모든 것을 가능하게 만든다고 합니다.

잘 알려진 세계적인 발명왕 에디슨의 이야기입니다. 광에서 달걀을 품은 바로 그 바보 이야깁니다. 에디슨은 학교생활에 적응을 하지 못하는 문제아, 지진아였답니다. 그래서 에디슨의 담임 선생님이 그의 어머니를 불러서 말했습니다.

"에디슨이 문제가 좀 있습니다. 학교생활에 적응하지도 못하고, 학습도 따라가지 못하는 지진아입니다. 학교생활이 어려우니 집에서 공부를 시켰으면 해서 오시라 했습니다."

에디슨 어머니의 말입니다.

"우리 에디슨이 호기심이 많고 질문을 많이 하는 것은 압니다. 문제아라니요. 말도 안 됩니다. 에디슨이 창의력이 뛰어나다는 것에 대해서는 저는 잘 압니다."

같은 에디슨의 행동을 놓고 그의 어머니와 담임 선생님은 정반대의 시각을 가지고 있었습니다. 그의 어머니는 에디슨을 결국 집에서 공부를 시키면서, 에디슨을 끝없이 믿어주고 칭찬을 많이 해주었습니다.

"뭐, 광에서 달걀을 품고 있다고… 하여간 우리 에디슨을 못 말리겠구나. 닭이 어떻게 알에서 나오는지 그렇게 궁금했니? 너는 앞으로 분명히 훌륭한 발명가가 될 거야. 너의 호기심이 너를 그렇게 만들어 줄거야."

결국 에디슨은 세계의 발명왕이 되었습니다. 그 어머니의 끝없는 '믿어줌'의 에너지와 인내가 그의 천재성에 불을 붙인 것입니다.

피그말리온 효과라는 것이 있습니다. 사람은 믿어주면 그 믿음에 부합하기 위하여 노력을 함으로써 좋은 결과를 내게 된다는 것입니다. 누가 직원을 거느리는 입장이라면 "자네, 왜 실적이 그 모양이야. 자네는 문제가 많아. 앞으로 두고 보겠어."라고 말한다면, 단 1회에 걸쳐 행동을 개선하려 노력을 하겠지만 그 다음에는 실적이 더 떨어집니다. 그러나 "자네 요즘 혹시 어려운 문제라도 있나 해서 보자고 했네. 자네가 게으름 피울 사람은 아닌데 실적이 안 좋은 것을 보니 큰 걱정거리가 있나 해서 말이네. 어쨌든 자네는 문제를 잘 해결할 것으로 믿네. 자네의 능력을 믿고 있거든." 하고 말한다면 그 사람은 앞으로 지속적으로 실적이나 행동이 좋게 변합니다.

이는 아내나 남편, 자식에게도 똑 같이 해당하는 논리이기도 합니다. 속 썩이는 아들에게 "너는 왜 매사에 그 모양이냐. 믿게 행동해야지 믿어 주지." 그렇지 않으면 "니가 하는 일 다 그렇지 뭐." 그러면 그 아들은 '어차피 믿어주는 사람도 없는데, 기왕 망가진 삶 계속 망가지자' 하지 않을까요? 그러나 "너 요즘 뭐 잘 안 풀리는 일이라도 있니? 하지만 너는 잘 될 것이니, 너무 걱정하지 말아라. 너는 원래 능력이 있고 성실하고 운도 따르는 사람이거든." 이렇게 하면 아들은 처음에는 속으로 '이 양반 이 무엇을 잘 못 먹었나'하고 생각하다가도 부모가 계속 그렇게 말을 반복해서 하면 부모의 기대를 만족시키려고 노력하게 됩니다. 모든 믿음 과 사랑에는 인내가 필요합니다. 사람과 세상, 아니면 아들이나 딸을 바꾸는 힘도 바로 그 '믿어줌의 마력'에서 나오지 않을까 싶습니다.

어느 날 유치원에서 돌아온 아이의 손에는 닳고 부서진 장난감 자동 차가 들려있었습니다. 아이는 그 장난감에 정신이 팔려 밥 먹는 것도 잊은 채 재미있게 놀고 있었습니다. 일터에서 퇴근하고 돌아온 아버지는 집에 없던 장난감 자동차를 가지고 놀고 있는 아이의 모습을 지켜보다가 물었습니다.

"그 자동차 어디서 난 거니?"

아버지의 물음에 아이는 대답하였습니다.

"유치원에서 선생님이 주셨어요."

아버지는 이상한 생각이 들었습니다. 왜냐하면 보통 사람들이 아이들이나 다른 사람에게 뭔가 선물을 할 때는 새 것이나 혹은 비교적 깨끗한 것을 주기 때문이었습니다. 그래서 아이의 말을 믿지 못한 아버지께서는 또 물었습니다. 아이의 대답은 똑같았습니다.

"선생님이 주셨어요."

그렇지만 아버지는 믿을 수가 없었습니다. 아버지는 아이에게 정직한 생활을 가르쳐야겠다는 생각으로 다그쳤습니다. 그래도 대답은 같았습니다. 그러나 아이는 처음과는 달리 매우 작고 지신 없어하는 목소리로 대답하였습니다. 아버지는 아이가 거짓말을 하고 있다고 생각하며 정직한 생활이 무엇인지 아이에게 설명하였습니다. 그리고 또 물었습니다. 아이는 대답을 하지 않았습니다. 아버지의 마음은 이미 어떤 대답이 나오기를 기다리고 있었습니다. 한참을 버티고 있던 아이는 아버지의 화난 얼굴을 보고서 마침내 훔쳤다고 하였습니다. 그리고 잘못했다고 말했습니다. 그제야 아버지는 온화한 얼굴로 훔치는 행동은 나쁜 것이라고 말해주었습니다. 그리고 그 장난감을 다시 돌려주라고 하였습니다.

며칠 후, 유치원 선생님과 통화를 한 엄마는 닳고 부서진 그 장난감을 선생님이 주셨다는 것을 알게 되었습니다. 아버지도 알게 되었습니다. 선생님의 말입니다. 닳고 부서진 장난감 앞에서 한참을 서서 바라보기에 마음에 들어 하는 것 같아서 아이에게 주었다고 하였습니다. 그런데 그 장난감을 아이가 다시 제자리에 놓는 것을 보신 선생님이 그 장난감으로 인해 생겼던 일을 아시고 전화를 하셨던 것이었습니다. 혹시 정직을 가르친다고 하면서 거짓을 가르치는 잘못을 저지르지는 않았는지요?

자녀의 마음을 알면 이해가 깊어집니다. 자녀와 대화가 잘 안 될 때, 자녀는 부모가 자신의 마음을 몰라준다고 생각합니다. 집안에 있기보다는 밖으로 나가려고 합니다. 내 생각과 행동을 존중해주길 원합니다.

자녀의 행동이 변화되지 않을 때, 자녀는 부모의 이야기를 잔소리쯤으로 생각하고 '내가 알아서 한다'고 생각합니다. 왜 고쳐야 하는지 이유를 모르거나, 고치고 싶어도 실천하지 못합니다. 현재의 내 모습을 이해받고 싶어합니다.

자녀의 성적이 떨어질 때, 자녀는 속으로 미안하면서도 잘 표현하지 못합니다. 어찌해야 할지 막막하고 답답해합니다. 컴퓨터, 오락 등 공부와 무관한 것으로 스트레스를 풀려고 합니다.

자녀가 무기력해 보일 때, 자녀는 실패가 두려워 어떤 시도도 하기 어려워합니다. '나는 할 수 없다'는 생각을 많이 합니다. 자신의 존재가 소중하고 가치 있다는 것을 확인받고 싶어 합니다.

자녀가 문제행동을 보일 때, 자녀는 답답하거나 해결하기 어려운 현실의 문제를 벗어나고 싶어 합니다. 부모나 친구, 선생님으로부터 관심을 받기 원합니다.

자녀가 혼자 있고 싶어 할 때, 자녀는 자신의 개인적인 생활을 존중받길 원합니다. 모든 것을 다 말하지 않아도 나를 끝까지 믿으며 함께 해주는 사람을 필요로 합니다. 그냥 혼자 있고 싶을 때가 있습니다.

자녀가 컴퓨터에 몰입할 때, 자녀는 컴퓨터 게임을 통해 성취감을 갖고 인정을 받기 원합니다. 채팅을 통해 친구들과 대화하기를 원합니다. 무조건 하지 말라는 말을 듣기보다는 컴퓨터 사용시간에 대한 통제를 스스로 하길 원합니다.

자녀가 이유 없이 화를 낼 때, 자녀는 부정적인 감정이 나갈 통로가 필요하다는 것입니다.

때론 정말 이유 없이 화가 나서 '왜 화를 내냐?'라는 질문에 말문이 막히기도 합니다. 이해받고 싶어 하며 시간이 지난 후에 그 상황에 대해 이야기 나누길 원합니다.

분노조절장애의
사회현실

꽉 막힌 서울 간선도로. 우측으로 빠지려고 했지만, 쉽지 않은 상황입니다. 우측에서 차량이 연이어 달려와 빈틈을 주지 않았습니다. 방향지시등을 켰지만, 우측 뒤에서 달려오던 차량은 경적을 울리며 더 빠른 속도로 질주해왔습니다. 겨우 원하는 차선에 진입해 한숨 돌렸지만, 경적을 울리던 뒷 차량이 순식간에 앞을 막아서며 다시 신경질적으로 경적을 울렸습니다.

최근 급속히 늘어나고 있는 '보복운전'의 한 모습입니다. 2015년 4월부터 경찰청이 보복운전 신고 건수를 집계한 결과 2015년 4~6월까지 100건도 채 되지 않았던 보복운전 신고 건수가 2016년 2~3월에는 약 500건으로 급증했습니다. 층간소음 분쟁으로 살인을 서슴지 않는 흉흉한 소식도 들립니다. 상대방이 무시하는 것 같아서 무분별한 폭행을 저질렀다는 사건도 끊이지 않습니다. 최근 2~3년 동안 한국 사회는 분노조절장애라는 집단 병리 현상을 겪고 있는 것은 아닐까 하는 생각입니다.

사람은 누구나 분노라는 감정을 느낄 수 있습니다. 스스로 일이 잘 안 풀려 스트레스를 많이 받기도 하고, 다른 사람에 의해 심한 스트레스를 받아 화가 나는 경우도 있습니다. 물론 이렇게 화가 날 때 스스로 잘 푸는 사람이 있는 반면 그렇지 못한 사람도 있습니다.

화를 제대로 조절하지 못해 겉으로 계속 분노가 드러나는 증상을 분노조절장애라고 부르고 있습니다. 예전에는 스스로 화를 풀지 못하고 계속 삭히다가 분노가 심해져 병이 생기는 경우가 많았는데요. 요즘에는 너무 많이 분노를 표출하는 증상이 많아졌다고 합니다.

분노조절장애 자가진단입니다. 아래에서 말씀드리는 증상은 이 질환의 환자들이 나타내는 증상들입니다. 많은 항목에 해당할수록 분노조절장애에 가까울 수 있으니 참고하시는 것이 좋겠습니다.

1. 하는 일이 있는데 조금만 안 풀려도 쉽게 포기한다.
2. 분노가 심하게 치밀어 올라 어떻게 할지 몰랐던 적이 있다.
3. 분노는 말이나 폭력으로 표출된다.
4. 화가 심하게 나는 경우 눈물을 터뜨릴 때가 있다.
5. 내가 잘못했음에도 다른 사람의 탓을 한다.
6. 자주 무시당한다는 기분을 느낀다.
7. 잠시도 기다리지 못할 만큼 성격이 급하다.

그런데 사실, 정신의학이라는 학술적인 관점에서 분노조절장애라는 말은 명확히 규명되지 않았습니다. 정신의학에서 분노는 '무언가 잘못되어있다고 인지하고 그것을 바로잡으려는 행동이나 부정적인 감정'으로 정의합니다. 엄밀히 말하면 의학 진단 용어에서 분노조절장애란 말은 없습니다. 정확한 진단 기준이 없기 때문입니다. 정신과 진단의 관점에서 분노조절장애는 '파괴적, 충동조절 및 품행장애'에 포함되는 '간헐적 폭발장애'와 가장 가깝습니다.

정신의학에서는 언어적 공격성, 재산·동물·타인에게 가하는 신체적 공격성이 3개월 동안 일주일 평균 2회 이상 나타날 때 간헐적 폭발장애로 진단합니다. 또 재산 피해나 파괴, 동물이나 다른 사람에게 상해를 입힐 수 있는 폭행을 포함하는 폭발적 행동을 12개월 이내에 3회 이상 해도 같은 진단을 받습니다.

간헐적 폭발장애의 핵심은 증상이 6세부터 나타날 수 있습니다. 원인으로는 불안이나 정서 조절이 어려울 때, 아버지의 육아 부재나 방임 등이 거론됩니다. 특히 아동기에 받은 학대가 간헐적 폭발장애로 나타나는 공격성의 원인 중 15%에 이른다는 연구결과도 있습니다. 부모-자녀 관계나 어린 시절 가족과의 상호작용이 분노조절 문제에 중요한 영향을 미칩니다. 아이가 원하는 것을 다 들어주는 허용적인 육아 태도는 공격성이나 충동성을 조절하기 어렵고, 욕구가 만족스럽지 못할 때는 잘 견디지 못합니다. 또 권위주의적인 육아 방식은 자존감을 떨어뜨리고 좌절감을 유발해 분노폭발을 유도하기도 합니다.

목표를 달성하기 위해 했던 행동이 방해를 받으며 느끼는 좌절감 때문에 분노가 생기기도 합니다. 차가 막히면 화가 나는 것도 제 시간에 도착해야 한다는 목표를 달성하는 데 방해가 되기 때문입니다. 원하는 것이 부족한 상태인 박탈과 다른 사람보다 적게 가진 상대적 박탈, 앞으로 더 가질 수 있다는 기대에 현실이 못 미칠 때 느끼는 박탈감도 분노를 유발하는 심리학적 요인입니다.

분노조절장애는 한국인의 문화심리적인 특성으로 더 두드러진 것이기도 합니다. 한국인은 자기주장이 강하고 존재감과 영향력을 확대하려는 경향이 있으며 미래에 뭔가 이뤄낼 수 있다는 비현실적 낙관성이 있기 때문에 쉽게 좌절을 느끼고 분노를 표출합니다. 한국인은 다른 나라 사람들보다 상대적으로 자신의 주장이나 영향력을 남에게 관철시키려는 주체성이 강합니다. 주체성이 높은 한국인들은 최근의 경제 위기나 양극화 현상, 이른바 '헬조선'으로 대변되는 사회 환경에 만족하지 못하는 좌절감으로 분노조절장애를 일으킵니다. 과도한 좌절감과 억울함, 주체성을 깎아내리는 무시 받는 느낌은 살인 사건 등 극단적인 현상으로 이어집니다.

분노조절장애가 심한 경우 반드시 전문적인 정신의학과에서 치료를 받아야합니다. 다행히 아직은 그럴 단계가 아니거나 정신과 치료를 받는 중이라도 일상생활에서도 분노조절장애를 극복하려는 노력이 필요합니다. 분노가 치밀어오를 경우 스스로 화를 조절할 수 있는 사람이라고 끊임없이 격려해주고, 화가 나는 사건에서 빠져나와 제3자의 입장에서 문제를 해결해보는 시도를 하면 도움이 됩니다. 몸의 건강만 생각할 것이 아니라 마음의 건강을 위해서 차분한 마음가짐을 위한 삶의 여유와 문화예술에 대한 향유는 시간이 남거나 돈의 여유가 있어야만 하는 것이 아닙니다. 몸이 아프면 아무리 바빠도 시간을 내듯이 분노조절장애가 되기 전에 자신의 마음을 바라보고 마음속의 나 자신과 이야기하는 삶의 지혜를 가져보는 것이 어떨까 싶습니다.

분노사회에서
우리는

최근 우리 사회에서 분노조절장애라는 말이 심심치 않게 거론될 정도입니다. 어쩌다 우리 사회가 이런 이야기가 거론될 정도가 된 것인지 안타깝기만 합니다. 분노를 이기지 못하면 심각한 경우 범죄로 이어지기도 합니다. 분노조절장애는 외상후격분장애의 다른 말입니다. 분노조절장애란 정신적 고통이나 충격 이후에 부당함, 모멸감, 좌절감 등이 지속적으로 나타나는 부적응 반응의 한 형태를 말합니다. 이 분노조절장애 증상의 원인은 부당함과 같은 인생의 스트레스에 기인합니다. 삶의 매우 위협적인 사건이 발생 원인이 되어 나타나는 '외상 후스트레스장애'처럼 예외적이기는 하지만, 신체적인 손상이 아닌 기본적인 신념의 위반이라는 점에서 트라우마와 같은 경험을 하게 되는 점이 '외상후스트레스'와는 좀 다릅니다. 부당함의 느낌과 격분이나 울분의 감정 반응을 가지며, 복수의 감정이 있을 때 드러납니다.

분노조절장애 증상은 정신의학과나 상담을 통해 외상후스트레스장애, 우울증, 불안장애, 적응장애와 구별되어 진단될 수 있습니다. 분조조절장애는 스트레스 상황에 장기간 노출되거나 가슴 속에 화가 과도하게 쌓이면, 이것이 잠재되어 있다가 나중에 감정을 자극하는 상황이 올 때

폭발합니다. 특히 성장과정에서 정신적 외상을 경험한 경우 분노 조절에 더욱 어려움을 겪습니다.

최근 한 젊은 여성이 70대 노인을 폭행하고 길을 가다 이를 말리던 행인마저도 뺨을 때리는 등 폭력을 행사하다 구속된 사건이 보도된 적이 있습니다. 이 여성이 노인을 폭행한 이유는 "자신을 기분 나쁘게 쳐다본다"는 것이 전부였습니다. 경찰 조사 결과 이 여성은 그 전에도 시내버스를 타고 가던 중 50대 여성의 가슴과 머리채를 쥐고 흔든 혐의로 불구속 입건된 상태로 밝혀졌습니다.

이런 사건이 심심치 않게 보도되는 현실입니다. 이런 사건의 피해자가 우리가 될 수도 있습니다. 어쩌면 가해자가 될 수도 있습니다. 이런 보도를 접하다보면 오늘 우리가 살아가는 사회 전반에서 사람들이 분노 조절 장애를 앓고 있는 것은 아닌지 걱정스럽기까지 합니다. 얼마 전 사회 전체에 커다란 충격을 주었던 강남역 살인사건 역시 힘없는 여성을 상대로 한 무차별적인 '묻지 마 살인'이었습니다.

왜 이러한 사건들이 끊이지 않고 발생하는 것일까요? 이는 아마도 사회가 그만큼 각박해지고 사람들의 마음이 강퍅해졌기 때문일 것입니다. 현대의 물질문명의 발달은 사람의 삶을 편리하고 풍요롭게 만들었지만 물질만능주의와 성공지상주의에 함몰되는 결과를 낳았습니다. 바쁘게 돌아가는 사회 속에서 다른 사람을 밟고 올라서야 성공할 수 있다는 그릇된 가치관이 횡행하는 시대가 되었습니다. 삶의 여유와 보람을 만끽하기는커녕 쳇바퀴 돌 듯한 빠듯한 생활 속에서 몸과 마음이 엉망진창인 사람들이 태반입니다. 온갖 스트레스에 시달리는 현대인들 대부분이 이러한 스트레스를 풀지 못하고 마음속에 꾹꾹 담아두고 있습니다. 그리고 이러한 분노는 아주 사소한 계기로 세상과 세상 사람들을 향해 무차별적으로 발산되고 있습니다.

언젠가 뉴스에서 미국 사회에 만연한 '분노방'에 대한 소식을 접했습니다. 누적되는 스트레스와 분노를 한 번에 날리는 방법이 있다는 것입니다. 바로 분노방입니다. 그 방 안에는 마네킹과 소파, 책상, TV 등이 놓여 있습니다. 그 방을 예약한 사람은 들어가서 야구방망이와 대형 망치를 들고 닥치는 대로 때리고 부숩니다. 화가 치미는 대로 발로 차고, 기구로 때립니다. 물론 안전모를 착용하고 장갑을 끼기는 했지만, 그래도 '저러다 도리어 다치면 어떡하지'하는 염려가 있습니다. 그 방을 이용하는 비용은 5분에 25달러약 4만 원, 10분에 40달러약 5만 원, 25분에 75달러약 9만 원라고 합니다. 이런 분노방이 이제 미국을 넘어 다른 나라로 번져 나가고 있습니다.

우리 사회가 이제 '분노사회憤怒社會'를 넘어 '원한사회怨恨社會'로 치닫고 있다고 우려의 목소리들이 들려오는 현실이다 보니 폭발적 인기를 끌고 있다는 분노방이 우리나라에도 있을까 싶어 우려됩니다. 내재되는 스트레스와 분노를 저런 방식으로 풀어야 하나 하는 생각도 듭니다. 저런 폭발적인 표현 방식이 자칫 사람들을 향해 나타나지는 않을까 우려됩니다. 운전하다가 야구방망이를 들고 서로 치고 싸우는 모습을 상상해보면 정말 끔찍합니다. 스트레스와 분노를 거침없이 폭발해 내는 것보다, 스트레스를 승화시키고 분노의 감정을 다룰 수 있는 효과적인 방법을 찾아내야 하지 않을까 싶습니다. 스트레스를 받지 않고 살 수는 없습니다. 분노의 감정을 경험하지 않고 살 수도 없습니다. 그러나 그것을 어떻게 해석하느냐에 따라 축적되는 분노는 달라집니다. 부정적인 감정을 표출해서 푸는 것도 하나의 방법이긴 하지만, 더 중요한 것은 그 감정을 억압시키지도 않고 그렇다고 무분별하게 폭발적으로 표출하지 않는 삶의 비법들도 개발해 나가야 합니다. 어딘가에 쏟아 부은 감정 에너지로 내면의 감정이 다 사라진다면 모르지만, 그게 습관화되면 더 심각한 문제가 생깁니다. 부정적인 감정을 삭이는 방법을 찾는 것과 함께 부정적인 감정을 합리적인 방법으로 해결하는 방법도 모색해야 합니다.

여러 연구 결과에 의하면 임상적으로 우울증을 진단받은 사람이 심장질환에 걸릴 확률이 그렇지 않은 사람보다 2배가 높고, 우울증을 가진 사람이 사망률도 높습니다. 또한 적대감과 분노가 사람에 미치는 영향을 무시해서는 안 됩니다. 화를 내고 난 다음이나 화를 내고 있는 중에 심장마비에 걸릴 확률이 평상시보다 2배 이상 높습니다. 또한 유사한 연구에서 고집이 세고 화를 많이 내는 사람의 심장마비 발생률이 3배 이상 높고, 공격적이고 자기주장이 강하고 경쟁심이 강한 타입의 성격이 심장마비에 걸릴 가능성이 높습니다. 정신적인 피로 때문에 심장의 리듬이 비정상적으로 변하고(부정맥) 심박수와 혈압이 높아져 심장근육으로 가는 피의 흐름이 감소되고 관상동맥의 직경이 줄어들 수 있습니다. 화를 내면 관상동맥의 직경이 줄어들고, 노폐물(플라그)이 쌓인 부분이 파열되고 혈압이 치솟으며, 심장이 비정상적으로 뛰어 매우 위험한 상황까지 갈 수 있습니다. 항상 적대적인 태도를 보이는 사람들에게 혈압이 치솟으면 동맥벽의 부드러운 내막이 얇아져 동맥의 약한 부분이 파열될 수도 있습니다.

이상과 같은 여러 연구의 결과로 보면 가급적 화내지 않고 웃으며 사는 방법이 건강을 지키는 매우 좋은 방법일 것입니다. 어떻게 하면 그렇게 할 수 있을까요? 여기에 대한 대답이 사실은 간단하지 않습니다. 정신적인 긴장감을 완화시키기 위하여 약물에 의존할까요? 급작한 경우나 증상이 심각한 경우는 약물이나 정신과 치료가 꼭 필요합니다. 그러나 그 정도가 아니라면 일상에서 해결방안을 찾아봐야할 것입니다. 이를 피하는 방법으로는 다음과 같은 것들이 있습니다.

첫째, 피하는 것이다. 분노를 표출하기 전에 상황을 피하는 게 최선의 방법입니다. 대화중이거나 말다툼 중이었다면 일단 그 자리를 피하는 것이 좋습니다. 둘째, 일단 상황을 피했다면 시간을 둡니다. 짧게는 30초면 충분합니다. 길어도 분노가 지속하는 시간은 3분을 넘지 않습니다. 이 때 분노했던 상황을 떠올리지 않도록 최대한 노력하는 것이 중요합니다. 셋째, 아무리 생각해도 화를 낼만한 상황인 때도 있습니다. 시간이 지나도 격한 감정은 어느 정도 누그러지지만 앙금은 남을 수 있습니다. 문제를 해결하는 것을 떠올리고 그것에 집중합니다.

넷째, 분노를 표출하지 않는다고 능사는 아닙니다. 억누르기만 하면 오히려 화병이 됩니다. 건강하게 표현하는 것이 중요합니다. 제대로 말해야합니다. 기분이 좋지 않은 상태의 질문은 상대방을 쏘아붙이거나 다그치는 말이기 쉽습니다. 질문의 의도를 살리되 자신이 원하는 방향을 말하는 것으로 순화해야합니다. 다섯째, 마땅히 이래야 한다는 당위적인 표현부터 버려야합니다. 입버릇처럼 말하는 이런 단어는 무의식중에 부정적인 사고를 높이고 신경을 과민하게 합니다. 당위적인 사고방식은 자신을 자책하게 하고 사고의 유연성을 줄입니다. 반대로 이런 사고를 덜어낼수록 마음의 유연성을 높여 자신이 수용할 수 있는 자극의 폭을 넓힙니다. 광분하는 일이 그만큼 줄어듭니다. 여섯째, 부정적인 자동사고의 연결고리를 끊는 것이 필요합니다. 일곱째, 일기를 쓰는 것만으로도 스트레스를 해소하는 데 도움이 됩니다. 여덟째, 운동 습관입니다. 적당한 운동은 긴장감을 없애고 우울증을 경감시켜주며 자긍심을 갖게 하여 적대감을 경감시키는 효과가 있습니다. 우울하고, 화가 난다면 당장 운동복으로 갈아입고, 운동화를 신고 운동장으로, 체육관으로, 산으로 향하십시오! 그렇게 하면 정신이 맑아지면서 적대감이 어느새 사라질 것입니다.

위와 같은 노력은 개인이 해야 할 일입니다. 이런 시대에 오늘날 종교는 아무 일도 하지 않아도 될까요? 그렇지 않습니다. 종교의 역할은 더욱 중요합니다. 생명과 사랑, 평화의 종교로서 사람들의 마음 깊은 곳에 자리한 분노를 해소하고 이들의 마음속에 평화와 사랑이 넘치게 해야 할 것입니다. 많은 종교기관은 오늘날 종교생활을 하지 않는다고 종교에 귀의 하지 않는다고 걱정들을 하지만 그 어느 시대보다도 지금을 살아가는 현대인들이야말로 종교가 가장 필요한 사람들입니다. 종교가 이를 망각하고 오히려 세속인들과 별반 다름없이 세속주의에 물들어 가는 것이 문제입니다. 생명과 사랑, 평화를 입으로만 외치면서 정작 세속 사람들의 가슴 속 분노를 보듬어 안지 못하고 오히려 자신들조차 분노에 휩싸여 조절장애를 앓고 있는 것이 오늘날 종교인들의 현주소입니다. 종교가 사랑과 희망의 공동체로 돌아가기 위해서는 돈과 물질에 사로잡힌 세속적인 가치관에서 벗어나야 합니다. 그리고 세상을 향해서, 분노에 사로잡힌 사람들을 향해서 따뜻한 손길을 내밀고 가슴으로 품어 안아야 합니다. 분노에 함몰된 사회 속에서 오늘을 살아가는 종교의 사명이 그 어느 때보다 절실하게 요구됩니다.

약자를 혐오하는
공격적 감정은

강남역 A주점 종업원인 피의자 김모씨(34세)는, 2016년 5월 17일 오전 0시33분 경, 강남역 근처 노래방 화장실에 들어가서 대기하고 있다가 남성 6명은 그냥 보내고 약 30분 뒤인 오전 1시 7분에 들어온 여성 C(23세)를 길이 32.5cm인 주방용 식칼로 좌측 흉부를 4차례 찔러 살해했습니다. 가해자는 주점에서 여성들로부터 무시를 당해서 범행을 저질렀으며, 피해자와는 모르는 사이라고 진술했습니다. 이 일과 관련하여 '혐오嫌惡'라는 말이 회자膾炙되었습니다. 그리고 그 사건이 '여성혐오'에서 비롯한 것인지, 아니면 '정신질환조현병'에서 비롯한 것인지에 대해 논란이 있었습니다. 이 두 견해 중 어느 쪽을 지지하든, 이 사건이 혐오라는 감정이 사람들 사이에서 일어날 수 있는 심각한 감정이라고 생각하는 계기를 만들어 주었다는 데 대해서는 많은 이들이 동의할 것 같습니다.

혐오 감정은 어떤 경우에 일어나는 것일까요? 여러 가지 경우가 있겠지만 생각나는 대로 세 가지 정도를 떠올려봅니다. 첫째, 어떤 것(사람 포함)이 아주 싫을 때 일어납니다. 둘째, 잘 모르는 데서 오는 이질감을 불러일으키는 대상인 경우에 일어납니다. 셋째, 자기보다 신체적·정신적으로 부족하다고 생각할 때 일어납니다. 그런데 이 세 가지 모두는 잘못된 편견에서 비롯될 수 있다는 공통점이 있습니다. 이 편견은 개인 적으로나 사회적으로나 제거해야만합니다. 그런데 위 세 가지 중 세 번째 경우의 편견은 앞의 두 경우보다 제거하는 것이 더 어려울 뿐만 아니라, 심지어 남에게 직접적인 피해를 입힐 수도 있습니다. 남성과 여성 사이에 쉽게 생길 수 있는 편견이 이 세 번째 경우에 포함되는 것입니다.

어떤 이들은 오늘날 우리사회가 남성과 여성이 그 어느 때보다도 평등해졌다고 봅니다. 그러니 남녀 사이의 불평등이 원인이 되어 일어날 수 있는 일은 거의 없다고 생각합니다. 물론 거시적인 시각에서 보면 이전 시대에 비해 사회전반에 법적·제도적 측면에서 양성평등이 실현된 것은 사실입니다. 그러나 실제적인 삶의 현장을 들려다보는 미시적인 보면 우리사회에서 남녀 사이의 불평등은 분명하게 존재합니다. 이것은 사회적인 관계나 경제적인 관계뿐만이 아닙니다. 문명이 고도로 발달하고 우리 사회가 민주화를 이룬 지 아주 오랜 세월이 흐른 지금, '원시적인' 요인이 작용하기도 합니다. 남성이 여성보다 힘이 센 데서, 또는 여성이 남성보다 힘이 약한 데서 기인합니다. 만일 남성이 엘리베이터를 탈 때, 다른 사람은 없고 자신만이 있는 경우에 두려움을 느낄까요? 남성이 택시를 혼자 타는 것을 두려워할까요? 남성이 인적이 드문 곳에서 혼자 걸어갈 때 두려움이나 공포를 느낄까요? 이런 예외적인 경우를 예로 들지 않고, 일반적인 의미로 생각해봐도 그렇습니다.

자신보다 약자라고 생각하는 경우, 남을 쉽게 무시하며 힘으로 행사하려는 경우를 우리는 보곤 합니다. 그리고 이러한 일이 남성과 여성 사이에 일어날 때, 사태는 더 심각합니다. 남성은 자신보다 못나야한다고 생각하는 여성이 자신보다 높거나 잘나거나 아니면 여성이 자신을 높이거나 존중해주지 않을 때 자신의 자존심이 상한다고 생각하는 경향이 있습니다. 속으로 부글부글 끓어오릅니다. 사실, 이러한 경우에 대해 혐오라는 말은 그리 정확한 어휘는 아닌 것 같습니다. 무시, 두려움, 자기비하, 소심함, 시기심 등 복합적으로 얽힌 마음이 남을 '혐오'하는 감정으로 표현되는 경우도 많기 때문입니다.

이러한 혐오는 자기 자신이 불만족스러운 경우에 더 쉽게 일어납니다. 자신에 대한 불만족을 다른 약자에게 공격적인 방식으로 표출하는 것을 혐오의 감정이라고 부릅니다. 이렇게 볼 때 여성 혐오는 정신질환정신장애과 긴밀하게 연결되어 있습니다. 이 문제를 어떻게 해결할지에 대해 답을 하기는 쉽지 않습니다. 하지만 적어도 한 가지는 말할 수 있을 것 같습니다. 강남지하철역에서 일어난 사건을 계기로 해서, 약자를 쉽사리 공격적으로 대하는 태도는 철저히 배격해야 한다는 것입니다. 더욱이 '원시적인' 힘을 다른 사람을 공격하는 무기로 사용해서는 절대 안될 일입니다. 또한 더 나아가서 아직도 여성이 남성보다 낮아야한다는 생각의 근본에는 원시적인 힘의 논리이기에 이를 배척해야합니다. 이렇게 생각하는 것은 남성이나 여성이 자기 스스로 원시적인 사고방식에 머물러 있음을 인정하는 것입니다. 여성혐오는 남성우월주의와 성차별주의의 또 다른 이름입니다. 이제 더 이상 우리의 의식이, 우리 사회가 남성우월, 여성비하라는 구태에서 벗어나야합니다. 생물학적인 성차性差는 인정하되, 사회학적인 성역할 고정관념은 시급히 타파해야합니다. 왜냐하면 여성혐오와 성역할 고정관념은 정신질환과 긴밀한 관계가 있기 때문입니다. 우리의 의식과 우리 사회가 보다 건강해지도록 이 일에 우리 모두 함께합시다.

세상에서 가장 맛있는
요리 즐기기

요즘은 TV를 켜면 식상할 정도로 '쿡방', '먹방' 일색입니다. 요리전문가 셰프에서 일반인까지 가세해 맛난 음식에 대한 한을 푸는 듯합니다. 제가 어릴 때는 나라 전체가 가난하고 어려울 때라서 그런지 먹는다는 게 그저 싸고, 양 많은 것이 중요했습니다. 그런데 오늘날은 좀 비싸더라도, 양이 적더라도 맛이 있고 보기 좋은 것을 찾는 것을 보니 예전에 비해 우리 사회가 경제적으로 윤택한 것을 실감합니다. 그러나 저는 이런 모습에 동감하면서 함께하고 흐뭇해하지는 않습니다. 물질적으로는 풍요로운 것이 사실이나 정신적으로는 그렇지 않은 것만 같기에 그렇습니다. 요리열풍은 그 안에 진귀하고 특별한 음식에 대한 재미와 욕망이 가득해 보입니다. 식욕과 식탐은 과식을 불러오기도 하고 채워지지 않는 욕망으로 치닫게 되기도 합니다. 사람은 아무리 채워도 채워도 채워지지 않는 욕망의 노예처럼 욕망이 채워지면 거기서 만족하는 게 아니라 이내 더 큰 욕망을 갈망합니다. 더욱이 다른 사람과 비교해서 부족하다고 느끼면 더더욱 그렇습니다. 다른 사람보다 더 잘나고 싶고, 잘되고 싶은 욕망으로 못견뎌합니다. 그러니 늘 마음이 불편합니다. 맛깔 좋고 빛깔 좋은 음식을 먹으면 그 때는 좋으나 그 때

뿐입니다.

예수회 신부 판토하Pantoja, D;龐迪我가 지은 가톨릭 수덕서修德書로 『칠극대전七克大全』을 보면 식욕을 절제로 극복하면 식욕 이외의 다른 욕망들도 이길 수 있다고 합니다. 그만큼 식욕이 근원적이면서 강렬하다는 말입니다.

얼마 전 지인知人의 추천으로 보다가 즐겨보았던 tvN 드라마〈시그널〉(2016.01.22~2016.03.12)을 보다가 깊은 감동을 받았습니다. 누명을 쓰고 자살한 형을 잃고, 가난과 외로움에 찌든 어린 소년이 있었습니다. 소년을 지켜보던 형사는 그 소년의 근본적인 문제를 해결해줄 힘이 없었습니다. 그러기엔 그가 속한 조직의 부조리의 힘이 너무나도 컸습니다. 이를 맞서기엔 그의 직급이 너무도 낮았습니다. 그는 무능한 자신을 바라보면서 그 소년에게 미안함을 느꼈습니다. 그저 아무 말 없이 몰래 바라보는 것이 전부였습니다. 소년은 가난하고 보잘 것 없고 죄를 짓고 자살한 형을 잃은 자신에게 누군가가 진심으로 바라봐주고 있음을 알지 못했습니다. 소년의 이야기를 들어줄 사람도 친구도 없었습니다. 그런 소년에겐 오므라이스를 먹고 싶다는 소망이 있었습니다. 소년에게 오므라이스는 그저 맛있는 것을 먹고 싶은 식욕의 상징이 아니었습니다. 오므라이스는 이제는 볼 수 없는 형과의 추억이 가득하고 온 가족이 정답게 먹던 행복의 상징이었습니다. 그러니 소년에게 오므라이스는 슬픔을 이겨나갈 소망의 힘이었고, 형을 되새기는 회상의 상징이었습니다. 오므라이스만 먹을 수 있다면 우울한 생각과 느낌을 이겨내고 살 수 있을 것만 같았습니다.

그러나 소년의 부모는 그것을 해주거나 사줄 여유가 없었습니다. 어느 날, 소년은 정신줄을 놓은 듯 무작정 아무 식당에 가서는 오므라이스를 주문했습니다. 초라한 행색을 하고 오므라이스를 주문한 소년을 본 식당주인은 소년을 내보낼 생각을 하였습니다. 바로 그때 소년의 사정을 잘 아는 형사가 식당 주인을 부르더니 소년 몰래 돈을 주면서 이렇게 말했습니다. "저 소년이 와서 오므라이스를 시키면 언제든 해서 주세요. 돈은 제가 지불하겠습니다."

소년은 살다가 힘들고 슬프고 괴로우면 이 식당에 와서 오므라이스를 값없이 먹었습니다. 그 소년은 경찰대학을 졸업해서 억울한 미제 사건을 해결해나가는 유능한 경찰이 되었습니다. 그리고 이 형사와 소년은 시간을 초월해서 서로 협력하면서 미해결사건을 해결해나가게 됩니다. 경찰이 된 소년은 오랜 후에 이 사실을 깨닫게 됩니다. 늘 혼자인 줄 알았는데 누군가 자신을 사랑스럽게 바라봐주고 아무 대가 없이 도와주었던 것입니다. 소년에게 오므라이스는 그저 즐기는 쿡방, 먹방에서 다루는 맛 좋고 보기 좋은 음식이 아니었습니다. 세상에서 가장 따끈하고 아름다운 음식으로 값으로 따질 수 없는 사랑 가득한 음식이었습니다. 이 음식은 상처를 이겨내고, 절망을 극복할 소망이었습니다.

우리 사회는 풍요를 만끽하면서 웰빙을 이야기하고 삶의 질을 이야기하면서 고급요리나 이른바 산해진미나 임금님이 드시던 수라상이 일반화되기도 하였습니다. 그러나 우리 사회 곳곳에서는 아직도 노숙자나 독거노인들이 많고 가족의 해체나 실직과 미취업으로 고통 받는 사람들이 많습니다. 이들의 고통을 외면한 채 고급으로 치닫는 음식문화는 이기심의 표현인 것만 같아 씁쓸합니다. 우리의 이웃들이 제대로 된 먹을거리조차 해결하지 못해서 고통 받는 현실을 아랑곳하지 않고 고급스러운 주방에서 고급요리를 만들어내는 방송이 적절할까 싶습니다. 그것을 보면서 군침을 흘리면서 이를 향유하기에 급급한 우리의 의식은 바람직하지 않아 보입니다.

그래도 우리 사회에서 뜻있는 종교기관이나 시민사회단체들이 한 끼

식사를 해결할 수 없는 이웃을 위해 무료급식소를 운영해오고 있습니다. 겨울이나 초봄에 그곳을 가면 밤새 꽁꽁 언 몸으로 허겁지겁 밥을 퍼 넣는 많은 가난을 만나게 됩니다. 맛난 음식을 탐해온 제 욕망이 부끄러워지는 순간입니다. 무료급식소의 식사나 독거노인용 도시락은 쿡방, 먹방에 나오는 요리들과는 비교도 안 되는 맛이고 모양일 것입니다. 그러나 꼭 필요한 곳에 꼭 필요한 사랑으로 다가가는 음식의 가치는 비교할 수 없는 아름다움이요, 숭고함으로 다가옵니다. 맛난 음식을 즐기려고 이른바 소문난 맛집을 찾아가서 줄을 서고, 돈을 아끼지 않는 시간과 재정과 열정이 나쁜 것은 아니지만 절박한 이웃의 아픔을 외면한 채 자신만 자기 가족만 즐기려는 자세는 분명 바람직하지 않은 것 같습니다. 한 주에 한 번이라도 아니 한 달에 한 번이라도 우리의 이웃을 위해 아니 우리의 영혼의 정화를 위해 무료급식소나 독거노인 도시락 나눔의 봉사를 해보면 어떨까요? 나와 내 가족이 누리는 행복을 우리의 것이 되도록 말입니다. 나와 내 가족이 누리는 행복을 우리의 것이 되도록 말입니다.

문득 어린 시절이 떠오릅니다. 그 때는 모두가 가난하고 배고픈 시절이었습니다. 그 당시 저와 친구들은 누가 먼저 제안한 것은 아닌데 언제부터인가 누구든 용돈이 생기면 친구들을 불러 모아 같이 군것질을 하곤하였습니다. 친구들과 길거리에서 풀빵을 사먹거나 재래시장에서 떡볶이나 부침개를 사 먹곤 하였는데 그 때 그 맛은 지금도 잊을 수가 없습니다. 적은 돈이고 여럿이 먹으니 배불리 먹기는 어려웠지만 같이 먹는 즐거움이 컸습니다. 그리고 즐거움을 더한 것은 저나 친구들이 낸 돈으로 사는 음식의 양보다 '덤'이 있곤 하였습니다. 이 덤으로 주어지는 것이 얼마나 신나고 행복했는지 모릅니다. 감사를 넘어 감격하면서 맛있게 먹는 저희를 보시고 음식을 파시는 아주머니들은 환하게 웃으시면서 좋아하셨습니다. 모두가 가난하고 배고픈 시절 정을 나누고 함께하였기에 더 맛있었습니다. 혼자만이 아니라 여럿이 함께 즐기는 맛, 그리고 이웃을 향한 넉넉한 인심의 맛은 그 어떤 맛 집도 흉내 낼 수 없는 세상에서 가장 맛있는 음식일 것입니다. 제가 참 좋아하는 이야기입니다.

일본 작가 쿠리 료헤이의 '우동 한 그릇'이라는 글이 있습니다. 일본 국회에서 한 국회의원이 이 이야기를 읽어 온 국회를 눈물바다로 만들었다는 유명한 이야기이기도 합니다. 섣달 그믐날 '북해정'이라는 작은 우동 전문점이 문을 닫으려고 할 때 아주 남루한 차림새의 세모자가 들어왔습니다.

"어서 오세요!"

안주인이 인사를 하자 여자는 조심스럽게 말했습니다.

"저… 우동을 1인분만 시켜도 될까요?"

그녀의 등 뒤로 열두어 살 되어 보이는 소년과 동생인 듯한 소년이 걱정스러운 표정으로 서 있었습니다.

"아, 물론이죠. 이리오세요."

안주인이 그들을 2번 테이블로 안내하고 "우동 1인분이요!"하고 소리치자 부엌에서 세 모자를 본 주인은 재빨리 끓는 물에 우동 1.5인분을 넣었다. 우동 한 그릇을 맛있게 나눠 먹은 세 모자는 150엔을 지불하고 공손하게 인사를 하고 나갔습니다. "새해 복 많이 받으세요!" 주인부부가 뒤에 대고 소리쳤습니다.

다시 한 해가 흘러 섣달 그믐날이 되었습니다. 문을 닫을 때쯤 한 여자가 두 소년과 함께 들어왔습니다. '북해정'의 안주인은 곧 그녀의 체크무늬 재킷을 알아보았습니다.

"우동을 1인분만 시켜도 될까요?"

"아, 물론이죠. 이리오세요."

안주인은 다시 2번 테이블로 그들을 안내하고 곧 부엌으로 들어와 남편에게 말했습니다.

"3인분을 넣읍시다."

"아니야, 그럼 알아차리고 민망해 할 거야."

남편이 다시 우동 1.5인분을 끓는 물에 넣으며 말했습니다. 우동 한 그릇을 나눠 먹으러 온 형처럼 보이는 소년이 말했습니다.

"엄마, 올해도 '북해정' 우동을 먹을 수 있어 참 좋지요?"

"그래, 내년에도 올 수 있다면 좋겠는데……."

소년들의 엄마가 말했습니다.

다시 한 해가 흘렀고, 밤 10시경, 주인 부부는 메뉴판을 고쳐놓기에 바빴습니다. 올해 그들은 우동 한 그릇 값을 200엔으로 올렸으나 다시 150엔으로 바꾸어 놓은 것이었습니다. 주인장은 아홉시 반부터 '예약석'이라는 종이 푯말을 2번 테이블에 올려놓았고, 안주인은 그 이유를 잘 알고 있었습니다.

10시 30분경 그들이 예상했던 대로 세 모자가 들어왔습니다. 두 아이는 몰라보게 커서 큰 소년은 중학교 교복을 입고 있었고, 동생은 작년에 형이 입고 있던 점퍼를 입고 있었습니다. 어머니는 여전히 같은 재킷을 입고 있었습니다.

"우동을 2인분만 시켜도 될까요?"

"물론이지요. 자 이리오세요."

부인은 '예약석'이라는 종이푯말을 치우고 2번 탁자로 안내했습니다.

"우동 2인분이요!"

부인이 부엌 쪽에 대고 외치자 주인은 재빨리 3인분을 집어넣었습니다. 그리고 부부는 부엌에서 올해의 마지막 손님인 이 세 모자가 나누는 이야기를 들을 수 있었습니다.

"현아, 그리고 준아."

어머니가 말했습니다.

"너희에게 고맙구나, 네 아버지가 사고로 돌아가신 이후 졌던 빚을 이제 다 갚았단다. 현이 네가 신문배달을 해서 도와주었고, 준이가 살림을 도맡아 해서 내가 일을 열심히 할 수 있었지."

"엄마 너무 다행이에요. 그리고 저도 엄마에게 할 말이 있어요. 지난주 준이가 쓴 글이 상을 받았어요. 제목은 '우동 한 그릇'이에요. 준이는 우리가족에 대해 썼어요. 12월 31일에 우리식구가 모두 함께 먹는 우동이 이 세상에서 제일 맛있는 음식이고, 그리고 주인아저씨랑 아주머니가 '새해 복 많이 받으세요.'하는 소리는 꼭 '힘내요. 잘할 수 있을 거예요.'라고 들렸다구요. 그래서 자기도 그렇게 손님에게 힘을 주는 음식점 주인이 되고 싶다구요."

부엌에서 주인 부부는 눈물을 훔치고 있었습니다. 다음 해에도 북해정 2번 탁자위에는 '예약석'이라는 푯말이 써 있었습니다. 그러나 세 모자는 오지 않았고, 다음해에도 그리고 그 다음해에도 오지 않았습니다. 그동안 북해정은 나날이 번창해서 내부수리를 하면서 테이블도 모두 바꾸었으나 주인은 2번 테이블만은 그대로 두었습니다. 새 테이블 사이에 있는 낡은 테이블은 고객들의 눈길을 끌었고, 주인은 그 탁자의 역사를 설명하여 언젠가 그 세 모자가 다시 오면 같은 테이블에서 식사를 할 수 있게 해주고 싶다고 했습니다. 2번 탁자는 '행운의 탁자'로 불렸고, 젊은 연인들은 일부러 멀리서 찾아와서 그 탁자에서 식사했습니다.

십여 년이 흐르고 다시 섣달 그믐날이 되었습니다. 그날 인근 주변 상가의 상인들이 북해정에서 망년회를 하고 있었습니다. 2번 탁자는 그대로 빈 채였습니다. 10시 30분경 문이 열리고 정장을 한 청년 두 명이 들어왔습니다.

주인장이 "죄송합니다만…"이라고 말하려는데 젊은이들 뒤에서 나이 든 아주머니가 깊숙이 허리 굽혀 인사하며 말했습니다.

"우동 3인분을 시킬 수 있을까요?"

주인장은 순간 숨을 멈추었습니다. 오래전 남루한 차림의 세 모자의 얼굴이 그들 위로 겹쳤습니다. 청년 하나가 앞으로 나서며 말했습니다.

"14년 전 저희는 우동 1인분을 시켜 먹기 위해 여기 왔었지요. 1년의 마지막 날 먹는 맛있는 우동 한 그릇을 우리 가족에게 큰 희망과 행복이었습니다. 그 이후 외갓집 동네로 이사를 가서 한동안 못 왔습니다. 지난해 저는 의사시험에 합격했고, 동생은 은행에서 일하고 있지요. 올해 저희 세 식구는 저희 일생에 가장 사치스러운 일을 하기로 했죠. 북해정에서 우동 3인분을 시키는 일말입니다."

주인장과 안주인이 눈물을 닦자, 주변의 사람들이 말했습니다.

"뭘 하고 있나? 저 테이블은 이 분들을 위해 예약되어 있는 거잖아."

안주인이 "이리오세요. 우동 3인분이요!"하고 소리치자 주인장은 "우동 3인분이요!"하고 답하며 부엌으로 향했습니다.

부드러움이
강함을 이긴답니다

제가 중학교 때 즐겨보던 만화가 있습니다. 이현세가 그린 『공포의 외인구단』를 보려고 만화방에 출근도장을 찍다시피 하였습니다. 이 만화는 이장호 감독에 의해 영화로 제작되기도 하였습니다. 이 영화도 여러 차례 보고 또 본 기억이 납니다. 이장호 감독이 만든 영화에 즐겨 나온 노래입니다. 김도향이 부른 것으로 가사 중에 반복되는 내용이 있습니다. "강한 것은 아름다워 변함없는 바위처럼~" 이 말을 제 노트에 적어 놓고 강해지려고 했던 기억도 납니다. 그러나 요즘은 이 말이 맞기도 하지만 그렇지 않음을 생각해보곤 합니다. 이 작품에서 인상 깊은 내용이 있습니다. 한계를 넘어서는 강한 훈련으로 최강의 몸 상태를 만들어 최고의 야고선수들이 되는 내용이었습니다. 단 한 번의 패배를 모르는 최강의, 최고의 야구팀이 바로 공포의 외인구단이었습니다. 그런데 주인공 오혜성은 의학적으로는 야구를 할 수 없는 몸이 되었음에도 의지 하나로 이를 극복해내고 죽을 고생을 이겨내고 최고의 야구선수가 되었지만 자신이 사랑하는 엄지를 위해 자신의 모든 것을 송두리째 내려놓고 포기하는 일을 감행합니다. 이는 사람을 움직이게 하는 것은 그 사람의 정신력이나 고도의 훈련이나 최고의 성과가 아닙니다. 자신을 알아주는 사람, 자신이 간절히 사랑하는 사람의 힘입니다. 그러니 강한 것, 단단한 것이 꼭 아름답고, 좋은 것만은 아니라는 생각이 듭니다. 오히려 그 반대입니다. 지는 게 이기는 것이기도 하고 약함이 진정한 강함이기도 합니다.

입 속에는 혀舌와 이齒가 있습니다. '혀'는 부드러운 살로만 이뤄졌습니다. 반면 '이'는 병마개까지 딸 수 있을 정도로 강한 뼈로 만들어져 있습니다. 그 둘이 평생 겨뤘을 때 최종 승자는 무엇일까요? 대부분 '이'라 생각할 것입니다. 그러나 답은 '혀'입니다. 나이가 들면서 '이'는 썩고 부러져 없어지지만 '혀'는 처음 모습 그대로 남아있기 때문입니다.

상용商容은 노자老子의 스승이었습니다. 상용이 늙고 병들어 숨을 거두려고 하자 노자가 곁에서 임종을 지켜보면서 스승에게 마지막 가르침을 청했습니다. 상용이 입을 크게 벌리며 묻기를 "내 입 속에 무엇이 보이느냐?" "혀舌가 보입니다." "이齒는 보이느냐?" "이는 다 빠지고 남아 있지 않습니다." 상용이 "그렇다."고 하였습니다. 노자가 "강한 것은 없어지고 부드러운 것은 남는다는 말씀이시군요."라고 대답했습니다. 그 말을 들은 상용이 "부드러움이 단단함을 이긴다는 것, 그것이 세상사는 지혜의 전부다. 이제 더 이상 너에게 줄 가르침이 없구나"하며 돌아누웠습니다.

노자가 말한 "유약겸하柔弱謙下"는 '부드럽고 약하게 보이고 겸손하며 자신을 낮추는 것이 강한 것을 이긴다.'는 뜻입니다. 부드러움과 낮춤의 철학이 여기서 나왔습니다. 강한 것은 다른 것을 부수지만 결국은 먼저 깨지고 부서지고 맙니다. 부드러움이라야 오래갑니다. 법정도 "바닷가 조약돌을 그토록 둥글고 예쁘게 만든 것은 무쇠로 된 정이 아니라 부드럽게 쓰다듬는 물결"이라는 말을 했습니다.

우리는 치열한 경쟁 속에서 강한 사람만이 살아남는다고 생각합니다. 하지만 이는 잘못된 생각입니다. 지금은 과거 수직 관계에서 벗어나 서로 마음을 열고 신뢰와 존경을 쌓는 수평 관계를 추구하는 사회로 변화하고 있습니다. 때문에 최후에 웃는 자는 강한 사람이 아니라 부드러운 사람입니다.

항상 '갑'이라 생각하고 으스대다 결국 추락의 깊이를 가늠할 수 없을 정도 깊은 나락으로 떨어지는 경우를 볼 수 있습니다. 권불십년權不十年이라는 상식을 잊은 채 분수도 모르고 갑질에 취했다가 명멸明滅해간 정치인이 주변에 한 둘이 아닙니다. 운동경기나 직장생활을 하며 부득이 친구 간에 또는 동료 간에 경쟁할 때가 있습니다. 또 건설공사나 물품입찰에서 회사 간 경쟁도 불가피합니다. 물론 선의善意의 경쟁을 해야 하며, 경쟁이 끝나면 승자는 패자를 위로하고 따뜻하게 안아주어야 합니다. 패자도 승자를 축하해주는 페어플레이를 보여 주어야 합니다. 그러나 그렇지 않는 경우를 간혹 목격할 때가 있습니다. 패자가 이를 받아들이지 않고, 대화단절은 물론 상대와 원수처럼 지내는 것을 볼 때 그 사람의 협량狹量한 도량度量에 실망失望을 넘어 측은惻隱한 생각마저 들게 됩니다.

자신은 소신이라 생각할지 모르지만 이것은 고집을 넘어 아집에 불과합니다. 즉 자기중심의 좁은 생각에 집착하여 다른 사람의 의견이나 입장을 고려하지 않고 자기만을 내세우는 속 좁은 태도입니다. 그래도 고집固執은 타인에 대한 배려가 조금은 느껴지지만 아집我執은 타인에 대한 배려가 전혀 없이 자신만을 기준으로 생각하는 행동입니다. 이는 올바르지도 않고 자신을 파멸로 몰며 남에게 많은 상처를 줍니다. 그래서 인간관계에서 부드러움이 빛을 보게 되는 것입니다. 성공한 사람의 공통점은 '부드러움'입니다. 이들은 결코 큰소리치거나 얼굴을 붉히는 일이 없습니다. 또한 어떤 상황에서도 중심을 잃지 않고 모든 것을 포용할 수 있는 유연한 사고로 자신만의 매력을 발산합니다.

참나무와 갈대 중 하나로 다시 태어나야 한다면 무엇을 택하실까요? 참나무는 바람이 불어도, 커다란 독수리가 가지에 내려앉아도 끄떡없습니다. 반면 갈대는 잔잔한 바람에도 고개를 숙여야 하고, 작은 굴뚝새 한 마리가 앉아 쉬는 것도 버겁습니다. 그러나 강한 태풍이 불어왔을 때 참나무는 뿌리째 뽑히거나 부러지지만, 갈대는 휘어질지언정 부러지지 않습니다. 우리 삶에도 가끔은 온몸이 휘청거리고 뿌리째 흔들릴 만큼 강한 태풍이 불어올 때가 있습니다. 큰 위기를 넘길 수 있는 방법은 갈대처럼 자신의 의지를 부드럽게 조절할 수 있는 능력입니다. 가장 단단한 성공은 가장 부드러운 힘이 결정합니다. 부드러운 '혀'가 단단한 '이'를 이기는 것처럼 말입니다.

오늘날 우리사회에서 종교 기관들이 기대에 못 미침은 물론 실망감을 안게 주는 이유도 이와 관련되어 생각해 볼 수 있습니다. 종교 기관들이 어느 순간부터 큰 것, 많은 것, 높은 것을 숭상하는 경향이 있습니다. '건물을 클수록 좋고, 재정은 많을수록 좋고' 하는 것이 목표인 것만 같습니다. 종교 지도자들은 감투 욕심에 치중하기도 합니다. 이 모든 게 과연 고등종교로서 지녀야할 바른 가치가 아님은 잘 아는 사실입니다. 종교 경전들은 세속적인 가치와 정반대를 강력하게 증언해주고 있습니다. 낮은 곳으로 임하고, 낮은 자리에서 십자가를 짊어진 예수가 대표적인 경우입니다. 예수의 십자가는 세속적인 가치기준으로 보면 미련한 것입니다.* 그러나 이것이 참된 방법입니다. 오늘 우리 사회의 종교의 현실을 바라봅니다. 종교 기관들이 사람들의 존경 속에서 거룩한 영향력을 행사하는 것이 아니라 눈살을 찌푸리면서 우려하는 시각이 된 것 중의 하나도 참된 종교답지 않은 삐뚤어진, 오염된 가치에 매몰되어 있기 때문일

* 십자가의 도가 멸망하는 자들에게는 미련한 것이요 구원을 받는 우리에게는 하나님의 능력이라(고린도전서 1장 18절)

것입니다. 이제라도 종교 기관들 안에 내재된 천박한 상업자본주의적인 가치를 단호히 거부하고, 종교 본연의 정신을 붙잡고 나아가야할 것입니다.

꿈 너머 꿈,
더 큰 목표를 향하여

오늘 우리는 많은 일자리가 사라지고 있는 가슴 아픈 시대를 살고 있습니다. 글로벌 저성장 기조와 기술의 발달은 우리 모두를 일자리 공포로 몰아넣고 있습니다. 평생직장의 시대는 오래전에 끝났고, 이른바 100세 시대를 맞아 누구나 2~3번의 일業을 해야 생존이 가능한 시대입니다. 국가도 사회도 답해줄 수 없는 문제, 결국 개인이 스스로 답을 찾아야 합니다. 내 일은 내가 만들어가야 하는 시대입니다.

이런 시대에, 꿈을 꾸는 것을 사치라고 말할 정도로 힘들게 살아가는 이들이 많습니다. 이들은 현실을 비관하고 사회를 원망하기도 합니다. 물론 이것이 틀린 것은 아닙니다. 우리 사회를 지칭하는 용어로 '헬조선', '금수저·흙수저'라는 말이 있을 정도이고 사회적 양극화와 비정규직의 확산은 심각한 사회 문제가 된 지 오래입니다. 심각한 청년실업의 문제는 어제 오늘의 일도 아닙니다. 엄청난 공무원 시험 경쟁률은 우리 사회가 얼마나 불안한지를 보여주는 것이기도 합니다. 그러나 그렇다고 해서 자포자기하면서 사회 탓, 남 탓으로 세월을 허비해서는 안 됩니다.

아무리 힘들고 어려워도 희망은 있습니다. 행복은 기다리는 것이 아니라 스스로 불러들이는 것입니다. 절망은 밝은 미래를 닫는 자물쇠지만 희망은 힘든 현실을 벗어나는 열쇠입니다. 과거는 잊고, 현재의 삶을 소중히 하면 미래는 밝아질 것입니다. 아무리 힘들고 어려워도 언젠가는 끝이 있습니다. 어둠이 깊고 깊어도 시간이 가면 새벽은 어김없이 찾아 옵니다. 그러므로 아무리 어두운 터널이라도 언젠가는 뚫고 나갈 것을 믿고 최선을 다해야합니다.

꿈꾸는 사람은 아름답습니다. 그 눈빛에, 그 가슴에 웅대한 포부가 있습니다. 그러기에 꿈은 오늘의 고난을 이겨내고, 내일을 기대하게 합니다. 노래를 잘 부르는 사람보다 노래를 잘 할 수 있다는 꿈을 가진 사람이 더 아름답습니다. 지금 공부를 잘하는 사람보다 공부를 더 잘할 수 있다는 꿈을 간직한 사람이 더 아름답습니다. 숱한 역경 속에서 아름다운 삶을 꽃 피우는 사람들은 한결같이 원대한 꿈을 가졌습니다.

넓은 중국 대륙을 통일한 한 나라의 충신 중에 한신이라는 사람이 있습니다. 그는 젊은 시절 가세가 기울어 세상을 떠난 어머니의 시신도 제대로 처리하지 못했습니다. 과부댁에 얹혀서 겨우 살아가는 처지였습니다. 그런 그에게 그 동네에 사는 10여명의 불량배들이 시비를 걸어왔습니다. 우리와 한 판 싸우든지 우리의 가랑이 밑으로 지나가든지 하라고 협박이었습니다. 불량배들은 다리를 벌리고 섰습니다. 자존심이 상하고 분노가 치미는 상황이었지만 그는 오줌이 질질 흐르는 그들의 다리 밑을 기어 지나갔습니다. 이를 본 불량배들은 그를 한심하게 쳐다보고 비웃었습니다. 그는 먼 훗날 높은 지위에 오른 뒤에도 불량배의 가랑이 밑으로 지나갔다는 이야기를 거리낌 없이 하였습니다. 그 이유는 당장의 다른 사람의 평가나 자존심에 연연하기보다 더 멀리 더 깊게 세상을 바라보고 큰 꿈을 펼치려고 마음먹었기 때문이었습니다.

꿈이 있는 사람은 아름답습니다. 돈을 많이 가진 사람보다 돈을 많이 벌 수 있다는 꿈을 가진 사람이 더 아름답습니다. 꿈은 사람의 생각을 평범한 것들에서 위로 끌어올려 주는 날개입니다. 내일에 대한 꿈이 있으면 오늘의 좌절과 절망은 아무런 문제가 되지 않습니다. 꿈을 가진 사람이 아름다운 것은 자신의 삶을 긍정적으로 바라보기 때문입니다. 인생의 비극은 꿈을 실현하지 못한 것에 있는 것이 아니라 실현하고자 하는 꿈이 없다는 데 있습니다. 절망과 고독이 자신을 에워쌀지라도 원대한 꿈을 포기하지 않는다면 인생은 아름답습니다. 꿈은 막연한 바람이 아니라 자신의 무한한 노력을 담은 그릇입니다. 노력은 지신의 원대한 꿈을 현실에서 열매 맺게 하는 자양분입니다. 지금 이 순간부터 자신의 삶을 원대한 꿈과 희망으로 넘쳐나게 해보십시오. 그리고 그 꿈을 밀고 나가십시오. 소중하고 아름다운 꿈을 잘 가꾸고 사랑하십시오. 언젠가는 그 꿈이 현실로 나타날 것입니다.

희망이 있는 사람은 힘이 있습니다. 언젠가 어느 아파트 게시판에서 재미있는 그림 하나를 보았습니다. 황새가 개구리를 잡아먹는 그림이었습니다. 그런데 특이한 것은 개구리가 그냥 먹히는 것이 아니라 먹히는 중에도 손을 쭉 뻗어 황새의 목들 조르고 있었습니다. 그리고 그림 안에는 이런 글귀가 쓰여 있었습니다. "절대로 포기하지 말라." 아마도 어려운 상황 속에서 힘들어하고 있는 사람들을 위로하기 위해서 누군가 걸어놓은 그림이었던 것 같습니다.

이 그림을 보면서, '과연 저 개구리가 살았을까 아니면 죽었을까?' 궁금했습니다. 그 뒤의 일은 우리의 상상에 달려 있습니다만, 한번 묻고 싶습니다. 개구리가 죽었겠습니까, 살았겠습니까? 살았을 것이라고 생각하는 사람들은 자기 자신을 개구리와 동일시하고 있을 확률이 높습니다. 저도 개구리가 살았으면 좋겠다는 생각을 했습니다. 왜냐하면 먹히는 순간에도 손을 내밀어 황새의 목을 조를 만큼 살고 싶어 하는 개구리라면 살만한 자격이 있다고 생각했기 때문입니다. 살다보면 이 개구리처럼 막다른 골목에 처할 때가 있습니다. 그리고 그 운명 앞에서 포기냐 도전이냐를 결단해야 할 때가 있습니다. 조금 전에 말씀드린 그림의 구도에서 본다면, 개구리가 먹히는 것은 운명에 대한 순응일 것이고, 그럼에도 손을 내밀어 황새의 목을 졸라 보려는 것은 도전이라고 말할 수 있을 것입니다.

1941년 1월 15일 저녁, 폴란드 서남부와 체코 동북부에 걸쳐 있는 슐레지엔 지역의 괴를리츠Goerlitz 독일군 포로수용소에는 영하 20도의 혹한이 몰아치고 있었습니다. 살을 에는 추위 속에 바이올린 첼로 클라리넷 피아노의 4중주 무대가 마련됐습니다. 바로 20세기 음악사의 '명장면'이라 할 수 있는 올리비에 메시앙의 '시간의 종말을 위한 4중주'가 처음 연주되는 자리였습니다. 드뷔시 이후 최고의 프랑스 작곡가로 불리는 메시앙은 1939년 독일이 프랑스를 침공하기 일주일 전 입대했다가 그 이듬해 포로가 되어 수용소에 갇혔습니다. 그는 언제 죽음이 닥칠지 모르는 공포와 추위, 굶주림 속에서 성경의 마지막 부분인 '요한계시록'을 묵상하며 독일군 장교가 건네준 연필과 오선지에 이 곡을 그려나갔습니다. 그는 "비참한 시대에 최후의 생명력을 다시 일으키는 것, 가장 사랑해온 그리스도의 사랑과 평화의 메시지를 다시 떠올리고자 한 작품"이라고 이를 회고한 바 있습니다.

그러나 여기서 그쳐서는 안 됩니다. 꿈을 이루려는 간절한 열망과 포기하지 않는 열정도 중요하지만 그것보다 더 근본적이고 필수적인 것은 그 꿈이 누구를 위한 것인지, 무엇을 위한 것인지를 되새겨봐야 합니다. 심심치 않게 보도되는 사회지도층 인사들의 비리와 범죄가 눈살을 찌푸리게 하더니 이제는 유명 연예인들과 스포츠 스타들도 성범죄, 마약, 탈세, 음주운전으로 사회적인 문제를 야기하곤 합니다. 이런 보도가 나면

으레 당사자에게 비난이 쏟아지고, 다시는 이런 문제가 발생하지 않도록 하기 위해 각종 대책이 쏟아져 나옵니다. 얼마 전 판·검사 비리와 관련해서 사회지도층이 그럴 수가 있느냐하면서 맹렬한 비난이 쏟아졌고, 법조계의 자성自省을 촉구하면서 법조계를 개혁해야한다는 격앙된 목소리가 여기저기에서 들려왔습니다. 사회적 지위와 명예를 지닌 사람들의 일탈은 보통 사람들의 일탈과는 다르게 보는 것이 현실입니다. 이는 그만큼 이들에 대한 사회적 기대가 있고, 이들이 공인公人으로서 감당해야 할 사회적 책임도 있기 때문입니다.

그런데 가만히 생각해보면 사회지도층 인사들과 유명인들의 비리와 범죄는 일그러진 우리사회의 모습과 우리 교육의 문제를 반영한 것은 아닌가 하는 생각이 듭니다. 사람들은 작든 크든 저마다 꿈을 안고 살아갑니다. 자라나는 아이들도 꿈을 먹고 자라고 있습니다. 이런 꿈이 과연 옳은지에 대한 진지한 고민을 해봐야합니다. 그저 자기 이익을 위해 어떤 자리를 차지하려는 것은 아닌가 하는 깊은 성찰이 필요합니다. 이 꿈이 지위를 높이고, 그저 자기 이익을 위해 물질적 토대를 구축하려는 돈벌이 목표에 그치는 꿈이라면 더더욱 그렇습니다.

사회적 물의를 일으킨 사람들 역시 꿈을 가지고 살아왔을 것입니다. 판사가 되겠다는 꿈, 검사가 되겠다는 꿈, 멋진 연예인이 되겠다는 꿈, 훌륭한 운동선수가 되겠다는 꿈으로 누구보다 최선을 다해 노력하고 또 노력하였습니다. 이들은 꿈을 이루기 위해 많은 것을 포기하면서 전력질주全力疾走했을 것입니다. 이들의 집중과 열정과 끈기의 결과가 이들을 성공으로 이끌었습니다. 모진 고통을 이겨내고 드디어 자신들이 원하는 목표를 이루었을 때 그 때 그 희열과 감격은 평생 잊지 못할 것입니다. 이들을 곁에서 지켜보고 성원한 가족과 친구들은 이들을 자랑스럽게 여겼을 것입니다. 그러나 이들의 꿈은 자기만의 꿈으로, 속 좁은 꿈이었습니다. '원하는 목표와 꿈을 이룬 후에 그것을 통해서 무엇을 할까' 하는 꿈 너머 꿈, 더 큰 목표를 가지지 않았습니다. 그러기에 이들의 꿈에는 이웃을 섬김, 공동체의 유익, 자기희생을 통한 사회적 기여와 같은 것이 없었습니다. 그러니 이들이 패망敗亡의 길로 들어선 것은 당연한 것이었는지도 모릅니다.

1807년 지금으로부터 약 200여 년 전, 독일의 피히테의 말을 되새김질해 봅니다. 19세기 당시 독일은 나폴레옹의 군대가 휩쓸고 지나가 초토화된 상황이었습니다. 독일이 완전히 폐허가 된 상태로 온 나라가 잿더미와 같았습니다. 국민 한 사람, 한 사람의 삶마저도 생존 자체가 위태로운 상황이었습니다. 이런 때에 피히테는 "베를린 국민에게 고함이라는 연설"에서 이렇게 외쳤습니다. "절망의 시대에 공장 몇 개 짓고 경제를 세우는 것보다 더 중요한 것이 정신이고 꿈입니다." 피히테의 연설은 독일 국민의 긍지를 세우는 정신적 유산이 되었습니다. 독일 국민들은 피히테의 말에 깊은 감명을 받고, 새로운 삶의 희망으로 살아갔습니다. 그 결과 그들은 히틀러와 같은 독재자로 인해 전 세계에 지울 수 없는 커다란 죄악을 저지르기도 하였고, 2차 세계대전 패전국으로 동·서독으로 분단되는 아픔을 겪었지만 여기에 좌절하지 않고 진심으로 자신들이 역사적 과오過誤를 인정하면서 건강한 사회경제구조를 이룩해내는 저력을 보여주었습니다.

꿈 너머 꿈으로, 더 큰 목표를 가슴에 품고 살아가는 사람들은 그렇지 않은 사람들보다 꿈을 이루려는 의지와 열정이 더 강렬합니다. 그러니 꿈을 이루는 가능성이 더 높습니다. 이들은 꿈을 이루기 위한 과정이 아무리 견디기 힘들다고 해도 결코 포기하지 않을 수 있습니다. 이들은 부러질 수는 있어도 휘어지지도 않습니다. 왜냐하면 이들의 가슴에는 그 무엇과도 바꾸지 않을 지조志操가 있기 때문입니다.

이들에게는 그 어떤 가치보다 소중한 명예와 사명이 있습니다. 이들은 자신이 왜 꿈을 꾸고 있는지, 그 꿈이 자신의 이익만이 아닌 공동체를 위한 공의公義를 위한 것임을 알기에 오래참고 또 참아내며 꿈을 향해 걸어갈 수 있습니다. 자라나는 세대에게 우리가 가르쳐야할 것은 그저 시험점수 몇 점 더 높이는 공부방법이나 인생성공을 강조하는 교육목표가 아닌 바로 꿈 너머 꿈, 더 큰 목표입니다. 이런 점에서 꿈 너머 꿈으로, 더 큰 목표를 위해 자신의 목숨도 내놓았던 위인들이 있습니다. 암울의 시대에 문지기를 자청했던 김 구는 대한민국의 독립을 꿈꾸었습니다. 젊고 나약하기만 했던 간디는 인도 독립의 꿈을 버리지 않았습니다. 두 귀가 먼 절망의 늪에서도 베토벤은 위대한 교향곡을 꿈꾸었습니다. 이들처럼 마틴 루터 킹의 꿈이야말로 꿈 너머 꿈, 더 큰 목표를 향한 꿈이 무엇인지 알게 해줍니다. 그의 꿈이 오늘 우리의 교육현장에서 되새김되어야할 것입니다. 그는 1963년 워싱턴 대행진 때 링컨 기념관 앞에서 마틴 루터 킹은 "나에게는 꿈이 있습니다"는 연설을 하였습니다. 이 내용은 인종 차별의 철폐와 각 인종 간의 공존이라는 고매한 사상을 간결한 문체와 누구나 이해하기 쉬운 말로 호소해 넓은 공감을 불러 일으켰습니다.

"나에게는 꿈이 있습니다. 조지아 주의 붉은 언덕에서 노예의 후손들과 노예 주인의 후손들이 형제처럼 손을 맞잡고 나란히 앉게 되는 꿈입니다. 나에게는 꿈이 있습니다. 이글거리는 불의와 억압이 존재하는 미시시피 주가 자유와 정의의 오아시스가 되는 꿈입니다. 나에게는 꿈이 있습니다. 내 아이들이 피부색을 기준으로 사람을 평가하지 않고 인격을 기준으로 사람을 평가하는 나라에서 살게 되는 꿈입니다. 지금 나에게는 그 꿈이 있습니다. 나에게는 꿈이 있습니다. 지금은 지독한 인종 차별주의자들과 주지사가 간섭이니 무효니 하는 말을 떠벌리고 있는 앨라배마 주에서, 흑인 어린이들이 백인어린이들과 형제자매처럼 손을 마주 잡을 수 있는 날이 올 것이라는 꿈입니다."

이 연설은 존 F. 케네디 대통령의 취임 연설과 함께 20세기 미국을 대표하는 명연설로 유명합니다. 이후 여러 지식인들에게도 공감대를 형성하면서 인종 차별 철폐 운동에 비흑인 지식인들도 참여하는 계기가 되었습니다.

오늘 우리가 갈망해야할 꿈은 무엇일까요? 그리고 그 꿈을 도대체 왜, 누구를 위해서 이루어야할까요? 오늘 우리는 꿈을 이룬 다음엔 무엇을 해야 할지에 대해 깊이 고민해 보는 꿈 너머 꿈, 더 큰 목표를 가져야 할 때입니다. 이런 점에서 얼마 전 보게 된 미담으로 마음이 따뜻해졌습니다. 사회지도층 인사들의 잇단 비리에 울적하던 차에 취업하기 어려워 스펙 쌓기에 열중해야할 대학생들이 스펙 쌓기보다 중요한 것이 무엇인지를, 이들이 꿈꾸는 세상이 무엇인지를 보여주었습니다. 제가 아는 분이 사는 농촌 마을에 가 보니 오랜만에 활기찬 목소리들이 울려 퍼졌습니다. 서울의 어느 대학이 농촌봉사활동농활으로 와 있었습니다.

평소 농사일 한번 해 본 적 없던 대학생들이었지만 사뭇 진지하게 일하는 모습에 농가 어르신들 얼굴엔 웃음이 가득 번졌습니다. 어느 할머니는 "고추 한 근에 4000원 받는데, 사람을 쓰면 일당으로 7만 원이 드니 엄두가 나지 않는다."며 일손을 도와주는 학생들이 그저 고마울 따름이라고 말씀하셨습니다. 일손 부족으로 농사에 어려움을 겪다보니 늘 근심이 끊이지 않던 터라 학생들이 더욱 반가웠습니다. 가까이 가서 보니 농활에 참가한 학생들 중에는 졸업을 앞둔 4학년들도 꽤 있었습니다. 대부분 취업을 위한 '스펙 쌓기'에 열중할 시기에 봉사활동에 참가한 다는 것이 조금은 의아하게 느껴지기도 하였습니다. 극심한 취업난 때문에 일부러 졸업을 미루기도 하는 마당에 봉사활동이라니 말입니다. 하지만 학생들은 이미 스펙 쌓기보다 더 중요한 것이 무엇인지 알고 있는 듯했습니다. 학생들은 어르신과 함께 일하면서 이야기를 나누며 농촌의 현실에 대해 듣고, 뙤약볕 아래 땀 흘리며 일하는 노동의 가치를 직접 체험하고 있었습니다. 또 농가 어르신들에게 조금이나마 보탬이 되어 드릴 수 있다는 사실에 뿌듯해했습니다. '헬조선'이니 '삼포세대'니 하는 말들은 그들과는 거리가 멀어 보였습니다. 이런 청년들이 많아질수록 우리사회의 미래가 밝아질 것이라는 생각이 듭니다. 부디 이 학생들의 꿈이 이루어지기를 간절히 소망해봅니다.

가랑비에 젖기도 하고 모진 바람에 쓰러질 수도 있습니다. 하지만 희망을 가슴 깊이 간직한 청년들의 꿈은 하루하루 그 과정을 견뎌내며 조금씩 영글어 갑니다. "Nothing is impossible." 이 말은 아무것도 없기에 어떤 것도 할 수 없다는 말이 아니라, 아무것도 없지만 꿈이 있기에 무엇이든 도전할 수 있다는 뜻입니다. 불가능이 없는 청년만의 특권. '세상을 향한 진리'도 비밀의 열쇠인 '일상 속 작은 봉사'에 숨겨져 있습니다. 봉사는 타인을 위한 배려와 존중일 수도 있지만, 사실 자신의 삶을 치유하고 누군가를 온전히 받아들일 수 있는 인생의 소중한 여정이기도 합니다.

청년기는 당장 눈앞에 보이는 성적, 외모, 환경을 넘어서는 무한한 가능성을 실현해나가는 시기입니다. 청춘은 주어진 가정환경이나 성적이나 재산에 주눅 들지 말고, 무한한 가능성을 믿고 확신하면서 새롭게 도전하는 미래를 꿈꾸는 사람들입니다. 꿈을 이루기 위한 기본조건은 과거에 연연하지 않고, 미래를 꿈꾸는 도전정신과 끝내 이루어내고 말겠다는 열정입니다. 조금 부족해도, 조금 서툴러도, 실수해도 괜찮습니다. 청춘에게는 다음이 있습니다. 그래서 청춘은 기성세대가 아니라 다음세대입니다.

20세기 미국 문학을 대표하는 소설로 손꼽히는 작품이 스코트 피츠제

럴드의『위대한 개츠비』입니다. 이 소설에서 인상 깊게 본 것은 위대함
은 인간의 어떤 속성을 말하는가에 대한 것이었습니다. 이 책에서 피스
제럴드는 희망을 이렇게 말했습니다. 그것은 바로 개츠비가 암담한 현실
속에서 "아무리 미미해도 삶 속의 희망을 감지할 수 있는 능력", "사랑에
실패해도 다시 사랑하기를 두려워하지 않는 능력", 즉 언제라도 사랑에
빠질 수 있는 준비가 되어 있는 '낭만적 준비성', 그리고 "삶의 경이로움
을 느낄 줄 아는 능력"을 가지고 있기 때문이라고 설명했습니다.

　무한한 가능성이 더 큰 꿈을 향한 새로운 가능성이 되고, 무모한 용기
가 세상을 바꾸는 혁신적인 도전이 됩니다. 진취적인 기상과 뜨거운 열
정 속에 척박함을 탓하지 않는 강인한 생명력으로 스스로의 소임을 다하
여 세상을 밝히는 사람이 진정한 청춘입니다. 청춘은 넘치는 에너지,
멈추지 않는 열정의 힘을 지닌 미래세대입니다.

　안도현 시인의 말입니다. "너에게 묻는다. 연탄재 함부로 바로 차지마
라. 너는 누구에게 한 번이라도 뜨거운 사람이었느냐." 그렇습니다. 뜨
거운 열정. 모든 걸 걸도록 하는 힘. 열정 없이 했던 일들은 기억에 남지
않습니다. 같은 일이라도 열정을 다했다면 기억에 남을뿐더러 의미 있는
결과를 만들어냅니다. 무슨 일을 하든지 열과 성을 다하면 여러분의 기
억은, 여러분의 인생은 풍요로워질 것입니다. 열정은 지극히 개인적인
것이지만 때론 사회적이기도 합니다. 한순간 폭발한 에너지가 오래오래
이어지면서 주변 사람들을 물들이며 멀리 퍼져나가 세상을 바꾸는 큰
힘이 됩니다. 가슴 속 열정을 끄집어낼 수 있는 청춘, 여러분은 이미
뜨거운 사람입니다.

　세계적인 컴퓨터 제왕으로 엄청난 부자이지만 그에 못지않게 기부를
실천하는 빌게이츠Bill Gates가 말한 뜨끔한 명언입니다. 오늘 우리의 삶
에 되새겨봄직한 명언입니다.

"태어나서 가난한 건 당신의 잘못이 아니지만 죽을 때도 가난한 건 당신의 잘못입니다. 화목하지 않은 가정에서 태어난 건 죄가 아니지만 당신의 가정이 화목하지 않은 건 당신의 잘못입니다. 실수는 누구나 한 번쯤 아니 여러 번 수백 수 천 번 할 수 있습니다. 그러나 같은 실수를 반복하면 그건 못난 사람입니다. 인생은 등산과도 같습니다. 정상에 올라서야만 산 아래 아름다운 풍경이 보이듯 노력 없이는 정상에 이를 수 없습니다. 때론 노력해도 안 되는 게 있다지만 노력조차 안 해보고 정상에 오를 수 없다고 말하는 사람은 폐인입니다. 가는 말을 곱게 했다고 오는 말도 곱기를 바라지 마십시오. 다른 사람이 나를 이해 해주길 바라지도 마십시오. 항상 먼저 다가가고 먼저 배려하고 먼저 이해하십시오. 주는 만큼 받아야 된다고 생각지 마십시오. 아낌없이 주는 나무가 되십시오. 시작도 하기 전에 결과를 생각하지 마십시오. 다른 사람이 나를 어떻게 보는지 생각 마십시오. 다른 사람을 평가하지도 마십시오. 눈에는 눈 이에는 이 갚을 땐 갚고 받을 땐 받으십시오. 모든 걸 내가 아니면 할 수 없다는 생각은 버리십시오. 나없인 못산다는 생각 또한 버려야합니다. 내가 사라져도, 이 세상은 잘~돌아갑니다. 그러니 겸손하십시오."

지은이 **한승진**

성공회대 신학과, 상명대 국어교육과, 한국방송대 국어국문학과·교육과·가정학과·청소년교육과를 졸업했다. 학점은행제로 사회복지학, 아동학, 청소년학, 심리학으로 학위를 취득했다. 한신대 신학대학원 기독교윤리학(신학석사), 고려대 교육대학원 도덕윤리교육(교육학석사), 중부대 원격대학원 교육상담심리(교육학석사)·중부대 인문산업대학원 교육학(교육학석사), 공주대 특수교육대학원 중등특수교육(교육학석사), 공주대 대학원 윤리교육학과(교육학박사)로 학위를 취득했다. 현재는 학점은행제 상담학 학사과정중이다.

월간『창조문예』신인작품상 수필로 등단하였고, 제45회~제47회 한민족통일문예제전에서 3년 연속 전북도지사상(차관급)과 제 8회 효실천 글짓기 공모전에서 대상과 2016 익산시 독후감대회 최우수상(익산시장상)을 수상하였다. 익산 황등중학교에서 학교목사와 선생이면서, 황등교회 유치부 교육목사와『투데이안』객원논설위원과『전북기독신문』논설위원으로 활동하고 있다. 인터넷신문『투데이안』과『크리스챤신문』과『전북기독신문』,『익산신문』,『굿뉴스21』에 글을 연재하고 있고, 대전극동방송 익산본부에서 청소년바른지도법(청바지) 칼럼을 방송하고 있다.

공동 집필로는 고등학교 교과서『종교학』이 있으며, 단독 저서로는『함께 읽는 기독교윤리』,『현실사회윤리학의 토대 놓기』,『우리가 잊지 말아야할 것들』,『종교, 그 언저리에서 길을 묻다』,『사랑의 종, 그 언저리에서 길을 묻다』외 다수가 있다. 역서로는『예수님이라면 어떻게 하실까』가 있다.

소통 길잡이 esea-@hanmail.net